생각이 마음의 밭을 가는

한자
놀이

저자 소개

팽철호

    서울대학교 인문대학 중어중문학과를 졸업하고 같은 대학 대학원에서 석사 및 박사학위를 받았다. 계명대학교 중국어문학과 교수를 거쳐 현재 국민대학교 문과대학 중어중문학과 교수로 재직하고 있다.
    저서로는 『중국고전문학 풍격론』(사람과 책, 2001)과 『임기응변의 중국인』(사회평론, 2003)이 있고, 역서로는 『도연명시선』(계명대학교출판부, 2002)이 있다.

생각이 마음의 밭을 가는
한자놀이

초판 1쇄 발행　2006년　4월　20일
초판 2쇄 발행　2006년　11월　17일

지은이　　팽철호
펴낸이　　최종숙
편　집　　이은희·공혜정
펴낸곳　　도서출판 글누림
　　　　　서울 성동구 성수2가 3동 301-80 (주)지시코 별관 3층
　　　　　전화 3409-2055 / FAX 3409-2059
　　　　　E-mail nurim3888@hanmail.net
　　　　　등록 2005년 10월 5일 제303-2005-000038호
ISBN　89-91990-18-5　03910

정가　10,000원

생각이 마음의 밭을 가는

한자 놀이

팽 철 호

글누림

　한자는 그 수가 매우 많아서 배우기가 어렵고 쓰기도 불편한 문자다. 그럼에도 불구하고 한자는 수천 년의 세월을 견뎌내었고, 시간과 속도를 다투는 오늘날까지도 그 실용성이 퇴색하지 않고 있다. 그것은 나름대로의 이유가 있을 것이다.

　한자는 한 글자 한 글자에 풍부한 의미를 담고 있고, 그 의미에는 중국인의 역사와 문화가 감돌고 있다. 중국인의 가치관과 세계관도 배어 있는 한자는 중국 정신의 결정체라고 해도 과언이 아닐 것이다. 전통 있는 문화민족임을 자처하는 중국인의 자부심, 그 중화사상의 중핵이 바로 한자라고 생각한다. 그래서 만약 어떤 이유로 중국인이 한자를 포기한다면, 그것은 중국인이 중국인임을 포기하는 것이 될 것이다. 현대에 들어 배우기 어렵고 쓰기 불편한 한자를 폐기하거나 대체할 방도를 다각도로 궁리했음에도 끝내는 한자를 포기할 수 없었던 것은 그 때문일지도 모른다.

　중국인들은 오랫동안 한자를 신성하게 생각하며 소중하게 다루었다. 한자라는 문자에 주술적 힘이 들어 있다고 생각하기도 했으며, 한자를 쓰는 행위 자체를 예술의 경지로 끌어올린 서법(서예)을 창안하기도 하였다. 중국인들의 한자 사랑은 거기서 그치지 않고, 한자의 운용 능력을 지적 능력과 같은 것으로 보기도 하였다. 그래서 중국인들은 한자를 지혜를 겨루는 수단으로 사용하기도 하였다. 때로는 한자에 대한 이해의 정도로써 그 사람의 지적 수준과 능력을 가늠하기도 하였다. 이렇게 소중한 한자였으므로 중국인 중에는 글자 한 글자를 가르쳐 준 이에게 감격하여 그를 스승으로 모셔서 '일자사(一字師)'라는 성어를 남긴 이도 있다. 중국인들의 한자 사랑은 한자를 오락과 유희의 도구로 사용하는 데에까지 이어지기도 한다.

이 책은 역대 중국인들이 한자를 지혜를 겨루는 수단으로 사용하고, 오락과 유희의 도구로 활용하는 모습을 중점적으로 조명하였다. 그러면서 무엇보다도 신경을 쓴 것은 우리나라 사람들이 쉽게 이해할 수 있게 만드는 것이었다. 한자는 우리도 쓰고 있기는 하지만 본래 우리의 것이 아닌 까닭에 우리나라 사람들의 평균적인 한자 이해의 수준이 중국인들에 미칠 수 없는 것은 당연한 일이기 때문이다. 그래서 이 책에서는 한자를 재미있게 운용한 사례들을 찾아 거기에 해설을 덧붙이기도 하였고, 필자 나름대로의 해석을 가미하여 쉽게 가공하기도 하였다.

이 책은 한자를 이용한 '문자놀이'에 중점을 두고 있다. 그러나 독자들은 그것이 단순한 유희나 장난에 그치지 않는다는 것을 쉽게 알아차리게 될 것이다. 여기에 소개되는 재미있는 이야기들 속에는 고도의 지혜와 고차원의 해학이 들어 있기 때문이다. 중국인의 한자놀이에 담긴 고도의 지혜를 통해서 중국인의 무서운 가능성을 엿볼 수 있을 것이다. 문자생활에서도 머리를 써서 기발한 생각을 찾아내는 중국인들의 모습에서 기발한 아이디어와 창의성으로 새 시대의 세계 맹주를 꿈꾸는 중국인의 잠재력을 읽을 수 있으리라 생각한다.

고차원의 해학을 즐기는 뛰어난 인물들의 모습에서는 인격적으로 성숙한 대인들의 풍모를 읽을 수 있을 것이다. 학문과 지혜가 출중하였던 역대의 명사들이 한결같이 기지 넘치는 해학을 즐기는 것을 보면서 건강한 웃음은 인격적 성숙의 표지라는 사실을 확인하게 될 것이다. 건강한 웃음은 건강한 정신의 외적 발현이 아니겠는가?

지혜나 해학보다 더 의미심장한 것은 어쩌면 그 문자놀이 속에 배어 있는 중국인들의 한자 사랑일지도 모른다. 한자를 아끼고 사랑하는 마음이야말로 중국인들의 자긍심의 발로이며 중화사상의 원천이다. 이것은 열강의 힘겨루기 속에서 어렵게 생존을 유지하고 있는 우리들에게 시사하는 바가 적지 않으리라고 생각한다. 외국어와 비속어에 의해 심히 왜곡되고 있는 우리말의 현 상황을 보면서 어떻게 우리의 미래를 낙관할 수 있겠는가?

해학과 기지를 위주로 한 가벼운 내용의 책을 엮으면서 너무 과하게 심각한 말을 늘어 놓지는 않았는지 모르겠다. 하지만 기발함에 무릎을 치고 뜻밖의 반전에 감탄을 한 후, 그 내용을 음미하면 정도의 차이는 있더라도 필자의 생각에 공감하는 독자가 적지 않으리라 믿는다. 이 책을 읽는 동안 회심의 미소를 짓는 독자들이 많이 있었으면 좋겠다. 부실한 글 모음을 책이 되게 하느라 저자 못지 않게 정성을 기울여 주신 도서출판 글누림의 이은희 실장을 비롯하여 이 책의 출간에 음으로 양으로 도움을 주신 모든 분들께 감사의 뜻을 전한다.

2006년 2월

북악시은 팽철호

제3장 글자의 발음을 이용한 한자놀이

제4장 글자의 뜻을 이용한 한자놀이

제5장 글자의 배열을 이용한 한자놀이

1. 한자의 특징

한자의 한 글자 한 글자는 다른 글자와 구별되는 그 나름대로의 독특한 모양을 지니고 있다. 한자 역시 한 번 발음하고 나면 사라져버리는 음성 언어의 한계를 극복하고자 고안된 시각 부호인 만큼, 다른 문자와 마찬가지로 그 음성언어를 환기시키는 기능을 가지고 있다. 그리고 한자는 한 글자가 하나의 뜻을 나타내는 뜻글자이다. 한자의 이러한 특징은 보통 둘 이상의 자음과 모음이 조합하여 하나의 음절을 이루고, 또 대개 둘 이상의 음절이 어우러져 한 단어가 되는 우리 한글 같은 소리글자와는 크게 다른 점이다.

한자는 모양과 소리와 뜻이라는 세 부분으로 구성되어 있다. 그래서 중국의 문자학에서는 문자의 형태와 소리와 뜻을 각기 형(形)과 음(音)과 의(義)라고 하고, 이 셋을 합하여 한자의 3요소라고 한다. 정리하자면 형(形)은 육안으로 식별되는 개별 글자의 형태를 말하고, 음(音)은 그 글자가 지니는 소리이며, 의(義)는 그 글자 속에 담긴 뜻이다.

한자 중에는 '즐거울 락(樂)', '풍류 악(樂)', '좋아할 요(樂)'처럼 하나의 글자에 두 가지 이상의 발음과 뜻이 있는 경우도 있다. 게다가 어떤 글자는 수십 가지가 넘는 다양한 의미를 가지기도 한다. 그렇지만 특정 문맥 속에서 하나의 글자는 그 문맥에 맞는 특정의 한 가지 의미만을 가진다. 발음도 그에 따라 하나로 귀착된다. 그래서 한자의 속성을 일컬어 '한 글자에 하나의 발음과 하나의 뜻이 있다'고 한다.

물론 예외는 있다. '葡(포)'자와 '萄(도)'자처럼 두 글자가 붙어서 '葡萄(포도)'라는 하나의 단어만을 만들뿐이지, 각 글자가 독립적으로 쓰이지 못하는 한자들도 간혹 있다. 이와 같이 독자적으로는 완전한 의미를 전달할 수 없는 특수한 한자들을 연면자(聯綿字)라고 한다. 그렇지만 이들의 비율은 극히 작아 한자 전체의 성격에 영향을 줄 만한 정도는 아니다. 그래서 한자의 특성을 '하나의 글자에 하나의 발음과 하나의 뜻이 있는 글자'라고 하여도 무방하다. '일자(一字) 일음(一音) 일의(一義)'라고 하는 것이 바로 그 말이다.

2. 한자놀이의 갈래

한자를 이용한 문자놀이의 성격도 한자의 세 가지 기본적인 성격에 따라 구분될 수 있다. 한자의 형태를 이용한 것, 한자의 발음을 이용한 것, 한자의 뜻을 이용한 것 등이 그것이다. 그런데 한자놀이는 개별적인 하나의 글자만을 대상으로 하는 것에 국한되지 않고, 때로는 여러 글자의 조합을 통해 놀이를 진행하기도 한다. 특히 '일자(一字) 일음(一音) 일의(一義)'로 되어 있는 한자의 특성상 앞에서부터 읽어도 말이 되고 뒤에서부터 읽어도 말이 되는 문장을 보다 쉽게 고안해낼 수 있으므로, 한자의 그러한 특성을 활용한 한자놀이가 상당히 많다. 그래서 이 책에서는 한자놀이의 성격분류를 하면서 형(形)과 음(音)과 의(義)의 3요소뿐만 아니라, '문자 배열의 순서'를 의미하는 '서(序)'라는 한 가지 요소에 대해서도 그에 상응하는 주의를 기울였다. 한자의 운용을 논함에 있어서는 형(形)과 음(音)과 의(義)와 서(序)의 네 가지 요소로 파악하는 것이 보다 합리적일 것이다.

그러나 이 네 가지 요소는 상호 배타적으로 판연하게 구별되지 않는 경우가 많다. 어떤 글자를 쓰든 이미 형(形)과 음(音)과 의(義)의 세 요소가 함께 작동하고 있고, 놀이의 재료가 된 글자가 두 자 이상일 경우에는 배열 순서 역시 문제가 되는 경우가 적지 않기 때문이다. 그렇지만 개별적인 사례를 면밀히 검토해보면 네 가지 요소 중 어느 한 가지가 상대적으로 우월한 지위를 점하고 있는 경우가 많다.

3. 한자놀이의 원리

한자를 이용한 문자놀이는 그 수가 엄청나게 많고 종류도 다양하다. 그러나 그 기본적인 원리는 너무도 단순하다. 바로 현상적으로 보아 '말이 되지 않는 것을 말이 되게끔 만드는 것'이다. 예를 들어 중국의 명승지로 이름이 높은 항주(杭州)의 서호(西湖)에 '虫二(충이)'라는 글이 씌어진 비석이 하나 서 있다. '도대체 왜 이런 곳에 저런 글이 씌어 있을까?'라는 의문이 생기지 않을 수 없는 상황이다. 대개는 상황에 맞지 않는 엉뚱한 그 두 글자를 보고서 간단하게 판단하여 '누가 미친 짓을 하였군!' 하고 코웃음을 치게 될 것이다.

그러나 중국 사람들은 그렇게 생각하지 않는다. 학식이나 지적 기민성이 떨어지는 사람은 뭔가 자신이 모르는 특별한 뜻이 있겠지만 자신의 능력으로는 이해할 수 없는 것일 것이라고 생각하고, 자신감이 있는 사람은 그 뭔가의 특별한 뜻을 알아내려고 노력한다. 일반적인 중국인이라면 대개 '이렇게 유명한 곳에 이런 엉뚱한 글자를 써 놓은 것은 어떤 특별한 뜻이 있는 것이 분명하다'라는 믿음을 가지고 있다. 오랜 세월 동안 한자로써 축적된 방대한 양의 지식이 그런 믿음을 만들어낸다. 다방면에 걸쳐 축적된 엄청난 양의 지식은 사람들로 하여금 '세상에는 내가 알지 못하는 것이 얼마든지 있다'라는 생각을 하지 않을 수 없게 만들기 때문이다.

한자를 이용한 문자놀이는 중국인들이 보편적으로 가지고 있는 이런 믿음에 기반을 하고 있다. 그렇기 때문에 서호 가에 뜬금없이 서 있는 '虫二(충이)'도 분명 어떤 납득할 만한 의미를 담고 있다고 믿는다. 그리고 그 의미는 그 비석이 서 있는 서호와 관련된 것이라고 조심스럽게 생각한다. '虫二(충이)'의 뜻을 서호와 관련지어 말이 되게끔 만들어내라는 뜻으로 이해하는 것이다.

'虫(충)'자는 '바람 풍(風)'자에서 둘레가 제거된 형태이고, '二(이)'자는 '달 월(月)'자의 둘레를 제거한 형태라고 볼 수 있다. 이를 한자말로 표현하면 '풍월무변(風月無邊)', 또는 '무변풍월(無邊風月)'이 된다. 여기서 '풍월(風月)'이란 아름다운 자연 경치를 대표하는 사물이므로, 그 뜻은 '아름다운 경치가 끝없이 펼쳐져 있다' 또는 '끝없이 펼쳐져 있는 아름다운 경치'가 된다. 이렇게 하여 엉뚱하게 버티고 서 있는 '虫二(충이)'는 상황에 어울리는 역할을 할 수 있게 되는 것이다.

그러므로 한자를 이용한 문자놀이의 원리는 특정 상황에 잘 맞지 않는 설정을 상황에 맞추어 해석해내는 것이다. 표면적인 부조리를 주어진 문맥 속에 순조롭게 소통시키는 것이 바로 한자를 이용한 문자놀이의 원리다.

중국인의 문자운용이라는 더 넓은 관점에서 보면 한자를 이용한 문자놀이의 원리는 그다지 특수한 것이 아니다. 중국의 문장, 특히 고문의 경우에는 하나의 글자가 하나의 품사로 고정될 수 없을뿐더러 하나의 의미로 확정되어 있지도 않다. 한 글자의 품사와 뜻은 문맥 속에서 결정될 뿐인 것이다. 그리고 그 문맥은 상식에 입각한 사리에 의존하며, 사리에 맞는 문맥이란 물처럼 자연스럽게 흘러가는 것이어야 한다. 한자로 구성된 문장의 독해가 문맥을 소통시키는 것이 주된 과제이듯이, 한자를 이용한 문자놀이는 표면적으로 부조리한 문자운용을 상황에 맞게 해석해내는 것이다. 그렇기 때문에 한자를 이용한 문자놀이는 중국인의 문자생활의 특이한 점이 아니라, 그저 일상적인 문자생활의 일환일 뿐이라고 말할 수 있는 것이다.

4. 한자놀이의 효용

한자놀이는 그 자체가 유희적 활동인 만큼 그것을 즐기는 사람에게 즐거움을 제공한다. 파격적인 문자의 운용 속에 담긴 해학은 정신적 긴장을 이완시키고, 기분을 전환시키기에 충분하다.

한자놀이는 주로 식자들이 즐기는 고급 유희이므로 한자놀이는 식자층의 사교수단으로도 요긴하게 사용된다. 여러 사람들이 모이는 자리에서의 한자놀이는 흥을 돋우기도 하고, 어울리는 사람들 간의 친목을 돈독하게 하기도 한다.

한자놀이는 또 풍자와 비판의 기능도 있다. 한자를 교묘하게 운용하여 세도가들의 비리와 파렴치를 폭로시키기도 하고, 어리석은 사람의 우매함을 조롱하기도 하는 것이다. 권세와 재력을 독차지하고서 민초의 고혈을 빨아먹던 사람들이 한자놀이를 통해 그들의 추악한 모습이 폭로되는 모습을 보면서 민초들은 쾌재를 부르기도 한다.

한자놀이의 가장 실용적 효용은 사람의 지적 발달에 도움이 된다는 것일 것이다. 한자놀이는 한자라는 쉽지 않은 문자를 소재로 하고, 다양한 지식을 응용하므로 웃고 즐기는 속에 지식을 증가시키는 효용이 없을 수 없다. 또 거기서 한 걸음 더 나가면 두뇌 계발로 이어진다. 한자놀이는 통상적인 방법으로는 도저히 해석이 되지 않는 경우가 많아 그것을 즐기기 위해서는 기민한 두뇌 회전과 기발한 아이디어가 절대적으로 필요하기 때문이다. 유행하는 말로 하자면 두뇌 운동에 도움이 된다고 할 수 있을 것이다.

두뇌 회전을 중시하는 한자놀이는 사람의 능력을 평가하고, 재능을 겨루는 수단으로 사용되기도 하였다. 그래서 재능 있는 규수가 남편감을 고를 때, 교묘한 한자놀이로써 그 능력을 시험하는 일이 흔히 있었다. 그 배경에는 한자놀이에 뛰어난 사람은 재능 있고 능력 있는 사람이라는 생각이 자리잡고 있다. 한자놀이를 잘 한 사람에게 벼슬을 주려고 한 황제가 있었던 것도 그런 생각의 연장선에서 이해할 수 있다. 한자놀이는 단순한 놀이의 수준을 넘기 때문이다.

어쩌면 한자놀이에 담긴 중국인들의 한자 사랑을 보면서 우리들의 우리말과 우리글에 대한 태도를 반성하게 될지도 모르겠다. 중국인들의 기기묘묘한 한자놀이를 보면서 중국인들이 그들의 문자인 한자를 얼마나 소중히 생각하고 가꾸어 왔는지를 잘 알 수 있기 때문이다. 아닌게 아니라 하나 하나의 한자놀이에서는 번뜩이는 기지와 함께 심혈을 기울여 한자를 갈고 닦아 왔던 중국인들의 한자에 대한 사랑이 진하게 묻어난다.

만주족이 세운 청나라가 중원을 정복하고서도 강희황제(康熙皇帝)를 비롯한 역대의 황제들이 한자로 기록된 중국의 문물에 경도됨으로써 결국 흔적도 없이 한족에 동화되어 버린 것을 보면, 한자의 위력이 얼마나 큰지를 알 수 있다. 한족들과 접촉했던 역사상의 수많은 중국 주변의 민족들을 한족으로 동화시킨 것도, 그래서 오늘날과 같이 실체가 불분명한 방대한 인구의 한족을 만들게 한 힘의 원천도 한자일지 모른다. 그래서 한자놀이에 담긴 역대 중국인들의 한자 사랑을 보면서 자연스럽게 민족과 문자의 상관관계를 생각하게 되는 것이다. 나아가 외세에 둘러싸여 온갖 외국어에 포위되어 있는 우리나라의 말과 글의 위태로운 처지도 생각하게 되는 것이다.

제2장

글자의 형태를 이용한 한자놀이

문자는 음성언어의 시간적 제약을 극복하기 위해 고안된 시각적 부호인 만큼 사람에게 가장 먼저 인지되는 요소는 시각적 형태다. 한자의 3요소를 형(形)과 음(音)과 의(義)의 순서로 거론하는 것도 그 때문일 것이다. 특히 한자는 그 수가 많을 뿐만 아니라 다양한 획으로 구성되어 있는 만큼 한자의 형태가 갖는 의의는 각별하다고 할 수 있다. 그래서 한자를 이용한 문자놀이 중에서도 가장 흔히 발견되는 것은 바로 한자의 형태를 이용한 것이다. 기성 한자의 형태에 근거하여 새로운 의미를 만들어내기도 하고, 여러 가지 방법을 동원하여 특정 한자의 형태를 묘사하거나 암시하기도 한다. 때로는 한자의 형태를 변형시켜 새로운 의미를 만들어내기도 한다.

1. 한자의 형태를 이용한 수수께끼

한자는 본래 사물의 모습을 본떠 그린 그림에서 유래하였다. 그래서 한자의 기본적인 성격은 사물의 형태를 그리는 문자, 즉 상형문자다. 그래서 한자는 애초에 글자 수가 많을 수밖에 없는 문자였다. 현재 5만 자가 넘는 한자 중에 상형문자의 비율은 매우 적으나, 한자의 수가 이토록 많아지게 한 것은 한자의 상형문자적 속성인 것만은 분명하다.

5만이 넘는 한자를 모두 '山(산)'과 '土(토)'처럼 서로 전혀 유사성이 없는 형태로 만들기는 불가능하다. 사람의 인식능력이 발달하고 경험이 축적됨에 따라 새로운 글자를 만들어야 할 필요성이 생기지만, 새로운 형태의 글자를 만드는 것이 한계에 부딪힌 상황에서는 기존의 글자를 운용하지 않을 수 없다. 그렇게 하여 고안된 것이 형성(形聲)이니 회의(會意)니 하는 방법이다. 또 그러한 방법이 여의치 않을 때에는 기존의 글자에 새로운 의미를 부여하는 방법을 채택하였는데, 가차(假借)와 전주(轉注)가 그것이다.

한자의 형성 과정이 이러하기 때문에 각기 다른 5만 자의 글자도 형태상 일정한 계통으로 나누어진다. 많은 한자가 상당수의 부수(部首)로 정리되는 것도 한자의 그러한 성격을 보여주는 것이다. 그리고 내용상으로는 전혀 다르지만, 형태상으로는 모종의 유사성이나 상관관계가 존재하는 글자들의 조합도 얼마든지 있다.

한자의 이러한 특성은 문자유희에 흔히 이용된다. 어떤 한자의 형태를 묘사하거나, 다른 한자와의 상관관계를 통해 그 한자의 특징을 부각시킴으로써 재미를 유발시키는 것이다. 이러한 유희는 생각이 기발할수록 재미있는데, 수수께끼의 형식으로 진행될 때에는 긴장도가 배가됨으로써 그 묘미가 증대된다.

1) '밭 전(田)'자 수수께끼

중국의 송(宋)나라 시대에는 다방면에 재주를 가진 인물들이 많이 배출되었다. 한 사람이 정치가로, 학자로, 교육자로, 문학가로, 그밖에 그림과 글씨와 같은 예능 분야에도 두루 뛰어난 재주를 발휘한 사람들이 적지 않았다. 송대의 그렇게 많은 르네상스적 인물들 중에서도 단연 돋보이는 이가 불세출의 천재 소동파(蘇東坡)다. 당송팔대가의 한 사람으로 이름을 올리고 있는 대문장가 소동파는 송대의 가장 뛰어난 시인(詩人)이자 사인(詞人)으로서도 문학사에 한 획을 그었다. 그리고 그는 행동하는 지성인으로서 현실 정치에도 참여하여 정치적 역량을 발휘하였고, 학자로서도 업적을 남겼으며, 문하에 많은 제자들을 배출시킨 교육자이기도 하였다. 그림과 글씨에도 뛰어나 한 시대를 풍미한 소동파는 송나라 전 시대를 통틀어 가장 뛰어난 천재였던 것이다.

천하에 필적할 사람이 없었던 소동파였지만 그에게도 조심하지 않으면 안 되는 사람이 한 사람 있었다. 바로 그의 여동생이었다. 소소매(蘇小妹)로 알려져 있는 그녀는 당송팔대가에 나란히 이름을 올리고 있는 아버지 소순(蘇洵), 큰오빠 소식(蘇軾) 즉 소동파(蘇東坡), 그리고 작은 오빠 소철(蘇轍)에 못지 않은 인물이었다. 여성이 독자적인 인격체로서 대접을 받을 수 없던 시대를 살고 있던 그녀를 두고 그의 아버지 소순은 '저 애가 남자로 태어났더라면 우리 소씨 집안에 대단한 인물이 한 명 더 늘어날 수 있었는데…….'라고 하면서 못내 아쉬워했다는 이야기가 전해진다.

천재성이 결코 소동파에 떨어지지 않았던 것으로 전해지는 소소매는 기발한 생각으로 오빠인 소동파를 골탕먹이기 일쑤였다고 한다. 그런 소소매는 당대 최고의 문학가의 한 사람으로 치는 남편 진관(秦觀)에게도 자주 어려운 문제를 내어 힘들게 만들었다고 한다.

신혼 초야에도 어려운 문제를 내어 남편 진관을 힘들게 한 적이 있는 소소매는 어느 날 또 그런 장난기가 발동하였다. 그녀는 문자 수수께끼 한 문제를 내고서 만약 맞히지 못하면 신혼 초야처럼 문밖에다 벌을 세우겠다고 으름장을 놓았다. 그녀가 낸 문제는 다음과 같았다.

> "해 두 개가 서로 맞잡고 있고, 산 네 개가 빙 둘러 있고, 두 왕이 한 나라에서 살고, 입 하나가 입 네 개를 삼키고 있는 글자가 무엇입니까?"

진관은 한참을 생각해보았지만 그 조건을 만족시키는 글자가 무엇인지 도무지 머리에 떠오르지 않았다. 다급해진 진관은 신혼 초야에도 도움을 주었던 손위처남 소동파의 집으로 달려가 도움을 청했다. 그때 소동파는 식사를 하고 있던 중이었는데, 진관에게서 그를 찾아온 사연을 들은 소동파는 뭐가 그리 재미있었던지 박장대소를 하였다. 그러나 그 문제에 대해서는 더 이상 가타부타 말이 없었다. 다짜고짜 진관을 상머리에 앉히기만 할 뿐이었다. 그리고는 주방 일을 하는 사람에게 급히 생선 한 마리를 통째로 요리해서 내오라고 분부하였다.

잠시 후 생선요리가 나오자 소동파는 젓가락을 집어 들어 생선 대가리와 꼬리 부분을 떼어내고 몸통 부분만 남겼다. 그리고는 매제를 쳐다보더니 "보시게. 이게 바로 답일세."라고 했다. 그 순간 진관은 자신도 모르게 '아!' 하는 감탄사를 터뜨렸다. 말 그대로 활연대오(豁然大悟)했던 것이다.

'밭 전(田)'자는 '날 일(日)'자 두 개를 포갠 모습이다. 물론 중간의 세로획은 공유한다. 같은 원리로 '뫼 산(山)'자 네 개를 빙 둘리면 역시 '밭 전(田)'자가 된다. 그리고 '임금 왕(王)'자를 가로 세로로 겹치면 역시 '밭 전(田)'자가 되고, 그것은 어떤 구역을 연상하게 하는 큰 네모 안에 들어가 있다. '두 왕이 한 나라에서 살고 있다'라는 말이 그것이다. 그리고 큰 '입 구(口)'자 안에 작은 '입 구(口)' 네 개가 들어 있는 형상이기도 하다. 이것이 소소매가 내었던 수수께끼의 전모다.

그런데 소동파는 그런 식으로 시시콜콜 설명하지 않았다. 마침 식사를 하고 있던 참이라 그 상황을 이용하여 설명한 것이다. 생선의 대가리와 꼬리를 잘라내는 것으로써 '고기 어(魚)'자의 위 부분과 아래의 점 네 개를 제거하고 '밭 전(田)'자만 남기는 것을 암시했던 것이다. 물론 진관 정도 되는 재주꾼에게는 그 정도의 힌트라면 정답을 다 가르쳐 준 것과 진배없는 일이었다.

2) '날 일(日)'자 수수께끼

소동파보다 약간 선배로서 신법(新法)을 강력하게 추진한 것으로 유명한 송(宋)나라의 왕안석(王安石)도 만만치 않은 천재였다. 고매한 인격의 소유자였던 소동파는 귀양에서 돌아오는 길에 그와는 반대로 권력을 잃고 쓸쓸히 은거하고 있는 정적 왕안석에게 인사를 갔다가, 왕안석이 네 개의 서가에 가득 차 있는 책들을 깡그리 다 외우고 있는 것을 보고 깜짝 놀란 적이 있다.

그런 왕안석이 권좌에 있을 때에 친지들을 불러 식사를 하였다. 술이 서너 순배 돌자 주흥도 무르익었다. 그때 왕안석이 주흥을 돋구느라 문자 수수께끼를 하나 내었다. 맞히지 못하면 벌주가 석 잔이라는 단서도 붙였다. 다들 학문이 있는 사람들이라 모두 흔쾌히 응하였다.

　　"그릴 때는 둥글지만 쓸 때에는 네모가 되오. 그리고 겨울에는 짧아지고 여
　　름에는 길어지는 것이 무엇이오?"

　모인 사람들의 수준에 비해 문제가 너무 쉬웠던지 모두들 답을 먼저 말하겠다고 나섰다. 그러자 왕안석이 문제의 난이도를 올렸다. 그 답을 수수께끼의 형태로 표현하라는 것이었다. 문제가 만만치 않자 서로 먼저 말하겠다는 사람들도 일시에 조용해졌다. 그때 좌중에서 젊은이가 한 사람 일어서더니 대답을 해보겠다고 하였다. 그의 대답은 다음과 같았다,

　　"동해에 물고기가 한 마리 있는데, 머리도 없고 꼬리도 없습니다. 게다가 등
　　뼈마저 없지요"

　그 대답을 들은 왕안석은 만족한 듯 고개를 끄덕였고, 좌중의 사람들도 모두 그의 대답에 감탄하며 즐거워하였다.
　왕안석이 낸 문제에서 '그릴 때에는 둥글다'고 한 것은 해가 둥근 것을 가리켜 한 말이다. 상형문자에서도 '날 일(日)'자는 원에다 가운데에 점을 찍어 표현하였다(⊙). '쓸 때에 네모가 된다'는 것은 '날 일(日)'자의 글자 형태가 사각형으로 된 것을 가리킨다. 중국 역시 북반구에 속해 있어서 여름에는 해가 길고, 겨울에는 해가 짧다. 이 정도 되는 문제는 어느 정도 센스가 있는 사람이라면 쉽게 맞힐 수 있는 것이다. 그러나 이 '日(일)'자를 수수께끼로 표현하는 것은 머리가 웬만큼 좋지 않으면 해내기 어렵다.

그 젊은이의 풀이에서 '동해에 물고기가 한 마리 있는데, 머리도 없고 꼬리도 없다'고 한 것은 '고기 어(魚)'자에서 머리 부분과 꼬리부분을 제거하여 '밭 전(田)'자로 만든 것을 말한다. '동해(東海)'라는 말은 물고기에 어울리게 분위기를 맞추느라 덧붙인 말에 불과하다. 이렇게 얻어진 '밭 전(田)'자에서 등골이 없다는 것은 가운데 세로획이 없다는 뜻이다. 그런 즉 '밭 전(田)'자에서 가운데 세로획을 없애면 바로 '날 일(日)'자가 된다. 왕안석이 요구한 대로 답을 제대로 맞힌 것이다.

3) 엉터리 스님

소동파가 중국의 영남(嶺南) 지방을 유람하던 중 어떤 절에 들렀다가 동자승이 얼굴이 눈물범벅이 되어 꿇어앉아 있는 것을 보았다. 내막을 알아보니 그 동자승이 깜빡 실수하여 조그마한 그릇을 깬 것 때문에 방장스님께 벌을 받고 있는 것이었다. 동자승을 자세히 보니 얼굴에는 온통 멍과 상처 투성이였다. 요즘 말로 심각한 아동학대였던 것이다. 동자승의 잘못을 꾸짖어 바로잡는 것은 스승의 도리라고 할 수 있겠으나, 그 지경이면 정도가 지나친 것이었다. 게다가 항상 자비심을 가슴에 품고 있어야 할 스님이 이런 짓을 했다고 생각하자 소동파의 가슴에 분노가 일어났다.

소동파는 항의하기 위해 방장스님을 찾았다. 그렇지만 영문도 모르는 방장스님은 그 이름 높은 소동파의 방문에 반가워 어쩔 줄 몰랐다. 방장스님은 천재일우의 기회를 놓칠세라 소동파의 소매를 붙들며 좋은 글귀 하나 써달라고 부탁했다. 소동파는 방장의 위선적이고 교활한 웃음에 넌더리가 났지만, 불쌍한 동자승을 도와주어야 되겠다는 생각에 '문 옆에 꿇어앉아 있는 동자승을 불러 먹을 갈고 종이를 붙들고 있게 한다면 써주겠다'고 대답하였다. 방장은 즉시 그렇게 하였다. 소동파는 다음과 같은 대련을 써주었다.

> 一夕化身人歸去,(일석화신인귀거)
>   ∽ 어느 날 저녁 몸 받은 이 돌아가시니,
>
> 千八凡心一點無.(천팔범심일점무)
>   ∽ 천 팔 개의 평범한 마음은 하나도 없네.

'化身(화신)'이니 '凡心(범심)'이나 하는 어휘에서는 불교적 분위기가 물씬 풍긴다. 게다가 그 전체적인 뜻은 '범부의 우매한 마음을 다 떨쳐버리고 성불한다'는 의미로 읽을 수 있으니, 스님에게 건네는 말 중에 이보다 더 좋은 말은 많지 않으리라. 방장스님은 불세출의 문호가 자신의 공덕을 높이 칭송해준 것에 대하여 주체하지 못할 기쁨을 느꼈다. 즉시 상좌를 시켜 그것을 사람들의 눈에 잘 띄는 곳에 걸어두게 했음은 말할 것도 없었다.

어느 날 불인(佛印)스님이 그 절에 들렀다. 불인스님은 두뇌가 비상하고 학식이 풍부하여 불가와 유가의 경전에 두루 통달하였고 문장에도 능하였던 인물이다. 특히 소동파와 단짝이 되어 고도의 두뇌게임을 벌였던 것은 오래도록 지식인들의 이야깃거리로 되었다. 그런 불인스님이 그 대련을 보자 느닷없이 배꼽을 쥐고 웃었다. 영문을 모르는 방장스님은 불인스님이 박장대소하는 까닭을 물었다. 이에 불인스님은 이렇게 설명해주었다.

"앞 구에서 '一(일)'과 '夕(석)'자를 합치면 '죽음'과 관련된 '死(알)'자 아니오? 또 '化(화)'자의 몸(身)은 '化'라는 글자 자체를 말하는 것이오. 거기서 사람(人)

이 돌아가고(歸去:귀거) 나면, 즉 '化(화)'자에서 '사람 인(人)'자가 빠지면, '비수 비(匕)'자가 되지 않소? 이렇게 얻어진 '歺(알)'자와 '匕(비)'자를 합치면 바로 '죽을 사(死)'자가 되는 것이오.

　　뒤 구에서는 먼저 '千(천)'자와 '八(팔)'자가 합하여 '벼 화(禾)'자가 되오. 그리고 '凡心(범심)'에 있는 '心(심)'은 '가운데'라는 뜻이 있소. 그러므로 '凡心(범심)'에 점이 하나 없다(無:무)'는 말은 '凡(범)'자의 가운데 점이 없다'는 말이오. '凡(범)'자에서 가운데 점이 없는 글자는 바로 '几(궤)'자 아니겠소? 이렇게 하여 얻어진 '禾(화)'자와 '几(궤)'자를 합치면 '대머리 독(禿)'자가 되는 것이오. 그러니 그 대련은 방장스님 당신을 '사독(死禿)'이라고 놀리는 것이오."

불인스님의 그 해석을 듣고서야 비로소 소동파의 의도를 알아차린 방장스님은 화가 치밀어 얼굴이 붉으락푸르락 하며 어쩔 줄을 몰랐다고 한다.

'死禿(사독)'은 중국인들이 도리에 어긋난 행위를 일삼는 되먹지 못한 스님을 욕할 때 흔히 쓰는 말이다. 대머리를 나타내는 '禿(독)'은 말할 것도 없이 삭발한 스님을 속되게 표현한 것이고, '死(사)'에는 문자 그대로 '죽일', '죽을'이라는 심한 의미가 담겨 있다. 그 뜻을 조금 약화시킨다 해도 '엉터리', '멍청한' 정도의 뜻은 남는다. 자신의 됨됨이도 제대로 모르는 무식한 방장스님은 소동파의 계략에 말려 큰 망신을 당했던 것이다.

2. 인체를 이용한 한자 묘사

머리와 몸통과 팔다리로 이루어져 있는 인간의 육체도 제법 여러 가지 모양을 만들 수 있다. 그 중에서도 어떤 자세는 특정 한자를 연상시키게 한다. 흔하지는 않지만 그런 것이 수수께끼의 형태로 표현될 때에는 뜻밖의 재미를 느낄 수 있다. 인체를 이용한 기발한 한자놀이 몇 가지를 소개하기로 한다.

1) '茶(차)'자의 모양새

이번에도 소동파와 관련된 이야기다. 당시 영은사(靈隱寺)라는 절의 방장 스님은 재주가 많고 머리가 매우 좋았다. 소동파는 그 소문을 듣고 그 방장 스님을 흠모하면서도 한편으로는 과연 어느 정도인지 한 번 시험해보고 싶은 생각도 들었다.

어느 날 소동파는 영은사에 가서 절 주변의 아름다운 경치를 감상하였다. 유유자적하며 멋진 풍광을 실컷 즐기다 보니 목이 마르게 되었다. 그때 그에게 기발한 생각이 떠올랐다. 그는 갑자기 몸종에게 풀잎으로 만든 모자를 쓰고 나막신을 신게 하더니 방장스님을 찾아가 주시는 것을 받아오라고 하였다. 몸종이 무엇을 받아오라는 것인지를 몰라 의아해하자, 소동파는 가보면 알게 될 것이라며 몸종을 그냥 보냈다.

영문도 모르는 몸종은 주인이 시키는 대로 방장스님을 찾아갔다. 방장스님은 몸종의 행색을 보더니, 말없이 빙그레 미소를 지으며 안으로 들어갔다. 잠시 후 나온 방장스님은 손에 들고 있던 차 한 봉지를 건네주며 주인어른께 갖다드리라고 하였다. 더 깊은 미궁에 빠지게 된 몸종은 더 이상 참지 못하고 이게 도대체 어떻게 된 일이냐고 물었다. 이에 방장스님은 이렇게 대답하였다.

"'茶(차)'자가 어떻게 생겼느냐? '풀 초(艸)'자 아래에 '사람 인(人)'자가 있고 그 밑에 '나무 목(木)'자가 있지? 그런데 너는 풀(艸)로 만든 모자를 썼고 아래에 나무(木)로 만든 나막신을 신었구먼. 그리고 너는 사람(人)인데 모자와 나막신 사이에 있으니 너의 행색이 바로 '차 차(茶)'자의 형상이 되는 것이지."

　몸종은 그제야 고수들끼리 주고받은 문자유희의 내막을 알아차리게 되었다.

2) 남녀 신체의 차이

　옛날 중국에서 있었던 이야기라고 한다. 물론 재미 삼아 꾸며낸 이야기일 가능성이 더 큰 이야기다. 낯뜨거운 이야기라서 이 책의 초고가 완성되기까지 소개를 망설였으나 한자놀이로서 독특한 면이 있다는 생각에 쑥스러움을 무릅쓰고 소개하기로 한다.
　서로 반대 방향으로 가던 남자 한 사람과 여자 한 사람이 외나무다리에서 만났다. 남자는 급히 먼 길을 가는 듯했고, 여자는 중국 사람들이 물건을 운반할 때 자주 쓰는 그 멜대를 메고 있었다. 모두들 급한 일이 있는 듯 지지 않으려고 외나무다리에 급히 발을 들여놓았다. 남자와 여자 누구 하나 양보할 기색이 없었다. 그러나 외나무다리는 한 사람만 건널 수 있는 것이었다. 이에 두 남녀는 수수께끼를 각기 하나씩 내어 맞히지 못하는 쪽이 순서를 양보하기로 하였다.
　마음이 급한 남자가 먼저 문제를 내었다. 그는 다리를 벌리고 두 팔을 수평으로 들더니 "내가 하고 있는 모습이 무슨 글자인지 아시겠소?" 하고 물었다. 이에 여자는 "사람을 너무 얕잡아 보시는구려. 세상에 '큰 대(大)'자도 모를 줄 아시오. 빨리 길이나 비키시오." 하고 역정을 내며 대꾸하였다. 그러자 남자는 "당신이야말로 나를 얕잡아 보지 마시오. 이게 어디 '큰 대(大)'자요? 잘 생각해보시오. 이건 바로 '나무 목(木)'자 아니오? 당신이야말로 어서 길을 비키시오."라고 했다.

여자가 곰곰이 생각해보니 과장이 너무 심하기는 하지만 큰 대자로 벌리고 서 있는 남자의 성기까지 고려한다면 그것을 '나무 목(木)'자라 하여 안 될 것도 아니었던 것이다. 그러나 여기에서 그냥 꼬리를 내릴 수는 없는 노릇이었다. 그 여자는 먼저 멜대를 머리 위에 가로로 올려놓더니 방금 남자가 했던 자세를 따라 다리를 벌리고 팔을 수평으로 올리고서 "그 전에 내가 하고 있는 형상이 무슨 글자인지나 먼저 맞추어 보시오."라며 물러서지 않았다. 그러자 남자는 "당신, 나를 너무 우습게 보는 모양이군. '큰 대(大)'자 위에 가로 획이 하나 있으니 바로 '하늘 천(天)'자 아니오. 어서 길이나 비키시오." 하며 외나무다리를 건너려고 하였다. 그때 여자가 남자의 행동을 제지하며 말했다.

"당신이야말로, 문제를 너무 쉽게 생각했소. 내가 여자라는 점을 잘 생각해 보시오. 내가 하고 있는 자세는 바로 '삼킬 탄(呑)'자라는 사실을 알기나 하오?"

아마 멜대가 한쪽으로 약간 기울어져 있었던 모양이다. 이렇게 하여 그 내기는 무승부로 끝났다. 그 다음 그 두 남녀가 어떤 방법으로 순서를 결정했는지는 알 길이 없다. 다만 중국인들이 여성의 성기를 입에다 비유하는 수법이 영화 <왕의 남자>에 보이는 우리들의 행태와 별반 다르지 않다는 것만은 알 수 있다.

3. 기성 한자의 새로운 해석

한자는 대부분이 둘 이상의 획으로 구성되어 있다. 또 그러한 한자 중에는 둘 이상의 기본 글자로 나누어질 수 있는 것들도 더러 있다. 그렇게 나누어지는 글자의 뜻은 실제로 나누어지는 둘 이상 글자의 뜻의 조합인 경우도 있으나, 대개는 그렇지 않다. 한자의 이러한 특성을 이용하면 뜻밖의 재미있는 이야기가 만들어지기도 한다. 소위 '망문생의(望文生義)'라 하여 마음대로 한자의 뜻을 만들어내는 우스개를 연출하기도 하고, 때로는 글자의 실제 뜻은 그렇지 않으나 그렇게 해석해놓고 보면 그럴듯하게 보여 색다른 재미를 주는 경우가 있다. 한자의 형태만을 보고서 기발하고 재미있게 해석한 경우들을 소개하기로 한다.

1) '곤할 곤(困)'자와 '가둘 수(囚)'자

가난한 선비가 한 사람 있었다. 그는 장사하는 재간도 없었고 농사도 지을 줄 몰라서 조상이 물려준 얼마간의 재산을 조금씩 처분하여 생활을 꾸리고 있었다. 그러다 마침내 더 이상 팔 것이 없게 되자, 생계가 막막해진 그는 밤잠마저 설치는 지경이 되었다.

그럴 즈음에 그 선비가 사는 동네에 점쟁이가 왔다. 하도 답답하던 선비는 지푸라기라도 잡는 심정으로 그 점쟁이에게 점을 보아 달라고 하였다. 점쟁이는 점책을 이리저리 뒤지다가 그 선비의 집안을 한 번 휘둘러보더니 점괘를 말하였다.

"선비께서는 부자로 살 팔자입니다. 그런데도 지금 이렇게 어렵게 살고 있는 것은 바로 마당에 있는 저 나무 때문입니다. 보십시오 댁의 네모난 집 안에 저렇게 나무가 한 그루 서 있는데 어찌 어렵게 살지 않을 수 있겠습니까?"

점쟁이의 말인 즉 네모난 집터에 나무가 있으니 한자로 '困(곤)'자가 되기 때문이라는 것이다. '困(곤)'은 '곤궁하다', '일이 풀리지 않는다'라는 뜻이다.

점쟁이의 말이 일리가 있다고 생각한 선비는 가난의 뿌리를 송두리째 뽑아버리겠다는 심정으로 즉시 이웃집에서 도끼를 한 자루 빌려와서 나무를 자르려고 하였다. 그나마 집안을 운치 있게 해 주는 나무를 자르려고 하는 남편을 본 아내는 급히 달려와 말렸다. 아내는 엉터리 점쟁이의 점괘는 믿을 것이 없고, 그보다는 내일 당장 돼지와 양을 사다 기르는 것이 낫다고 했다. 그러나 가난을 벗어날 방도를 찾았다고 확신하는 남편은 막무가내였다. 아내는 답답한 나머지 울음을 터뜨렸다.

그때 그 광경을 지켜보고 있던 영리한 아들이 뛰어나와 어머니를 달랬다.

"걱정하지 마십시오. 제가 아버지를 말릴 방법이 있습니다."

그리고는 아버지한테 다가가서 말했다.

"아버지, 아무래도 점쟁이가 나쁜 사람 같습니다."

"왜? 어째서?"

"생각해보십시오. 정원에 나무가 없으면 사람만 남습니다. 네모진 곳에 사람이 들어 있는 형상이면 '죄수 수(囚)'자가 되지 않습니까? 좀 가난하게 살아도 죄수가 되는 것보다는 낫지 않겠습니까?"

선비는 아들의 그 말에 마치 꿈에서 깨어난 듯이 말하였다.

"그렇지, 똑똑한 내 아들아. 내가 하마터면 크게 사기를 당할 뻔하였구나. 그 나쁜 점쟁이가 내 돈만 우려 갔어."

선비는 점쟁이의 괴상한 말에 현혹되어 준 복채가 아까웠던 것이다. 그러나 선비의 가족은 그 후로 열심히 농사를 짓고 착실하게 살아 생활이 점점 윤택해졌다고 한다. '가둘 수(囚)'자가 명사로 쓰이면 '죄수'라는 뜻이 된다.

이 이야기가 실화인지, 아니면 한자의 특성을 이용하여 즐기려고 지어낸 것인지는 확실하지 않다. 다만 이야기에 등장하는 사람 중에서 아들이 가장 지혜롭다는 것만은 분명하다. 그 아이는 남들과는 다른 방식으로 생각하여 새로운 의미를 찾아내는 능력을 가지고 있었다.

일설에는 이 이야기가 옛날 유방(劉邦)과 함께 천하를 다투던 항우(項羽)와 관련된 일이라고도 한다. 이웃집 사람이 자신이 곤궁한 것은 정원에 있는 아름드리 계수나무 때문이라고 판단하고 그 나무를 베어버리려고 하자, 나무를 매우 좋아하던 항우가 나서서 앞에서 말한 논리를 동원하여 제지하였다는 이야기다. 이 이야기가 어떤 근거에서 나왔는지는 좀더 알아볼 필요가 있을 것이다.

2) '醋(초)'자에 함축된 뜻

막걸리를 오래 두면 시어지고, 그것을 잘 관리하면 초가 된다. 그래서 초를 나타내는 '醋(초)'자는 원래 술항아리의 형상을 그린 것이었다. 그러나 나중에 술과 관련된 것을 나타내는 '酉(유)'자가 부수로 들어 있는 이 글자로 바뀌었다고 한다.

그러면 이 '醋(초)'자의 오른편에 있는 '昔(석)'자는 어떤 의미를 가지는 것일까? 이에 대해서 허신(許愼)은 이 '昔(석)'자가 '醋(초)'자의 소리를 나타내는 부분이라고 설명하였다. 허신(許愼)은 『설문해자(說文解字)』라는 문자학의 경전적인 저서를 남겨서 중국 최초의 본격적인 문자학자로 불리는 인물이다. 그런데 이 '昔(석)'자의 뜻에 관한 재미있는 또 다른 전설이 전해지고 있다.

중국의 전설에는 술을 처음으로 만든 이가 하(夏)나라 시대의 사람 두강(杜康)이라고 한다. 두강에게는 흑탑(黑塔)이라는 아들이 있었는데 그도 아버지의 일을 도와 술을 만들었다고 전해진다. 그런데 한 번은 술을 담갔다가 21일 후에 술독을 열어보니 독특한 향기가 코를 찔렀다. 맛을 보니 달콤하면서도 시큼한 것이 보통의 술과는 달랐다. 이게 무언가 하고 아무리 생각을 해 보아도 알 도리가 없었다. 새로 이름을 지을 수밖에 없게 된 것이다. 곰곰이 생각에 잠겨 있던 흑탑은 술을 담갔다가 21일 만에 이런 물질이 되었다는 것에 근거하여 술을 나타내는 '酉(유)'자에다 이십일일(二十一日)을 더하여 새로운 글자를 만들기로 하였다. '二十(이십)'은 '廿'으로도 쓰므로, 여기에 '一(일)'과 '日(일)'을 더하니 '昔(석)'자가 되었고, 이것이 '酉(유)'자와 합하여 '醋(초)'자가 되었다는 것이다.

일설에는 두강의 아들이 아니라 두강이 초를 발명했다고도 한다. 두강이 술을 담근 지 21일째 되는 날 유시(酉時)에 술독을 열어보니 초가 되어 있었다고 하여 '유시(酉時)'의 '酉(유)'자에다 21일을 합친 '昔(석)'자를 합하여 '醋(초)'자를 만들었다는 것이 그것이다.

두 가지 모두 '醋(초)'라는 글자의 유래에 대한 그럴듯한 해설이다. 그러나 그것은 사실이라기보다는 그 글자의 형태를 보고 후세 사람들이 꾸며낸 일종의 문자유희라고 해야 할 것이다. 탁주를 오래 두면 초로 변하는 현상을 보고, 술은 두강이 만들고 초는 그의 아들이 만들었다고 한 것도 재미있는 발상이다.

3) 광(匡)씨와 토(土)씨의 기이한 유래

어느 곳에 왕(王)씨 성을 가진 부자가 있었다. 그는 넓은 전답을 가지고 있어서 많은 소작인을 고용하여 농사를 지었다. 그러나 그는 같은 성인 왕씨들에게만 논을 부쳐 먹게 했지 다른 성을 가진 사람에게는 한 뼘의 땅도 빌려주지 않았다.

그런데 그 동네에는 왕씨가 아닌 성을 가진 사람이 두 사람 있었다. 한 사람은 광(匡)씨였고, 또 한 사람은 토(土)씨였다. 이들도 왕씨의 땅을 부치고 있었는데, 만약 그들이 왕씨가 아닌 것이 발각되면 당장 땅을 빼앗길 것은 뻔한 일이었다. 그것을 아는 이웃 사람들은 그 두 사람을 동정하는 마음에서 한시바삐 왕씨로 성을 갈라고 권고하였다. 그러나 그 두 사람은 '궁하면 길이 생기는 법'이라면서 버텼고, 성을 바꿀 의사는 전혀 없었다. 옆에 있는 사람들은 그들 때문에 마음을 졸였지만 정작 당사자는 태연하기만 하였다. 그들이 믿었던 것은 왕씨가 재산은 많지만 공부와는 담을 쌓아서 겨우 자신의 성인 '王(왕)'자만 알아볼 수 있다는 사실이었다.

어느 날 드디어 왕씨가 소작인들의 호구를 조사하러 나왔다. 광씨의 차례가 되자 왕씨는 눈살을 찌푸렸다. 광씨의 성이 자신이 아는 '왕'자가 아니었기 때문이었다. 왕씨는 "자네 성이 뭔가? 빨리 말해!" 하고 광씨를 다그쳤다. 그러나 광씨는 "저의 성은 왕씨입니다."라고 태연하게 대답하였다. 그러자 왕씨는 "왕씨라고? 그런데 어째서 내 '왕'자와 달라?!" 하며 호통을 쳤다. 그러자 광씨는 "저희는 산의 동굴에 살기 때문에 '왕'자를 이렇게 씁니다."

라고 해명하였다. 왕씨는 그 말을 듣고 자세히 보니 '王(왕)'자의 둘레에 다 근자의 둘레가 쳐진 '匡(광)'자의 모습이 과연 산 동굴에 사는 왕씨의 형상처럼 보였다. 이에 왕씨는 "우리 모두 같은 왕씨구먼." 하고 흡족한 미소를 지었다.

이번에는 토(土)씨 차례였다. 토씨도 광씨와 마찬가지로 자신이 왕씨라고 대답했다. 이번에도 왕씨는 왜 자기의 성자와 형태가 다른가를 물었다. 이에 토씨는 "옛날 우리 선조가 전쟁에 나가 싸움을 하다 자칫 잘못하여 목이 달아났습니다. 그 때부터 '王(왕)'자를 '土(토)'로 쓰게 되었습니다."라고 해명하였다. 토씨의 그 말에 왕씨는 "알고 보니 목이 달아난 왕씨구먼." 하며 회심의 미소를 지었다고 한다.

4) 달(月:월)이 두 개면 친구(朋:붕)요, 바람(風:풍)이 반쪽이면 이(虱:슬)라

천재들의 특징 중 하나는 유머 감각이 매우 뛰어나다는 것이다. 천재의 전형이라 할 수 있는 소동파와 그의 여동생 간에는 촌철살인의 기지를 발휘한 해학이 끊임없이 오고갔다. 그들은 누가 먼저 해학으로 공격을 하면 상대편이 또 다른 해학으로 응수를 하는 것으로 지적 유희를 즐기곤 하였다. 소동파와 그의 여동생 소소매 간에 오고간 해학적 공방은 재미있는 이야깃거리가 되어 오늘날까지도 많은 것이 전해지고 있다. 이번에 소개할 것은 특정 문자의 형태에 착안한 것이다.

한 번은 소소매가 창 밖을 보고 있는데, 오빠 소동파가 친구가 찾아왔다는 기별에 뜰 앞으로 가서 친구를 맞이하는 광경이 눈에 들어왔다. 그때 소소매는 문득 아이디어가 떠올라 "哥哥堂前邀雙月(가가당전요쌍월)"이라는 한 구절을 읊었다. 물론 오빠에게 그에 맞추어 대구(對句)를 해 보라는 주문이었다.

'哥哥(가가)'는 중국말로 '형님' 또는 '오빠'라는 뜻이다. '堂前(당전)'은 '대청 앞'이라는 뜻이며, '邀(요)'는 '맞이하다', '마중하다', '기약하다'라는 뜻으로 쓰이는 글자다. '雙月(쌍월)'은 '달이 두 개'라는 뜻이나, 달 월(月)자를 두 개 중복한 '벗 붕(朋)'자가 여기서 말하고자 하는 글자다. 그래서 "哥哥堂前邀雙月(가가당전요쌍월)"이라는 구는 '오빠는 대청 앞에서 친구를 맞이한다'라는 뜻이 된다.

소동파는 '벗 붕(朋)'자를 쪼개어 두 개의 '달 월(月)'자로 해석한 여동생의 구에 짝이 되는 구를 만들어 보려고 하였으나, 금방 좋은 생각이 떠오르지 않았다. 소동파가 잠시 머뭇거리는 순간 여동생이 손을 옷 안으로 넣어 긁는 장면이 눈에 들어왔다. 그것을 본 소동파의 머리에는 금세 기발한 생각이 떠올랐다. 소동파는 회심의 미소를 지으면서 "妹妹窓下捉半風(매매창하착반풍)"이라고 읊었다.

'妹妹(매매)'는 중국말로 '여동생'이고, '窓下(창하)'는 '창 아래'며, '捉(착)'은 '잡다'라는 뜻이다. 여기까지는 쉬운 말로 별 문제가 없다. 좀더 많은 생각이 필요한 것은 그 잡는 대상으로 되어 있는 '半風(반풍)'이 무엇인가 하는 것이다.

'雙月(쌍월)'이 '朋(붕)'자의 형태를 묘사한 말이듯이 '半風(반풍)' 역시 특정 글자의 형태를 묘사한 것이다. 곧 '바람 풍(風)'자를 세로로 해서 반으로 나누면(엄격하게 말하자면 정확한 반은 아니다), '이 슬(虱)'자가 된다. '虱(슬)'자는 '蝨(슬)'로도 쓰는데 사람의 몸에 기생하는 해충인 '이'를 가리키는 글자다. 곧 여동생이 옷 속에 손을 넣어 긁고 있는 모습을 이를 잡는 모습으로 보고 이렇게 표현했던 것이다.

결과적으로 '哥哥(가가)'라는 첩자(疊字)로 된 가족 호칭에 역시 '妹妹(매매)'라는 첩자로 된 가족 호칭으로 응대하였으며, '堂(당)'이라는 가옥 구조물의 이름에 대해서도 '窓(창)'이라는 가옥 구조물의 이름으로 응대하였다. '前(전)'이라는 방위를 나타내는 말에도 '下(하)'라는 방위를 나타내는 말로 짝을 이루게 하였고, '邀(요)'라는 동작을 나타내는 말에 대해서는 역시 '捉(착)'이라는 동사로 짝을 맞추었다. 마지막으로 가장 관건이 되는 두 글자로서 '朋(붕)'자의 형태를 묘사한 '雙月(쌍월)'에는 역시 '虱(슬)'자의 형태를 묘사한 '半風(반풍)'으로 상대하여 절묘한 대구가 되게 한 것이다.

5) '반로(半魯)'라는 음식

서로 친구 사이인 갑과 을이 있었다. 갑이 어느 날 을에게 초대장을 보냈다. 초대장에는 '몇 일날 몇 시에 반로(半魯)를 접대하고자 초대한다'고 써 있었다. 처음 보는 '반로(半魯)'라는 말을 보고는 그것이 무엇인지 이해가 되지 않았지만, 넓고 넓은 세상에는 자신이 알지 못하는 온갖 희한한 것들도 많다는 것 정도는 아는 을인지라 아마 자기가 먹어보지 못했던 색다른 요리일 것이라고 짐작하였다.

기대에 부푼 을은 좋은 기회를 놓치지 않으려고 시간에 맞추어 갑의 집으로 갔다. 그런데 을의 집 식탁에는 크게 기대하고 있었던 색다른 요리는 없었다. 겨우 생선 요리 한 접시만 달랑 보일 뿐이었다. 한참을 기다려도 별다른 낌새가 없자 을은 궁금증을 참지 못하고 갑에게 물었다.

"다른 요리는 없는가? 어째서 그 반로는 함께 내오지 않는 거지?"

그러자 갑이 크게 웃으며 대답했다.

"초대장에 분명히 써놓지 않았던가? '반로(半魯)'라고 '魯(로)'자의 반은 '물고기 어(魚)'자가 아닌가? 나는 초대장에 썼던 대로 준비해서 대접하는 것일세."

며칠 후 이번에는 갑이 을의 초대장을 받았다. 을의 초대장에는 지난번에 자신이 보냈던 초대장과 같이 '반로(半魯)'로 접대하겠다는 내용이 적혀 있었다. 지난 번 일을 생각하면 좀 쑥스럽기는 했지만 생선이라도 먹는 게 어디냐며 갑은 시간에 맞추어 을의 집으로 갔다.

을의 집 탁자는 태양이 내려 쬐는 정원의 한 가운데에 있었다. 그러나 식탁 위에는 아무것도 차려져 있지 않았다. 갑은 조금 기다리고 있으면 생선 한 도막이라도 나오겠지 하고 기다렸으나 종내 깜깜 무소식이었다. 작열하는 햇빛 아래 참다못한 갑이 허기진 목소리로 "음식은 어디에 차려 놓았는가? 생선이라도 있으면 요기를 할 텐데……" 하며 을의 눈치를 살폈다. 이 때 을이 큰 소리로 웃으며 이렇게 말했다.

"지난번에 자네가 나에게 대접해 준 것은 상반로(上半魯) 즉 생선이었지만, 오늘 내가 자네에게 대접할 것은 하반로(下半魯) 즉 태양일세. 여보게 그러니 좀 참으시고 이 내려 쬐는 햇빛을 충분히 즐기고 가시게."

형태상으로 보면 '미련할 로(魯)'자는 위의 '물고기 어(魚)'자와 아래의 '날일(日)'자가 결합되어 있는 형상을 하고 있다. 여기에 근거하여 갑은 생선을 '반로(半魯)'로 표시하여 을을 우롱하였다. 이에 앙심을 품은 을 역시 아래와 위를 지목하지 않은 '반로(半魯)'로 해를 나타냄으로써 갑에게 반격을 가했던 것이다. 문자유희로 이루어진 중국판 <두루미와 여우>라고 할 것이다.

6) 왼쪽으로 가도 되고 오른쪽으로 가도 되는 생선

'蘇(소)'자의 아랫부분인 '魚(어)'자와 '禾(화)'자는 서로 위치를 바꾸어 쓰기도 한다고 한다.

어떤 사람이 손님을 초대하여 겸상을 하면서 자기 쪽에는 큰 생선을 두고, 손님 쪽에는 작은 생선을 놓았다. 이를 본 손님이 괘씸하다는 생각이 들어 꾀를 하나 내었다. 손님이 주인에게 물었다.

"하늘에는 천당이 있고 땅에는 소주(蘇州)와 항주(杭州)가 있다고 하는데, 그 소주(蘇州)의 '소(蘇)'자는 어떻게 씁니까?"

"초두(艹) 밑에 왼쪽에는 '고기 어(魚)'자, 오른쪽에는 '벼 화(禾)'자를 쓰지요"

"'고기 어(魚)'는 오른쪽으로 옮겨도 됩니까?"

"물론이지요 '고기 어(魚)'는 왼쪽에 두어도 되고 오른쪽에 두어도 되지요"

주인이 그렇게 말하자, 손님은 "그러시다면 생선의 위치를 바꾸겠습니다."라고 하며 주인 앞에 놓여 있던 큰 생선을 자기 앞으로 옮겼다.

4. 모양이 닮은 한자

한자는 그 수가 많다보니 개중에는 뜻은 전혀 다르나 모양이 비슷한 것들이 적지 않다. 그런 한자들을 착각하여 다른 글자로 읽게 되면 엉뚱한 뜻으로 바뀌어 사람들로 하여금 포복절도케 하는 경우도 있다. 대개 무식의 소치나 부주의에 의한 오독으로 인한 의미의 황당한 반전이 듣는 이나 보는

이에게 웃음을 제공한다. 그러나 타인에 대한 풍자나 비판을 위해 고의로 오
독하는 경우는 드문 듯하다. 남을 공격하기 위해서는 나 자신이 튼튼해야 하
는데, 글자를 잘못 읽는다는 전제는 공격의 칼날을 무디게 하기 때문이라 생
각된다.

1) 암캐로 태어나게 해 주소서

공부가 부실하여 걸핏하면 글자를 잘못 읽던 서당 훈장이 죽어 염라대왕
앞에 갔다. 염라대왕은 그 훈장의 행적을 다 조사한 다음에 개로 환생하라
고 판결하였다. 그러자 그 훈장은 "이왕 개로 태어나게 하실 것이면 암캐로
태어나게 해 주십시오." 하고 염라대왕께 부탁하였다. 염라대왕이 의아하여
그 이유를 물었더니 그 훈장은 이렇게 대답하였다.

> "『예기(禮記)』에서 말하기를 '재물을 보면 암캐가 얻고, 어려움을 만나도 암
> 캐는 면한다'라고 했기 때문입니다."

죽어서도 글자를 엉뚱하게 읽는 버릇을 버리지 못한 훈장은 『예기(禮記)』
에 있는 한 구절인 "臨財毋苟得(임재무구득), 臨難毋苟免(임난무구면)"에서 '(…
을) 하지 마라'는 금지의 뜻을 나타내는 '毋(무)'를 '암컷'이란 뜻도 있는 '어
미 모(母)'자로 잘못 읽고, '구차하다'라는 뜻의 '苟(구)'자를 '개 구(狗)'자로
잘못 읽었던 것이다. 그래서 "臨財毋苟得(임재무구득), 臨難毋苟免(임난무구면)"
이라는 구절은 "臨財母狗得(임재모구득), 臨難母狗免(임난모구면)"으로 바뀌게
되었다. 그로 말미암아 그 문장은 '재물을 보아도 구차하게 얻지 말고, 어려

움을 만나도 구차하게 피하지 마라'는 점잖은 뜻에서 '재물을 보면 암캐가 얻고, 어려움을 만나도 암캐는 면한다'라는 희한한 뜻으로 바뀌어버렸다.

2) 돼지 천 마리

옛날 어느 곳에 돼지 혀 요리를 좋아하는 현관(縣官)이 한 사람 있었다. 어느 날 갑자기 그 요리가 먹고 싶어진 현관이 '돼지 혀를 사라'라는 쪽지를 써서 부하에게 건네주었다. 그런데 돼지 혀를 사러 보낸 부하는 한참을 기다려도 오지 않았다. 또 다른 부하를 보내어 빨리 일을 보라고 독촉하게 하여도 아무런 소식이 없었다. 한참이 지나 날이 저물어서야 두 사람이 함께 돌아와서는 황송한 표정을 지으며 "나으리, 나으리께서 사시려고 한 물건은 오늘 중으로는 다 사지 못할 것 같습니다."라고 보고하였다. 그 말에 화가 난 현관은 "아니 그래, 너희들은 하루 종일 나가서 돼지 혀 하나 사오지 못하느냐? 나를 골탕 먹이려고 하는 수작이냐?"라며 호통을 쳤다.

그때서야 부하들은 무엇이 잘못된 줄을 알았다. 글을 날려 쓰고 길게 쓰는 버릇이 있는 현관이 '돼지 혀를 사라'는 뜻의 '買猪舌(매저설)'을 세로로 쓰면서 '舌(설)'자를 길게 늘여 써서 '千口(천구)'처럼 보이게 썼던 것이다. '口(구)'자는 보통 사람을 셀 때 쓰는 말이지만, 때로는 돼지를 셀 때도 쓰는 모양이다. 그래서 부하는 '돼지 천 마리를 사라'는 뜻으로 이해한 '買猪千口(매저천구)'라는 쪽지를 들고 돼지를 사러 나갔지만 종일토록 오백 마리도 채 사지 못했던 것이다. 현관은 자초지종을 알고 보니 모두 자신의 잘못이지 충직한 부하들의 잘못이 아닌지라 얼굴만 붉힐 뿐 더 이상 말을 잇지 못했다고 한다.

3) 오빠 틀렸어

옛날 어느 과거시험에서 한 수험생이 '昧昧我思之(매매아사지)'라고 써야 할 것을 '妹妹我思之(매매아사지)'로 잘못 썼다. '어두울 매(昧)'자가 둘 중첩된 '昧昧(매매)'는 '어두운 모양'이나 '혼란스러운 모양', '어리석은 모양'을 표현할 때 흔히 쓰이는 말이다. 때로 깊이 생각하는 모습을 나타낼 때에도 쓰인다. 그리고 '昧昧我思之(매매아사지)'의 '之(지)'는 구체적인 지시대상이 없는 형식목적어처럼 쓰인다. 그러므로 '昧昧我思之(매매아사지)'는 '나는 깊이 생각한다'라는 말이다.

그런데 '昧昧(매매)' 대신에 중국말로 여동생을 나타내는 '妹妹(매매)'를 쓴 '妹妹我思之(매매아사지)'는 사정이 좀 다르다. 명사로만 쓰이는 '妹妹(매매)'는 위의 '昧昧(매매)'처럼 부사로 쓰일 수 없고, '생각하다'는 '思(사)'자의 대상이 된다. 그러므로 '妹妹我思之(매매아사지)'는 '내가 여동생을 생각한다'라는 뜻이 된다. '생각한다'는 '思(사)'자는 또 '그리워한다'는 뜻으로도 쓰이며, '여동생'도 가족이 아닌 다른 사랑하는 여성일 수도 있다. 그렇게 보면 '妹妹我思之(매매아사지)'는 '나는 그녀를 그리워한다'라는 뜻으로도 볼 수 있다. 실수였든지 아니면 무식의 소치였든지 간에 그 수험생은 엄숙한 내용을 담아야 할 과거시험 답안지에 '나는 그녀를 그리워한다'라는 해괴한 내용을 써넣었던 것이다.

채점을 하던 관리는 이 답안지를 보고서 배꼽을 잡고 웃었다. 그리고는 그 아래에 다음과 같이 채점하는 말을 써넣었다.

"哥哥你錯了."(가가니착료)

중국말 '哥哥(가가)'는 '오빠' 또는 '형님'이라는 말인데, 여기서는 '여동생'인 '妹妹(매매)'의 상대가 되는 말로 쓰였으니 '오빠'라고 제한되어야 할 것이다. '你(니)'는 제2인칭 대명사이고, '錯(착)'은 '틀렸다'라는 뜻이다. '了(료)'는 대개 문장 뒤에 붙어서 특수한 어감을 나타낸다. 그러므로 '哥哥你錯了(가가니착료)'는 '오빠 너 틀렸어'라는 뜻이다.

'妹妹我思之(매매아사지)'에 대한 '哥哥你錯了(가가니착료)'는 구조적으로도 상당히 정교하다. '妹(매)'라는 글자가 중복되어 '여동생'이라는 뜻을 나타내는 '妹妹(매매)'에 대하여, '哥(가)'자를 중복하여 '오빠'라는 뜻을 나타내는 '哥哥(가가)'를 대응시키고, 제2인칭대명사 '你(니)'로써는 제1인칭대명사 '我(아)'에 대응시켰다. 그리고 '생각하다'는 뜻의 동사 '思(사)'에 대해서는 역시 동사로서 '틀리다'라는 뜻이 있는 '錯(착)'자를 대응시켰다. 형식목적어로 쓰인 '之(지)'자에 대해서는 조사 '了(료)'를 대응시켰는데, 이들은 허사(虛詞)라는 보다 큰 범주에서 통합된다.

'妹妹我思之(매매아사지)'에 대하여 '哥哥你錯了(가가니착료)'라고 응수한 채점관의 기지와 유머 감각이 보통이 아니다. 정교한 대구를 만드는 것은 물론 기본이다.

5. 같거나 유사한 부수의 한자들

5만 자가 넘는 한자는 250개가 채 되지 않는 부수로 분류된다. 그러므로 같은 부수에는 평균 200자가 넘는 글자가 있게 마련이다. 그 중에서도 많이 쓰이는 부수의 글자들은 그 수가 훨씬 많아진다. 그래서 노력의 여하와 한자 운용의 능력 정도에 따라서는 같은 부수에 속하는 글자만으로도 일정한 의미가 있는 문장을 구성할 수 있다. 특히 문장의 길이가 길지 않은 대련의 경우, 그 가능성은 상당히 높아진다.

간혹 같은 부수의 글자만으로 네 구나 여덟 구가 되는 시를 만들기도 하는데, 그런 경우에는 대개 자연스럽지 못한 부분이 있다. 써야 할 글자 수가 많아질수록 난이도가 높아지기 때문이다. 여기서는 시보다는 난이도가 낮은 대련 중에서 쉽게 이해할 수 있는 몇 가지만을 소개한다.

1) 같은 부수의 글자를 이용한 대련(1)

옛날 일찍 남편을 잃고 3년을 수절한 과부가 이웃에 사는 서당 훈장과 눈이 맞았다. 서당 훈장이 정식으로 결혼식을 올리고자 과부댁에 매파를 보냈으나 과부의 시부모는 단호히 거절하였다. 이에 크게 실망한 과부가 자살하려고 강물에 뛰어들었다. 다행히 때마침 곁을 지나가던 어느 선비가 그 광경을 보고 물에 뛰어들어 과부를 구해냈다.

소문을 듣고 달려온 과부의 시부모로부터 사정을 들은 선비는 사람의 목숨이 중하니 개가를 허락하라고 종용하였다. 처음에는 단호하게 거부하던 과부의 시아버지가 선비의 거듭되는 설득에 마음이 조금 움직였는지 "그럼 좋소. 내가 출구(出句)를 하나 낼 텐데, 거기에 맞는 대구(對句)를 하면 허락하겠소. 그렇지만 그렇지 못하면 다시는 두 말 마시오."라고 하면서 한 구절을 읊었다.

淚滴湘江流滿海. (누적상강류만해)

그 뜻은 "상강(湘江)에 눈물이 떨어져 바다로 가득 흘러간다."는 것이다. 마치 과부인 며느리의 심정을 읊은 것 같은 내용이다. 그런데 이 구는 '눈물 루(淚)', '물방울 떨어질 적(滴)', '상강(湘江)', '흐를 류(流)', '찰 만(滿)', '바다 해(海)' 등 모든 글자가 삼수(氵)변이 있는 글자다. 시아버지는 7자 모두를 같은 부수의 글자로 씀으로써 난이도를 높였던 것이다.

선비는 잠시 생각하다가 과부의 친정부모가 울부짖고 있는 모습을 보더니 다음과 같은 구절을 읊었다.

嗟嘆噭咷哽咽喉. (차탄호도경인후)

'嗟嘆(차탄)'은 '탄식하다'란 말이며, '噭咷(호도)'는 '울부짖다'는 말이다. 또 '哽(경)'은 '목이 메이다'라는 말이고, '咽喉(인후)'는 잘 알다시피 '목구멍'이다. 그런즉 이 구절의 뜻은 "탄식하고 울부짖어 목이 메인다."라는 뜻이다. 과부의 친정부모의 모습을 제대로 표현했으며, 또한 구 전체를 '입 구(口)'자 변이 있는 글자로 만들었다. 과부의 시아버지가 요구하는 사항을 잘 만족시킨 것이다. 이렇게 되자 과부의 시아버지는 며느리의 재가를 허락하지 않을 수 없게 되었다. 선비의 한자실력이 한 사람의 목숨을 구한 것이었다.

2) 오행(五行) 부수의 글자로 만든 대련

> 煙鎖池塘柳,(연쇄지당류)
> ♋ 연기는 연못가의 버드나무를 감싸고,
>
> 燈深村寺鐘.(등심촌사종)
> ♋ 깊숙이 등불 비치는 마을에 절 종소리 들린다.

이 대련은 외관상 별다른 특징이 없는 것처럼 보인다. 각 구를 구성하는 글자들의 부수도 각기 달라서 크게 주의를 끌만한 것이 없는 것처럼 보인다. 그러나 각 글자들의 부수들을 자세히 살펴보면 그들은 각각 오행(五行)을 구성하는 다섯 가지 사물을 나타내는 글자들이라는 것을 알 수 있다. 곧 앞 구에 있는 '煙(연)'자의 '火(화)', '鎖(쇄)'자의 '金(금)', '池(지)'자의 '水(수)', '壙(광)'자의 '土(토)', '柳(류)'자의 '木(목)'의 다섯 가지가 오행이다. 뒤의 구도 마찬가지로 '燈(등)'의 '火(화)', '深(심)'의 '水(수)', '村(촌)'의 '木(목)', '寺(사)'의 '土(토)', '鐘(종)'의 '金(금)' 다섯은 오행을 구성하는 요소들이다.

눈앞의 정경을 자연스러운 필치로 그린 듯 하지만, 실제로는 다섯 가지 오행의 부수가 들어가는 글자로써 한 구를 만드느라 무척 고심했을 것이다.

3) 형태상 유사성이 있는 글자를 이용한 대련

> 氷冷酒, 一點水, 二點水, 三點水;(빙냉주, 일점수, 이점수, 삼점수)
> ♋ 얼음같이 찬 술, 한 점으로 된 물, 두 점으로 된 물, 석 점으로 된 물;

丁香花, 百字頭, 千字頭, 萬字頭.(정향화, 백자두, 천자두, 만자두)
ㅇ 정향화, 백 자의 머리, 천 자의 머리, 만 자의 머리.

'얼음같이 찬 술'이라는 뜻의 위 구 '氷冷酒(빙냉주)'의 '氷(빙)'은 물과 관계되는 글자로 점이 하나가 있고, '冷(냉)'에는 물과 관계된 점이 두 개 있으며, '酒(주)'는 물과 관계되는 점이 세 개 있는 글자라는 뜻이다. 그리고 '쟈스민'의 중국말인 '丁香花(정향화)'의 '丁(정)'자는 '일백 백(百)'자의 머리 부분이고, '香(향)'자의 머리에는 '일천 천(千)'자가 있으며, '꽃 화(花)'자에는 '일만 만(萬)'자의 머리 부분인 '卄(초)'자가 있다는 말이다. 그러므로 이것은 내용상으로는 이렇다 할 것이 없고, 단지 형태의 유사성만 부각시킨 문자유희라고 할 것이다.

6. 한자의 변형

수가 많은 한자 중에는 뜻이 다르나 형태가 유사한 글자들이 더러 있다. 그래서 기성의 어구나 문장의 특정 글자를 약간 변형시키면 전혀 다른 의미의 어구나 문장이 되기도 한다. 개중에는 위선자가 남들에게 과시하기 위하여 자신을 과대 포장한 어구나 문장의 한두 글자에 약간의 손질을 가해 정반대의 뜻이 담긴 어구나 문장이 되게 한 것도 있다. 누구든 위선자의 허위가 남김없이 폭로되는 것을 보면 쾌재를 부르지 않을 수 없을 것이다. 악당을 응징하는 한자놀이는 사필귀정(事必歸正)이라는 도덕적 지지를 받음으로써 그 쾌감을 더욱 증폭시킨다.

1) 장사가 잘되게 한, 한 점 빠진 '心(심)'자

청(淸)나라 중엽 중국 광동성(廣東省) 어느 곳의 한 가난한 부부가 시장에다 두 칸짜리 음식점을 하나 내었다. 부부는 모두 정직하고 착실한 사람들이었으나 손님을 끌어들이는 솜씨는 좋지 못했다. 장사는 지지부진해지고 급기야 파리를 날리는 지경에 이르게 되었다. 그때 마침 송상(宋湘)이라는 선비가 과거를 보러 가는 길에 그 가게에 들렀다. 송상의 명성을 익히 듣고 있던 부부는 물에 빠진 사람이 지푸라기라도 잡는 심정으로 송상에게 하소연하였다.

송상은 나중에 과거에 합격하여 벼슬살이를 했을 뿐만 아니라 호방한 성격에 시도 잘 써서 산뜻한 시풍으로 이름을 떨쳤던 사람이다. 송상은 주인 부부의 애타는 심정을 듣고는 큰 소리로 웃음을 터뜨리며 걱정 말라고 위로하였다. 그리고 대련(對聯)을 쓸 도구를 준비해 달라고 하였다. 재능이 뛰어난 송상인지라 대련도 멋지게 썼다.

> 一條大路通南北,(일조대로통남북)
> ❀ 큰길 하나는 남북으로 통해 있고,
>
> 兩眼小店賣東西.(양안소점매동서)
> ❀ 두 칸의 작은 가게는 물건을 파네.

'條(조)'는 '가늘고 긴 것'을 나타내는 양사(量詞)다. '양사(量詞)'는 '단위를 나타내는 말'이라는 뜻이다. 그리고 '條(조)'와 같은 위치의 아래 구의 '眼(안)'은 구멍 따위의 작은 공간을 나타내는 양사다. 아래 구에 있는 '東西(동서)'

는 위 구의 '南北(남북)'과 같은 위치에서 대구를 이루고 있으나 의미는 전혀 달라 '물건'이라는 뜻으로 쓰였다.

그러나 송상이 정작 힘을 쓴 곳은 이 멋진 두 구가 아니었다. 송상은 이 두 구의 내용을 요약하여 문 위에 가로로 붙이는 횡피(橫披)에 노림수를 두었다. 그는 횡피를 '上等點心(상등점심)'이라고 썼는데, 그것은 '고급 간식'이라는 뜻에 가깝다. 문제는 송상이 '上等點心(상등점심)'을 쓰면서 고의로 '心(심)'자의 획을 하나 빠뜨리고 썼다는 것이다. 영문도 모르는 주인 부부는 송상에게 연신 고맙다는 인사를 하고 그것을 내다 붙였다.

그날 과거에 낙방한 어느 선비가 간식을 먹으려고 그 가게에 들렀다가 훌륭한 필체로 쓰여진 그 멋진 대련을 보고 감탄을 하였다. 그러다 문득 횡피의 '心(심)'자에 점이 하나 빠진 것을 보고는 배꼽을 잡고 웃었다. 그리고 그 소문은 삽시간에 널리 퍼졌다. 송상의 명성을 익히 듣고 있던 선비들은 천하의 송상이 '마음 심(心)'자 하나도 제대로 못 썼다는 소문에 직접 확인하려고 몰려들었다. 그 덕분에 그 가게 앞은 사람들로 들끓게 되었고, 사람들은 거기에 온 김에 그 집의 음식을 사먹게 되었다. 요리 솜씨는 기본으로 갖추고 있던 터라 음식장사는 금세 큰 성공을 거두게 되었다.

송상이 일부러 '心(심)'자의 한 획을 빠뜨리고 써서 손님을 끈 것은 즉흥적이고 간단한 것처럼 보이나, 그 속에는 치밀한 계산이 깔려 있다. 우선 그 집에다 대련을 써 줌으로써 다소간 알려져 있는 자신의 명성을 이용하였다. 거기에 더하여 특이한 것을 좋아하는 호기심과 남의 결점을 보면서 우월감을 맛보려는 사람들의 경쟁심도 역이용하였다. 그런 점에서는 자신을 괴롭힘으로써 소기의 목적을 달성하고자 하는 고육지계(苦肉之計)의 일종이라고 할 수 있을 것이다.

2) 소장에 한 점을 찍어 감형되게 하다

옛날에 오늘날의 변호사와 비슷하게 직업적으로 소장을 써주는 이가 있었다. 재물욕심이 특히 많았던 그는 능란한 세 치 혀와 교묘한 글 솜씨로 농간을 부려 법망의 허점을 헤집고 재물을 긁어모았다.

마침 그 때 큰 도둑이 큰 죄를 짓고 법망에 걸려 구속되었다. 죄질이 워낙 나빠서 정당하게 판결을 하면 목을 베는 참수형을 면할 수 없는 경우였다. 이렇게 되자 그 도둑의 부하들은 재물을 동원하여 두목을 구출해내려고 안간힘을 썼다. 그들은 그 대서사에게 많은 재물을 갖다 바치며 잘 봐달라고 하였다. 탐욕스러운 대서사는 재물에 혹하여 그 두목을 살려줄 궁리를 하면서 소장을 검토하였다.

소장에는 "대문으로 들어가 대문으로 나오면서 대담하게 못된 짓을 저지르며 남의 재물을 훔쳤다."로 되어 있었다. 대서사는 '대문으로 들어가 대문으로 나오면서'라는 뜻인 '大門而進(대문이진), 大門而出(대문이출)'이라는 대목을 보자 갑자기 한 꾀가 떠올랐다. 그는 즉시 붓을 집어 들어서 '大門(대문)'의 '大(대)'자의 오른쪽 어깨에 점을 하나씩 찍어 '犬(견)'자로 만들었다. 그에 따라 소장의 문장은 '개구멍으로 들어가 개구멍으로 나오면서'라는 뜻으로 바뀌었다. 그렇게 되자 대명천지에 남의 시선을 아랑곳하지 않고 남의 대문을 드나들며 약탈을 일삼은 간 큰 대도가 남의 집에 몰래 들어가 물건을 훔친 좀도둑으로 바뀌면서 죄질이 완화되었다. 그래서 원래 사형에 처해졌어야 했을 대도는 사형을 면하고 감옥에서 형을 살게 되었다. 그런 다음 대도의 졸개들은 다시 관리들에게 뇌물을 먹여 며칠 만에 두목을 빼내었다고 한다.

'大(대)'자에다 점을 하나 찍는 것만으로 사형수가 되어야 될 사람을 감형되게 한 데에서 대서사의 민활한 두뇌 회전과 기지를 엿볼 수 있다. 그러나 그의 지혜는 부정한 일에 쓰였기 때문에 그것은 간교한 지혜, 즉 간지(奸智)라고 해야 할 것이다.

3) 고부(姑婦)가 모두 남편을 잃어

옛날 중국에 고을 사람들을 못살게 굴던 못된 벼슬아치가 있었다. 그는 자기가 잘났다고 뽐내며 동네 사람들을 멸시하였다. 그는 자신도 과거에 급제하여 진사가 되었고, 자기 아들도 과거에 급제하여 진사가 되었다는 사실을 널리 자랑하고 싶어서 자기 집 문에다 대련(對聯)을 한 장 써 붙였다.

> 父進士, 子進士, 父子皆進士;(부진사, 자진사, 부자개진사)
> 婆夫人, 媳夫人, 婆媳均夫人(파부인, 식부인, 파식균부인)

進士(진사)는 과거에 급제한 사람이고, '皆(개)'는 '모두'란 뜻이다. '婆(파)'는 '시어머니'고, '媳(식)'은 '며느리'이다. '夫人(부인)'은 '벼슬아치의 아내'를 가리키는 말이며, '均(균)'은 '皆(개)'와 마찬가지로 '모두'라는 뜻이다. 그러므로 그 대련은 "아버지도 진사고 아들도 진사니 부자가 모두 진사고, 시어머니도 부인이고 며느리도 부인이니 고부가 모두 부인이라."라는 뜻이다. 자기 집안을 노골적으로 자랑하는 것이었다.

그 벼슬아치는 그런 대련을 대문에 붙여 놓고 천하에 자기 집안보다 나은 집안이 없는 듯이 의기양양해 하였다. 마을 사람들은 그 짓거리에 눈살을 찌푸렸지만 어쩔 방법이 없었다. 그때 마침 어떤 가난한 선비가 길을 가다가 그 꼬락서니를 보았다. 그는 아니꼬운 생각이 들어 본때를 보여줄 결심을 하였다. 그는 밤이 깊어지기를 기다렸다가 붓을 들고 가서 그 대련의 글자를 조금씩 고쳐 다음과 같이 만들어 놓았다.

父進土, 子進土, 父子皆進土;(부진토, 자진토, 부자개진토)
婆失夫, 媳失夫, 婆媳均失夫(파실부, 식실부, 파식균실부)

'선비 사(土)'자는 아래 획을 더 길게 하여 '흙 토(土)'자로 만들어 놓았고, '夫人(부인)'의 '夫(부)'자는 한 획을 덧붙여 '잃을 실(失)'자로 바꾸어 놓았다. 그리고 '사람 인(人)'자는 모두 두 획을 더하여 '지아비 부(夫)'자로 고쳐 놓았던 것이다. 그러니 그 대련은 "아비가 땅에 들어가고 아들도 땅에 들어가니 부자가 모두 땅에 들어가고, 시어미가 남편을 잃고 며느리도 남편을 잃으니 고부가 모두 남편을 잃는구나."라는 뜻이 되어버렸다.

그 가난한 선비는 원래의 대련에 약간의 손질을 가하여 그 벼슬아치 '부자가 모두 죽을 놈'이라는 의미로 바꾸었던 것이다. 그랬더니 그 소문을 들은 동네 사람들이 대련 앞에 몰려들어 "기가 막히게 잘 고쳤다. 참 잘 고쳤어!" 하며 손뼉을 치고 환호하기도 하고, 배꼽을 잡고 웃기도 하면서 고소해하였다. 문 앞이 소란스러운 것을 보고 무슨 일인가 하고 나와 보았던 그 벼슬아치는 치밀어 오르는 부아를 참지 못하고 기절했다고 한다. 선비의 뛰어난 문자운용 능력은 못된 인간을 혼내주고 민초들의 울분을 발산할 수 있게 해 주었던 것이다.

4) 매국노의 대련

　일신의 영달과 호강을 위해 만인의 지탄을 애써 외면하면서 나라 팔아먹기에 앞장을 섰던 을사오적 같은 인간들이 우리나라에 있었듯이, 중국에도 일본에 빌붙어 나라 팔아먹기에 앞장을 섰던 매국노가 있었다. 그 대표적인 인물이 왕정위(汪精衛)라는 작자다.

　큰 도둑 치고 뻔뻔하고 당당하지 않은 이 없듯이 왕정위도 일본인들에게 아첨하고 빌붙는 대가로 누리는 호강을 너무나 떳떳하게 생각하고 있었다. 어느 섣달 그믐날 밤에 일본 관리들에게 아첨을 하고 돌아온 왕정위는 자신이 누리는 호강에 감격해마지 않다가 자신이 무슨 성군이나 되는 양 그 행복을 국민들과 함께 누리고 싶다는 엉뚱한 염을 내었다.

　그는 부하에게 지필묵을 가져오게 한 다음 국민들과 호강을 누리고자 하는 그 엉뚱한 바람을 대련으로 써서 내걸기로 하였다. 그러나 본래 재능이 부족하고 공부가 부족한 왕정위는 무슨 내용을 써야 할지 몰라 난감해하였다. 그때 옆에서 남편의 답답한 꼴을 지켜보고 있던 그의 아내가 "이왕이면 손문(孫文) 총리의 뜻을 계승한다는 의미에서 삼민주의에 관한 글을 몇 자 쓰시지요."라고 조언하였다. 이에 겨우 영감이 떠오른 왕정위가 다음과 같이 썼다.

> 立民族民權民生之宏願.(입민족민권민생지굉원)
> 開爲黨爲國爲公之大業.(개위당위국위공지대업)

　"민족과 민권과 민생의 큰 원을 세우고, 당을 위하고 국가를 위하며 공공을 위한 원대한 사업을 열어가리라."라는 뜻이다. 일본에 국가와 민족을 팔아넘기고 저 혼자만 호강하려고 안달을 하는 인간이 감히 이 말을 입에 올리다니! 그렇지만 이미 양심이 마비된 왕정위로서는 자신의 행동과 자신이 쓴 대련의 내용이 상치하는지도 알지 못했다. 내가 편하면 남도 편하리라 편히 생각하니 그렇게 쓴 글의 내용이 자신이 보아도 흡족하기 이를 데 없었다. 왕정위는 득의만면한 미소를 머금으며 부하를 시켜 붉은색의 고급 종이에 쓴 대련을 대문에 내다 걸게 하였다. 때는 이미 자정을 넘은 깊은 밤이었다.

그때 마침 남에게 글을 써주는 것을 업으로 삼고 있던 늙은 대서사가 왕정위의 집 앞을 지나가게 되었다. 그는 왕정위의 대문에 새해를 맞는 기분을 내는 대련이 걸려 있는 것을 보고는 그 내용이 궁금하여 다가가서 자세히 보았다. 순간 피가 거꾸로 솟고 속이 메스꺼워졌다. 천하의 매국노가 언감생심 그런 내용의 대련을 쓸 수 있단 말인가?! 더럽다고 침을 뱉고 돌아섰지만 고약한 기분은 좀체 가시지 않았다. 잠시 생각해보니 좋은 생각이 떠올랐다. 마침 보초를 서는 병사들도 이미 잠에 골아 떨어져 있었다.

늙은 대서사는 왕정위의 대련의 앞 구에 있는 세 개의 '民(민)'자에는 모두 '삼 수(氵)'변을 덧붙여 썼고, 아래 구의 세 개의 '할 위(爲)'자에는 '사람 인(亻)'변을 첨가하였다. 결과적으로 '백성 민(民)'자는 '다할 민(泯)'자로 바뀌었고, '위할 위(爲)'자는 '거짓 위(僞)'자가 되었다.

立泯族泯權泯生之宏願(입민족민권민생지굉원)
開僞黨僞國僞公之大業(개위당위국위공지대업)

따라서 그 뜻은 "민족을 말살하고 권리를 말살하고 삶을 말살하겠다는 큰 원을 세우고, 가짜 당과 가짜 국가와 가짜 공공의 원대한 사업을 열어가리라."로 바뀌었다. 왕정위의 행위와 꼭 맞는 내용의 대련이 된 셈이다. 늙은 대서사는 자신이 가필한 왕정위의 대련을 보고는 울분이 거의 풀린 듯 흡족한 미소를 지으며 그 자리를 떴다.

이윽고 새벽이 되자 비서가 아직 비단 금침에서 단꿈에 젖어 있는 왕정위를 깨웠다. 대문밖에 사람들이 모여들어 웅성거리고 있어서 보니 밤중에 붙여 놓았던 대련의 글자가 바뀌어 있었다고 보고하였다. 왕정위는 뭔가 잘못되었다는 느낌이 들어 급히 나가 보니 아닌게 아니라 천하의 매국노인 자신의 정체가 자기가 썼던 대련에 폭로되어 있었다. 왕정위는 매우 부끄럽고 화가 났지만 어쩔 수 없는 노릇이었다. 이 일이 있은 후로 왕정위는 감히 대련을 써서 내걸지 못했다고 한다.

붓 한 자루 잠깐 움직여서 악랄한 매국노를 단죄하였으니, 과연 붓이 칼보다 강하다 하겠다. 아니 한자놀이의 기지가 주먹보다 더 강하다고 하는 것이 더 옳은 지도 모르겠다.

5) 글자 하나 고쳐 황제 자리를 차지하다

청(淸)나라의 전성시대는 강희(康熙) · 옹정(雍正) · 건륭(乾隆)의 삼대에 걸친 130여 년 간이다. 이 중 강희제가 61년, 건륭제가 60년간 황제로 군림했다. 중간의 옹정제는 13년 정도 밖에 황제의 자리를 지키지 못하였으니 실제로 청나라의 전성시대는 대략 강희제와 건륭제가 통치한 시기라고 말할 수 있다. 강희제에 이어 건륭제가 통치함으로써 청나라가 번영을 구가할 수 있었던 것은 본래 황제가 될 수 없었던 옹정제가 교묘한 수단으로 황제의 자리를 차지하였기 때문이다.

옹정제의 이름은 윤진(胤禛)인데 그는 강희제의 넷째 아들이었다. 장남이 황제의 자리를 계승하는 통상적인 경우라면 윤진은 황제가 될 가능성이 거의 없었던 인물이었다. 윤진이 황제의 자리를 차지할 수 있었던 것은 그가 야심을 품고 치밀한 계획에 따라 일을 추진했기 때문인데, 그 중에서도 문자를 잘 이용한 특이한 사건이 결정적이었다.

강희제는 황후를 포함한 20여 명의 여인에게서 35명에 달하는 아들을 얻었다. 강희제는 그가 가장 총애하는 여인을 황후로 책봉하고 그에게서 난 둘째 아들을 황태자로 세웠다. 그러나 강희제는 후에 실망하여 태자를 폐위시켰다. 애초에 장남을 좋아하지 않았던 강희제는 여덟 번째 아들을 그 다음 후계자로 삼으려고 하였으나, 그에 대해서도 이내 실망하고 단념하였다. 이런 형편이었으니 30명이 넘는 아들들은 서로 합종연횡을 하면서 후계자의 자리를 차지하려고 암투를 벌였다. 이들 중에서 특히 두각을 나타낸 파가 셋 있었는데, 그 중 한 파의 대표인물이 윤진이었다. 그러나 강희제는 아들들의 이런 움직임과는 달리 계파의 대표인물로 부상하지 않은 열네 번째 아들을 후계자로 낙점하고 여러 가지 실무를 맡겨 경험을 쌓게 하였다. 그리고 열네 번째 아들에게 황제의 자리를 물려준다는 조서까지 미리 써두고 있었다. 그 열네 번째 아들은 윤진과 어머니가 같은 사람이었다.

이것을 눈치 챈 윤진은 수도방위사령관의 직책을 맡고 있는 사람을 수하에 끌어들여 황제의 자리를 탈취할 계획을 면밀히 세웠다. 기회는 마침내 찾아왔다. 강희 황제가 61년째 황제의 자리에 있던 해의 음력 11월 7일에 외출을 하고 돌아온 끝에 감기에 걸렸다. 그리고 15일은 동짓날이라서 큰 제사를 지내야 되므로 10일부터 닷새 동안 요양을 하기로 결정하고 정사도 돌보지 않았다. 대신들과 아들들도 그를 귀찮게 하지 못하게 하였다. 그러자 이것을 절호의 기회라고 판단한 수도방위사령관은 내시를 매수하여 강희제가 먹을 약에 독약을 타게 하였다. 그는 또 강희제가 중독이 되어 정신이 혼미한 틈을 타 황제가 보관해둔 황제 계승권을 명시한 조서를 꺼내어 약간의 손질을 하였다. '열 넷째 아들에게 황제의 자리를 물려준다'는 뜻의 '傳位十四子(전위십사자)'의 '十'자 위에 한 획을 더하고 세로획에 삐침을 첨가하여 '于(우)'자로 고쳤다. 즉 '傳位十四子(전위십사자)'가 '傳位于四子(전위우사자)'로 된 것이다. 그에 따라 '열 넷째 아들에게 황제의 자리를 물려준다'였던 원래의 글이 '넷째 아들에게 황제의 자리를 물려준다'로 둔갑하였다.

수도방위사령관은 조서를 그렇게 고쳐 원래 자리에 갖다놓았다. 그리고 강희제의 의식이 더욱 혼미해지자 왕자들을 모두 불러모았다. 명분상 강희제가 세상을 떠나기 전에 아들로서의 효도를 다하게 하려는 배려였다. 그리고 강희제가 숨이 끊어지기 전에 왕자들을 불러모아야 강희제의 그 조서가 진짜라고 믿게 할 수 있기 때문이기도 하였다. 물론 서로 감시하게 하여 그 조서에 다른 사람이 손을 대지 못하게 하려는 의도도 있는 것이었다. 이런 조치를 한 다음 수도방위사령관은 강희제의 숨이 멈추기를 기다려 여러 왕자들 앞에서 조서를 낭독하였다. 그리하여 윤진과 그 일당의 계략은 마침내 성공을 거두게 되었다. 윤진이 황제의 자리를 차지하면서 옹정제가 되었던 것이다.

황제가 되기 위해서 아버지를 독살하고 또 같은 어머니의 소생인 동생의 자리를 빼앗은 부도덕한 행위로 보아 옹정제와 그 무리들의 지혜도 간지(奸智)라고 해야 할 것이다. 비록 간지라고는 하지만 글자 한 자의 위력만은 유감 없이 보여주었다. 글자 한 자에 천하가 오고간 이 경우는 '일자천금(一字千金)'이라는 말도 약과다.

6) 삐침 한 획이 멸족을 면하게 하다

옛날 이(李)씨 성을 가진 어떤 사람이 중앙 정부의 요직을 담당하고 있다가 중대한 잘못을 저질러 황제의 노여움을 샀다. 격노한 황제는 그 사람의 고향 사람 중 이씨 성을 가진 사람은 다 죽여버리겠다고 하였다. 이런 낌새를 감지한 어느 이씨 집성촌의 젊은 선비는 급히 집집마다 돌아다니며 각 집에 모셔놓고 있는 조상 신위의 성을 바꾸었다. 성씨인 '李(이)'자 위에 한 획을 더하여 '季(계)'자로 바꾸어 놓았던 것이다.

며칠 후 과연 정부에서 파견한 병사들이 산골에 있는 그 이씨 집성촌에 들이닥쳤다. 병사들은 그 동네 사람들을 남녀노소를 불문하고 모두 한 곳에 모았다. 이어 막 사형을 집행하려고 할 때, 사람들 속에 섞여 있던 그 선비가 앞으로 나와 항의하였다.

"당신들은 이씨 성을 가진 사람들을 죽인다고 했습니다. 그러나 여기에 있는 사람들은 이씨가 아니라 모두 계(季)씨입니다. 당신들이 만약 잘못하여 무고한 사람들을 죽이게 된다면 제가 조정에 고발하겠습니다."

뭔가 잘못되었다고 생각한 병사들이 각 집을 일일이 찾아가 조상의 신위를 조사해보니 과연 그 동네 사람들은 모두 이씨가 아니라 계씨였다. 이에 병사들은 하마터면 큰 잘못을 저지를 뻔했다면서 가슴을 쓸어내리고 그 동네에서 물러갔다고 한다.

계(季)씨 성의 유래에 관한 전설이라고 할 수 있는 이야기다. 마치 고려가 망하면서 왕족이었던 왕(王)씨들이 목숨을 보전하기 위해서 '왕(王)'자에 '들 입(入)'자를 올려 전(全)씨로 바꾸거나 점을 하나 찍어 옥(玉)씨로 바꾸었다는 전설과 유사하다는 점에서 더욱 흥미가 있는 한자놀이라고 할 것이다.

7) 이태백이 해결한 흉노의 수수께끼

다른 나라에 파견되는 외교사절은 주로 두 나라 사이의 현안 문제를 해결하고 우호관계를 돈독히 하는 역할을 하는 것으로 생각되지만, 때로는 상대국을 협박하거나 침략의 빌미를 잡는 부정적인 역할을 하는 경우도 적지 않은 것 같다. 천재시인 이태백이 활약하고 있던 당나라 시대에 중국에 온 흉노의 사신이 이 후자의 경우에 해당된다.

그때 흉노의 왕은 열흘 이내에 회신을 해 달라며 사신을 시켜 친서를 전달해 왔다. 그런데 그 편지에는 밑도 끝도 없이 '天心平(천심평)'이라는 세 글자가 세로로 씌어 있었다. 황제와 문무백관 중에 이 쉬운 세 글자를 모르는 사람은 아무도 없었지만, 그것이 무슨 뜻인지를 알아낼 수 있는 사람도 아무도 없었다. 황제는 할 수 없이 머리가 가장 좋은 사람으로 평판이 나 있는 이태백을 불러와서 그 수수께끼를 풀게 하였다.

편지의 세 글자를 본 이태백은 그 문제에 대해서는 아무 말도 하지 않고 술만 달라고 하였다. 말술을 들이키고 술기운이 오른 이태백은 평소 황제의 위세를 업고 꼴사납게 굴던 환관 고력사(高力士)에게 신발을 벗기게 하고, 배력사(裵力士)에게는 먹을 갈게 한 다음, 황제가 내려준 붓을 오른쪽 엄지발가락과 둘째 발가락 사이에 끼우게 하였다. 그리고는 '하늘 천(天)'자의 가운데 위에서부터 시작하여 '平(평)'자의 세로획 끝까지 선을 그은 다음 끝에서 삐쳐 올렸다. 이태백이 그은 한 획 때문에 '天心平(천심평)'은 '未必乎(미필호)'처럼 변해 버렸다. 그러자 그것을 본 흉노의 사신은 대경실색하며 당나라에 큰 실례를 범했다고 엎드려 사죄를 한 다음 자리를 떴다.

처음에 왕의 친서를 전달할 때에는 거만하기조차 하던 흉노의 사신이 갑자기 자세를 낮추는 것을 본 문무백관들은 영문을 몰라 이태백에게 그 까닭을 물었다. 그 물음에 이태백은 이렇게 대답하였다.

"이것은 흉노가 중국을 떠보기 위한 편지입니다. 당나라는 물산이 풍부한 넓은 강토를 가지고 있는데 비하여 흉노는 사막과 같은 척박한 땅만 많으니, 원래 공평한 하늘의 마음과는 달리 현실은 불공평하다는 뜻이지요. 그런즉 하늘의 뜻에 따라 공평하게 되려면 당나라의 비옥한 땅을 나누어달라는 말입니다. 땅을 빼앗기 위해 당나라로 쳐들어오겠다는 뜻을 담고 있는 것이기도 하지요. 게다가 당나라 측에서 이 수수께끼를 기한 내에 풀지 못하면 조정 내에 유능한 사람이 없다는 확신을 가지고 쳐들어오려고 했던 것입니다. 그런데 그 의도가 이렇게 간파되자 놀라서 꼬리를 내린 것입니다."

'하늘의 마음은 공평하다(天心平:천심평)'라며 트집을 잡고 나오는 흉노의 속셈을 간파한 이태백은 보내온 편지에 한 획을 그으며 '꼭 그렇지는 않다(未必乎:미필호)!'라고 응수함으로써 당나라에 닥쳐온 위기를 지혜롭게 극복할 수 있었다는 이야기다. 이태백의 천재성이 여러 가지 설화로 가공되어 전해지는 것 중의 하나일 것이다. 한자를 이용한 문자유희가 두뇌게임으로 인식되기도 했음을 알 수 있다.

7. 변형된 한자에 담은 새로운 뜻

중국 사람들은 집안에 복이 많이 들어오기를 바라는 의미에서 붉은 바탕에 금빛 글씨로 '복 복(福)'자를 써서 내붙이기를 좋아하는데, 그 '福(복)'자는 대개 거꾸로 붙어 있다. 글자가 거꾸로 되어 있다는 데에서 '거꾸로 도(倒)'자를 연상하게 하고, 그 '거꾸로 도(倒)'자에서 다시 같은 발음의 '도착하다'라는 뜻의 '到(도)'자를 연상하게 함으로써 '복이 온다'라는 의미를 만들어 내는 것이 그것이다.

특정 의미를 이런 식으로 표현하는 것은 문자유희의 일환으로 재미를 추구하는 것이 일차적인 목적이라고 생각된다. 거기에는 또 보통 사람들이 쉽게 이해할 수 없게 표현함으로써 신비감을 더하기도 하고 노골적으로 표현하기 힘든 것을 살짝 숨기는 기능도 있다. 이런 유형의 한자놀이 중에서 난이도가 가장 높은 것으로 생각되는 신지체(神智體)는 지혜를 겨루는 데에서 쾌감을 찾는 고차원의 문자유희다.

1) 가난한 선비의 춘련(春聯)

어느 가난한 선비가 새해를 맞게 되었다. 남들처럼 떠들썩하게 설 준비를 하지 못하지만, 그래도 배운 글은 있기 때문에 새해를 맞는 소감을 담은 춘련(春聯)은 한 폭 써서 붙였다. 그런데 그가 써 붙인 춘련에는 글자 두 개가 잘못되어 있었다. 하나는 '해 년(年)'자가 거꾸로 되어 있었고, 하나는 '집 가(家)'자의 갓머리에 점이 하나 빠져 있는 것이었다.

비록 가난하기는 해도 학문이 깊고 품행이 단정하여 사람들의 존경을 받고 있던 그 선비가 쉬운 글자도 제대로 쓰지 못한 것을 본 이웃 사람들은 실망의 빛을 감추지 못했다. 급기야 몇몇은 그 선비를 찾아가서 그의 실수를 지적하기도 하였다. 그 때 그 선비는 한숨을 쉬면서 마지못한 듯 해명하였다.

"'年(년)'자가 뒤집혀 있는 것은 또 '새해가 왔다'는 뜻이며, '家(가)'자에 점이 하나 없는 것은 '집안에 아무것도 없다'는 뜻이외다."

선비의 그 말에 사람들은 모두들 고개를 끄덕이며 동정하였다. 그리하여 설을 쇠는데 필요한 물품이며 음식들을 싸와서 위로한 이들이 적지 않았다고 한다.

'뒤집히다'는 한자로 '倒(도)'자로 표현된다. 그리므로 '年(년)'자가 뒤집혔다'는 것은 '年倒(년도)'로 표현될 수 있는데, 이것은 '새해가 왔다'라는 뜻의 '年到(년도)'와 발음이 같다. 그 선비는 '年(년)'자를 거꾸로 쓰는 것으로써 새해가 되었음을 표현했던 것이다.

한편 '家(가)'자에 점이 하나 없는 것은 '집에 점이 하나 없다'로 표현할 수 있는데, 이것을 중국어로 표현하면 '家裏沒有一點(가리몰유일점)'이 된다. 이 구문은 '家裏一點沒有(가리일점몰유)'로 표현해도 크게 잘못될 것은 없는데, 이 경우 이 문장은 '집안에 아무것도 없다'는 뜻이 된다. 이웃 사람들이 일시 소란을 피웠던 것은 한자를 차원 높게 가지고 놀 수 있는 선비의 수준을 제대로 몰랐기 때문이다.

2) 엎드려 살기보다는 서서 죽겠다

어느 시대 어느 나라에서나 국가가 존망의 위기에 봉착하면 온갖 모리배와 매국노들이 들끓기 마련이다. 그런 때에 정의의 가치를 포기하지 않고 정도에 따라 살아가려고 하는 사람들은 수많은 위협과 고통을 극복하지 않으면 안 된다. 언제라도 목숨을 내던질 각오가 되어 있지 않고서는 난세의 탁류에 휘둘리지 않고 올곧게 살아가기가 무척 힘들기 때문이다.

우리나라의 한말(韓末)과 왜정(倭政) 때에도 그러했듯이 중국에서도 청(淸)나라 말기와 민국(民國) 초기에는 지식인들이 절개를 지키며 살아가기에는 여러 가지로 어려운 점이 많았다. 이 즈음에 중국의 어느 우국지사가 자신의 각오를 다음과 같이 표현했다고 한다.

與其生,(여기생) 寧可死.(영가사)

이 문구에서 특이한 점은 보다시피 '산다'라는 뜻의 '生(생)'자가 거꾸로 씌어 있는 것이다. 이 부분은 잠시 접어두고 문장의 구조를 먼저 살펴보면, 이 문장은 '與其(여기)~ 寧可(영가)~'의 구문임을 알 수 있다. 이 구문은 고문에도 쓰이는 관용구로서 '與其(여기)A 寧可(영가)B'라고 하면 'A하기보다는 차라리 B하겠다'라는 뜻이 된다. 그러므로 거꾸로 된 '생(生)'자를 고려하지 않고 본다면 이 문장은 '살기보다는 차라리 죽겠다'라는 뜻이다. 그러나 이렇게 해석하면 뜬금없는 넋두리처럼 보인다. 그것만으로는 이 문장의 뜻을 충분히 새기지 않았다는 것을 의미한다. '생(生)'자가 거꾸로 뒤집혀 있는 것을 반영하여 읽어야 본래 뜻의 전모가 드러날 것임을 짐작할 수 있다.

여기서 '거꾸로 뒤집혀 있는 生(생)자'를 한자로 표현하면 '倒生(도생)'이 된다. 그것은 '거꾸로 뒤집혀 사는 것'이라고 해석해도 되는 것이다. 이렇게 본다면 거꾸로 뒤집혀 있는 '생(生)'자는 '불의에 굴복하여 엎드려 산다는 것'을 한자의 형태를 변형시켜 유희적으로 표현한 것임을 알 수 있다. 이런 이치로 미루어 보면 바르게 씌어 있는 '죽을 사(死)'자는 '서서 죽는 것'을 말한다. 지조 있고 절개가 있는 지사의 죽음을 상징하는 말이다. 그러므로 '생(生)'자를 거꾸로 뒤집어 쓴 '與其生(여기생), 寧可死(영가사).'는 '비굴하게 엎드려 사느니 차라리 서서 죽겠다'는 결연한 의지를 표현한 말이었음을 알 수 있다.

3) 중국 사람들이 복(福) 자를 거꾸로 붙이게 된 유래

'福(복)'자를 거꾸로 붙이는 풍습은 청(淸)나라 때부터 시작되었다고 한다. 청나라 선종(宣宗) 도광(道光)황제의 여섯 번째 아들인 혁흔(奕訢)은 문종(文宗) 함풍(咸豊)황제가 즉위하면서 공친왕(恭親王)에 봉해졌다. 그에 따라 혁흔의 아내는 왕비가 되었는데, 왕비는 만주말로 '아내'라는 뜻이 있는 복진(福眞)이라는 이름으로 불렸다.

공친왕은 복진을 매우 사랑했기 때문에 권력에 영합하기를 좋아하는 관리들은 복진의 환심을 사는 것이 공친왕에게 잘 보이는 지름길이라고 생각하였다. 그래서 어떤 관리가 복진의 환심을 사기 위해서 '福(복)'자를 많이 써서 하인을 시켜 여기 저기에 붙여 놓게 하였다. 그런데 그 하인이 일을 급히 하느라 자신도 모르게 대문에다 '福(복)'자 한 장을 거꾸로 붙여 놓았다. 그것을 본 공친왕은 화가 나서 그 하인을 잡아 처벌하려고 하였다. 그때 그 일을 시킨 관리는 만약 하인이 처벌을 당하게 되면 자신도 책임을 면치 못할 것이라는 데에 생각이 미치자 급히 잔머리를 굴렸다.

"제가 사람들이 하는 말을 들어보니 공친왕과 왕비께서는 복 많이 오래 사실 것이라고들 했습니다. 오늘 정말 복이 왔으니(복 자가 거꾸로 되었으니) 이건 정말 좋은 징조입니다."

'거꾸로'라는 뜻의 '倒(도)'와 '오다'라는 뜻의 '到(도)'가 같은 발음인 것을 빌미로 '복 자가 거꾸로 되었다'라는 말을 '복이 왔다'라는 뜻으로 들리게 했던 것이다. 그러자 늘 아첨하는 말에 길들여진 복진도 그 관리의 아첨이 싫지 않아 말을 거들었다.

"어쩐지 지나가는 행인들마다 '공친왕 댁에 복이 왔다'고 하더군요. 재수 있는 말을 천 번 하면 재물이 굴러들어 온다고 했는데, 정말 이 사람들 좋은 생각을 해내었군요."

복진은 이어 왕을 졸라 복 자를 붙인 일꾼들에게 상을 내리게 하였다.

이런 연유로 복 자를 거꾸로 붙여 재수가 좋기를 바라는 풍습이 생겨났다고 한다. 이 경우는 기본적으로 한자의 형태를 이용한 문자놀이이지만, 동시에 같은 음을 가진 다른 글자를 연상하게 하는 수법도 겸하고 있다.

4) 서호(西湖) 가의 비석

문자는 의사를 소통하는 수단이다. 그러므로 누가 남에게 읽히는 것을 전제로 하여 문자를 쓸 때에는 반드시 그 글을 읽는 사람에게 전달하고자 하는 특정한 메시지가 있게 마련이다. 특히 경관이 뛰어난 관광 명승지에 자리잡고 있는 정자나 비석에 쓰인 글은 그 글을 읽을 사람에게 그 정자와 관련된 무언가를 전달하고자 함이 틀림없다.

중국의 명승지로서 역대 시인묵객의 발길을 끌었던 서호(西湖)의 한 곳에는 자그마한 비석이 하나 서 있고, 거기에는 '虫二(충이)'라는 뚱딴지같은 글이 씌어 있다. 아름다운 서호 가에 세운 비석에 '벌레 충(虫)', '두 이(二)'라니! 문맹이 아니고서야 '벌레 충(虫)'과 '두 이(二)'를 모를 리 없지만 보통 사람이라면 아무래도 그 의미를 시원하게 알아차리기 힘들다. 차라리 글자가 어려워서 그렇다면 사전이라도 찾아 해결할 수도 있을 것이다. 그러나 이

경우에는 사전을 아무리 뒤져보아도 그 의미를
짐작할 수 있는 단서가 잡히지 않는다. 대개는
'이 호수는 벌레와 관련된 특별한 사연이 있겠지'
하면서 자신의 견문이 좁음을 인정하고 한 걸음
물러서는 신중한 태도를 보일 것이다. 특별히 경
박한 사람이 아니라면 오랜 세월 동안 그 호수를
장식하는 비석으로서의 역할을 충실히 한 것으로
보이는 것을 두고 '저건 누군가 정신 나간 사람
이 잘못 쓴 것이야'라며 오만한 자세로 무시하지
는 않을 것이기 때문이다.

∵ 서호의 虫二(충이) 비석

　그런데 그 비석의 글자는 알고 보면 두 자가
아니라 넉 자라고 한다. 두 자는 표면으로 나와 있지만 나머지 두 자는 표
출된 두 글자의 형태 속에 숨어 있는 것이란다. '무변풍월(無邊風月)'이 비석
의 두 글자가 전달하고자 하는 의미라고 한다.

　'風(풍)'자에서 변(邊)을 제거하면 '虫(충)'자 비슷한 것이 남게 되고, '月(월)'
자에서 변을 제거하면 '二(이)'자가 되는 것이다. 그러므로 '虫二(충이)'라는
두 글자의 형태를 해설하여 얻은 '무변풍월'은 그 비석이 서 있는 서호의
풍광을 설명하는 말이 된다. '풍월'은 아름다운 경치를 상징하는 말인데, 그
경치가 끝이 없다고 하니 '아름다운 풍경이 끝없이 펼쳐진 곳'이라는 뜻이
다.

　해괴해 보이기만 하는 '충이'라는 비문을 '무변풍월'로 옮겨 놓고 보면
그 기발한 착상에 감탄을 금치 못한다. 동시에 그 때까지 머리를 짓누르고
있던 체증 같은 답답함이 해소되는 쾌감을 느끼기도 한다. 그렇게 보면 '충
이'라는 말을 처음 대했을 때 느끼는 그 답답함, 그 부조리가 기실 '무변풍

월'로 인도해 가는 장치였다는 것이 드러난다. '충이'라는 두 자의 표면적인 의미의 조합만으로는 일반적인 의미를 구성할 수 없을 뿐만 아니라, 그 자리를 차지하고 있는 비석의 내용으로서도 전혀 어울리지 않는다는 객관적 사실은 그 두 글자를 그 상황에 맞도록 새로운 각도에서 재검토하기를 요구했던 것이다. 뚱딴지같은 '충이'가 명승지 비석에 천연덕스럽게 들어앉아 무수한 관광객을 태연히 바라볼 수 있게 할 수 있었던 것은, 그것이 끝내 '무변풍월'로 읽히게 될 것이라는 믿음이 있었기 때문이다. 물론 읽는 이가 두뇌가 비상하고 재치가 뛰어나다는 것을 전제로 한다. 사람에 따라서는 '무변풍월'이 아닌 '풍월무변'으로 보는 이도 있지만, 어순이 그렇게 바뀌어도 그 뜻은 별 차이가 없다. 태산(泰山)의 어느 암벽에도 서호가에 있는 그 '虫二(충이)'가 새겨져 있다고 한다.

5) '虫二'에 맞는 대련

대련을 짓기 좋아하는 중국인들은 '虫二(충이)'라고 하는 이 두 글자도 그냥 외롭게 내버려두지 않았다. 어떤 서예가가 이 두 글자를 출구(出句)로 하고 대구(對句)를 새로 지어 짝을 맞추어 주었던 것이다. 그 구는 '年(년)'과 '華(화)'라는 두 글자에 각각 사각형의 테두리(□)를 친 것이었다. '囲圍'로 되어 있는 것이다. '年華(연화)'는 주로 '세월'이라는 뜻으로 쓰이지만, '나이'라는 뜻으로도 쓰인다. 여기서는 '인간의 수명'이라는 의미로 쓰였다.

'虫二(충이)'가 본래의 글자에서 주변의 획을 제거한 것과는 달리, 이 두 글자는 그 자체로 완전한 글자인 '年(년)'자와 '華(화)'자에 가외로 테두리를 친 것이다. 그런즉 '虫二(충이)'에서 '없을 무(無)'자가 추출되었던 경우와 짝을 이루는 반대 개념이 되려면, 이번에는 온전한 데에 무언가가 더 있으니까 '있을 유(有)'자의 의미를 끌어내어야 한다는 것을 짐작할 수 있다. 그리고 테두리를 쳤다는 것은 어떤 한계를 설정한다는 의미가 된다. 그렇기 때문에 대구의 특이한 글자 형태에서는 '한계가 있다'는 뜻의 '유한(有限)'이라는 의미가 추출된다.

결국 그 서예가는 '虫二(충이)'라는 두 글자가 나타낸 '無邊風月(무변풍월)'에 대하여 테두리를 친 '年華(연화)'로써 '有限年華(유한연화)'라는 뜻의 대구를 만든 것이다. '없을 무(無)'에 대하여 그와 반대되는 '있을 유(有)'가 짝을 이루며, '한계'라는 의미도 있는 '가 변(邊)'에 대하여 그와 유사한 다른 글자 '한정 한(限)'으로 짝을 지었으며, 자연을 나타내는 '風月(풍월)'에 대하여는 시간을 나타내는 '年華(연화)'를 짝지었다. 게다가 한자를 운용하는 방식이 글자의 획수를 줄였던 기성의 작품에 대하여 완전한 글자에 가외의 획을 첨가하는 방식을 취하였으니 서로가 빈틈없이 대비된다. 착상이 기발한 매우 정교한 대련이라고 하지 않을 수 없다. 그 뜻은 말할 것도 없이 '끝없이 펼쳐진 아름다운 풍경'에 대하여 '유한한 인생'을 짝지은 것이다. 옛사람들이 '산천은 의구하되 인걸은 간데 없네'라고 탄식하였듯이, 영원히 존재할 것처럼 보이는 자연에 비하여 인간의 짧은 수명을 한탄하는 보통 사람들의 안타까운 심정을 표현한 것이다.

6) 공묘(孔廟)의 편백나무 앞에 있는 비석

중국 산동성(山東省) 곡부(曲阜)는 공자(孔子)의 고향으로 공자의 묘가 있는 곳이기도 하다. 이곳에는 공자를 기념하고 공자에게 제사를 올리는 공묘(孔

∴ 先師手植檜(선사수식회)

廟), 공자와 그 아들 손자의 묘를 포함하여 울창한 숲으로 되어 있는 공림(孔林), 그리고 공자의 후손들이 대대로 조정의 후원을 받아 공자의 제사를 모시며 제후처럼 살던 집인 공부(孔府)가 있는데, 이들 셋을 묶어서 삼공(三孔)이라고도 한다. 인류 역사상 최고의 인물로 평가됨으로써 '사대성인'의 한 사람으로 추앙되는 공자(孔子)의 흔적이 남아 있는 곳이라는 역사적 가치 때문에, 전 세계의 수많은 참배객들의 발길을 끄는 이곳에도 한자의 형태를 이용하여 문자놀이를 한 것이 있다.

공묘(孔廟)의 뜰에는 측백나무와 비슷한 수종인 회(檜)나무가 몇 그루 있다. 그 중 한 그루 옆에는 글을 새긴 비석이 하나 서 있는데, 거기에는 '先師手植檜(선사수식회)'라는 다섯 글자가 새겨져 있다. '先師(선사)'는 '선배 스승' 즉 '오랜 옛날의 모범이 되는 스승'이라는 뜻인데, 대개는 공자(孔子)를 가리키는 말로 쓴다. 공자에 대하여 더 큰 존경을 나타내고 싶을 때에는 그 앞에 '최고로 성스러운'이라는 뜻을 담은 '至聖(지성)'이라는 말을 덧붙여 '至聖先師(지성선사)'라고 하기도 한다.

'植(식)'은 '심는다'라는 뜻의 동사이므로 그 앞에 있는 명사 '手(수)'는 주어가 될 수도 있겠으나, 주어는 이미 '先師(선사)'로 설정되어 있어서 주어가 될 수 없으므로 부사가 되어 '손으로'라는 뜻으로 새겨진다. 그런즉 '先師手植檜(선사수식회)'는 '공자님께서 손수 심으신 회나무'라는 뜻이다.

그런데 공자가 심었다는 그 회나무가 비록 아름드리 고목이기는 하나 2천 5백년 묵은 나무라고 보기에는 너무 왜소하다. 기실 이런 종류의 나무가 2천 5백년을 살기나 하겠는가? 이런 저런 생각을 하다보면 급기야 공자 성인에 의탁하여 거짓말을 하고 있지 않은가 하는 의구심이 들게 된다.

그 의구심을 해소하는 장치는 '植(식)'자의 모양에 들어 있다. '植(식)'자에 들어 있는 '곧을 직(直)'자는 보다시피 아랫부분이 우리말의 니은 자(ㄴ) 모양으로 되어 있다. 때로는 그 니은 자 모양을 가로획 하나로 표시하기도 하거나, 또는 '눈 목(目)' 부분의 세로획을 늘여 一(일)자의 가로획에 연결하여 '또 차(且)'자의 가운데에 획이 하나 더 들어 있는 형태로 쓰기도 한다. 그런데 이 비석의 글자는 '눈 목(目)'자 부분의 세로획을 늘여 가로획과 연결되게 하여 차(且)자의 가운데에 획이 하나 더 들어 있는 데다, 가로획에 세로획을 하나 더 첨부한 형태로 되어 있다. 그리고 그 세로획은 다른 획보다 다소 가늘게 되어 있다. 마치 고목의 밑동에서 새싹이 한 가지 올라온 듯한 형상이다.

이것이 바로 이 글귀의 비밀이다. 본래 공자님이 이 자리에 손수 회나무를 심으셨는데, 세월이 오래되자 그 나무는 말라죽고 그 자리에 새싹이 돋아 자란 것이 바로 이 나무라는 뜻이다. '공자가 손수 심은 나무가 죽은 다음 돋은 싹이 자라서 된 나무'라는 뜻을 '식(植)'자에서 굳이 없어도 되는 세로획을 하나 첨부하되 다른 획들과는 달리 가늘게 그림으로써 표현했다는 말이다. 엄숙한 공묘(孔廟)에서 공공연히 이런 문자유희를 하고 있다니 놀라울 따름이다. 중국인에게 있어서 이런 식의 한자놀이는 이미 유희의 차원을 넘은 한자운용의 한 가지 방식으로 받아들여지는 것이 아닌가 한다.

7) 공림(孔林)의 공자 묘(墓) 앞에 서 있는 비석

❖ 大成至聖文宣干(대성지성문선간)

공림(孔林) 속에는 커다란 봉분이 하나 있다. 거기에는 잡초가 무성하여 그 앞에 커다란 비석이 우람한 자태로 서 있지 않았더라면 그냥 큰 고분처럼 생긴 흙더미가 그 자리에 있다고 생각했지, 공자같이 거룩한 사람이 잠들어 있는 곳이라고는 상상하기 힘든 몰골이다. 그런데 그 비석에 씌어 있는 글도 가관이다.

멀리서 보면 '大成至聖文宣干(대성지성문선간)'으로 보인다. '大成(대성)'은 '옛 성인의 도를 집대성하다'라는 뜻으로서 위대한 업적을 이룬 공자를 가리키는 말이다. '至聖(지성)' 역시 '최고로 성스럽다'는 뜻으로 공자를 가리키는 말이다. 때로는 공묘(孔廟)에서 공자를 일컬어 '至聖先師(지성선사)'라고

했던 것에 '大成(대성)'이라는 말을 덧붙여 '大成至聖先師(대성지성선사)'라고 하기도 한다. 그리고 당(唐)나라 현종(玄宗)은 공자를 '文宣王(문선왕)'에 봉(封)한 적이 있다. 그래서 공자를 '문선왕' 또는 '문선'으로도 부른다.

그렇다면 '大成至聖文宣干(대성지성문선간)'이 아니라 '大成至聖文宣王(대성지성문선왕)'이 되어야 하는 것이 아닌가? 비석 쪽으로 다가가서 확인해보면 실제로 그렇게 되어 있다. 그렇다면 왜 참배객이 일상적으로 바라보는 위치에서는 '大成至聖文宣干(대성지성문선간)'으로 보이게 하였는가? 여기에는 이

런 연유가 있다고 한다.

강희(康熙)황제를 비롯한 몇몇 청나라 황제들은 공자를 존경하여 종종 공자의 묘에 참배하러 오곤 했다. 그들은 공자가 성인이라 하여 참배하러 온 것이지만, 천하 지존인 황제의 입장에서 또 다른 왕에게 예를 올린다는 것은 용납할 수 없다고 생각하였다. 그리하여 황제가 참배하는 위치에서는 '王(왕)'자가 '王(왕)'자로 보이지 않게 일부러 위의 가로획 두 획 다음에 세로획을 길게 늘이고 마지막 가로획을 그려서, 마지막 가로획이 참배하는 위치에서는 낮게 둘러친 담에 가리어 보이지 않게 만들었다고 한다. 지존의 위엄을 부리려는 황제의 기분을 상하게 하지 않기 위하여 한자의 형태를 부분적으로 왜곡시키는 장난을 쳤던 것이다.

∵ 大成至聖文宣王(대성지성문선왕)

8) '富(부)'자의 갓머리에 접이 없는 공부(孔府)의 대련

역대로 정권의 성격이나 정치적 이유에 따라 공자(孔子)의 위상은 큰 폭으로 등락을 거듭해왔지만 대체로 공자는 역대의 통치자들로부터 큰 존경을 받았다. 당(唐)나라 현종(玄宗)이 공자에게 문선왕(文宣王)이라는 시호를 추증하면서 제후에 상당하는 왕의 지위를 인정받았고, 이후에도 역대의 황제들이 최고의 존경을 표하는 여러 가지 시호를 추증하기도 하였다. 명(明)나라 가정(嘉靖)황제 때에는 '지성선사(至聖先師)'라는 시호가 추증되었다. 앞서 말한 바 있듯이 이것이 지금까지도 널리 알려져 있는 공자의 시호다.

공자의 후예들도 지성선사의 후예이며 지성선사의 제사를 모신다는 이유로 국가로부터 큰 존경을 받았고, 여러 가지로 큰 은혜를 입었다. 그래서 공자 후예의 집안 즉 공부가(孔府家)는 중국 최고의 귀족 명문가로 손꼽힌다. 참례객이 많은 공자의 제사를 모시는 공부가에서는 나름대로의 독특한 음식문화를 형성하기도 하였다.

공부가주(孔府家酒)라는 술도 공부가의 지위와 독특한 음식문화의 일면을 보여주는데, 그 공부가주의 포장에는 다음과 같은 글귀가 씌어 있는 것을 볼 수 있다.

> 與國咸休安富尊榮孔府第,(여국함휴안부존영공부제)
> 同天幷老文章道德聖人家.(동천병로문장도덕성인가)

'第(제)'와 '家(가)'는 모두 '집' 또는 '집안'이라는 뜻이므로, '與國咸休安富尊榮孔府第(여국함휴안부존영공부제)'는 대략 '국가와 함께 편안함과 부귀함을 누리는 존귀하고 영광스러운 공자의 집안'이라는 뜻인 듯하다. 그리고 '同天幷老文章道德聖人家(동천병로문장도덕성인가)'는 '하늘과 함께 늙어가며 문장과 도덕을 갖춘 성인의 집안'쯤 되는 뜻일 것이다.

대단한 지위를 가진 성인의 집안임을 알려주는 이 글귀는 본래 공부(孔府)의 문 양쪽에 씌어 있는 대련이다. 그런데 이 대련의 첫째 구 여섯 번째 글자인 '富(부)'자의 갓머리에는 위에 점이 없다. 역대 통치자들로부터 수많은 특혜를 받아 부귀영화를 누려온 공자의 후손들이 그 부귀영화가 영원히 이어지기를 바라는 의미에서 그렇게 했다고 한다.

'富(부)'의 갓머리에 점이 없다는 것은 글자의 정수리가 없다는 말과 같다. 여기에 귀(貴)자까지 합쳐서 보면 '부귀(富貴)라는 말에 꼭대기가 없다'는 말로 확대할 수 있다. 이것을 한자로 표시하면 '富貴無頂(부귀무정)'이 된다. '꼭대기'는 '끝'이라는 뜻으로도 이해될 수 있으므로, 결국 갓머리에 점이 없는 '富(부)'자는 '부귀가 끝이 없다'라는 뜻을 함축하는 것이 된다. 곧 공자의 후손들은 조상의 덕을 입은 부귀영화를 끝없이 누리고 싶은 염원을 '富(부)'자의 갓머리에 점을 찍지 않는 방식으로 표현했던 것이다.

∵ 與國咸休安富尊榮孔府第
(여국함휴안부존영공부제)

∵ 與國咸休安富尊榮孔府第
(여국함휴안부존영공부제)

9) 무명씨의 신지체(神智體)

∵ 무명씨 신지체

왼쪽 그림과 같이 쓰인 시가 있다. 분명 한자(漢字)이기는 한데 자세히 들여다보면 어느 한 글자도 제대로 된 것이 없어 보이는 열두 글자가 4행으로 배열되어 있는 시다. 첫 번째 행의 첫 글자는 둥근 원에다가 중간에 점을 찍은 글자인데, 분명 '날 일(日)'자이다. 그리고 그 밑에는 상형문자로 '뫼 산(山)'자를 써 놓았는데, 형상으로 보아 중간 봉우리가 매우 높아 보인다. 그 밑에는 '길 로(路)'자가 있는데, 이 '路(로)'자의 '입 구(口)'자가 무척 길다.

다음 행은 '구름 운(雲)'자가 옆으로 누워 있고, 그 아래에는 '비 우(雨)'자가 가늘게 씌어 있다. 그리고 그 아래에는 '볕 양(陽)'자가 5시 방향으로 기울어져 있다.

세 번째 행 첫 번째 글자는 '배 주(舟)'자인데 매우 납작하게 씌어 있고, 그 다음 글자는 '건널 도(渡)'자인데 3시 방향으로 누워 있다. 마지막 글자는 '지날 과(過)'자인데, 오른쪽 부분의 위 안쪽에 기역자를 뒤집어놓은 듯한 부분이 빠져 있다.

마지막 행의 첫 글자는 '바람 풍(風)'자인데, 몸 부분 즉 '几'의 양끝이 파마한 머리카락처럼 말려 있다. 그리고 그 다음의 글자는 '꽃 화(花)'자인데 '비수 비(匕)' 부분의 삐침이 생략되어 있다. 마지막 글자는 '향기 향(香)'자 같은데 아랫부분인 '날 일(日)'자가 세로로 반만 씌어 있다.

이러한 글자들을 그대로 옮기면 아무리 해도 석연한 의미가 구성되지 않는다. 즉 '일산로(日山路), 운우양(雲雨陽), 주도과(舟渡過), 풍화향(風花香)'이라고 해서는 도대체 무슨 말을 하는지 알 수 없다. 한 획이 빠져 있거나, 글자가 옆으로 누워 있는 것, 글자가 거꾸로 서 있는 것, 굵거나 가늘게 쓴 것, 길거나 납작하게 되어 있는 것, 또는 한 글자의 특정 부분만 가늘거나 길게 되어 있는 이 모든 것들의 의미를 반영해야만 무슨 뜻을 나타내고자 하는 것인지 짐작할 수 있을 듯하다. 그도 그럴 것이 이런 종류의 시를 쓰는 사람은 대개가 보통 수준 이상의 지적 능력의 소유자이기 때문에 이 글자들의 조합이 무의미하다고 치부할 수도 없는 노릇이기 때문이다. 어쨌든 어떤 일관된 주제를 가진 이야기가 있을 것이라고 생각하고 그에 맞춰 해석을 해야만 하는 것이다.

그렇게 작정하고 보니 첫 행의 첫 글자는 해가 둥글게 쓰여 있으니, 그 글자의 의미는 '해가 둥글다'라는 뜻의 '日圓(일원)'이든지 '둥근 해'라는 뜻의 '圓日(원일)'일 것이다. 그리고 두 번째 글자는 '뫼 산(山)'자의 중간 봉우리가 높게 표현되어 있으니 '높은 산'이라는 뜻의 '高山(고산)'이든지 '산이 높다'란 뜻의 '山高(산고)' 중의 하나일 것이다. 마지막 글자 '길 로(路)'자는 '입 구(口)'자가 길게 되어 있으니 '입구가 긴 길'이라는 뜻의 '口長路(구장로)'이거나 '길이 입구가 길다'란 뜻의 '路口長(노구장)'으로 되어야 할 것이다. 그런데 이 구를 '圓日高山口長路(원일고산구장로)'라고 하면 이 또한 의미가 애매하고 문맥의 흐름이 빽빽한 시구가 된다. 그래서 이 구절을 '日圓山高路口長(일원산고노구장)'으로 바꾸어 놓으면, '해는 둥글고 산은 높으며 길 들머리는 길게 나 있네'라는 뜻이 되면서 그럴듯한 서경시의 한 구가 생겨난다.

같은 방법으로 두 번째 구를 보면 옆으로 누운 '구름 운(雲)'자는 '구름은 옆으로 퍼져 있고'라는 뜻의 '雲橫(운횡)'이 되고, 가늘게 쓰인 '비 우(雨)'자는

'비는 가늘고'라는 뜻의 '雨細(우세)'가 된다. 5시 방향으로 기울어져 있는 '볕 양陽)'자는 '거꾸로 비스듬히 누워 있는 볕 양' 즉 '倒斜陽(도사양)'이다. 이들을 종합하면 '구름이 가로 놓여 있고 빗줄기는 가느다란데 해는 거꾸로 비스듬히 기우네'라는 뜻의 '雲橫雨細倒斜陽(운횡우세도사양)'이 된다.

세 번째 구절의 첫 글자는 납작하게 쓰여진 '배 주舟)'자이니 '납작한 배'라는 뜻의 '扁舟(편주)'가 되고, 둘째 글자는 가로로 누운 '건널 도渡)'이니 '橫渡(횡도)'가 된다. 세 번째 글자인 '지날 과過)'자의 오른편 즉 '咼(괘)'자의 상단부 '冎'안의 기역자를 뒤집어 놓은 듯한 획은 속체(俗體)로는 '사람 인(人)'자로도 쓰므로 결국 이 글자는 '사람 인(人)'자가 빠진 '지날 과過)', 즉 '無人過(무인과)'가 된다. 그래서 이 구절은 '납작한 배가 (강을)가로지르지만 지나가는 사람이 없네'라는 뜻의 '扁舟橫渡無人過(편주횡도무인과)'가 되는 것이다.

마지막 구 첫 글자의 경우는 '風(풍)'자의 양끝이 말려 있으니 '바람 풍(風)'자에다 '말린다'는 뜻의 '卷(권)'자가 더해진 것이다. 그래서 그 의미는 '바람이 휘감아 불다'라는 뜻의 '風卷(풍권)'이 된다. 그 다음 글자는 꽃을 나타내는 '花(화)'자가 한 획이 모자라니 꽃이 온전한 형태를 갖추지 못한 것을 나타낸다. 즉 이지러진 꽃이므로 한자로 말하면 '殘花(잔화)'가 된다. 마지막 글자는 향기를 나타내는 '香(향)'자이지만 '香(향)'자 아래에 '날 일(日)'자가 반만 남아 있으니 반도막의 '日(일)'자로 구성된 '香(향)'자인 것이다. 이것을 한자로 옮기면 '半日香(반일향)'이 되고 그 뜻은 '한 나절 동안 향기를 피운다'가 된다. 이 글자들을 조합하면 '바람이 휘감아 부니 이지러진 꽃이 한나절 동안 향기롭다'라는 뜻의 '風卷殘花半日香(풍권잔화반일향)'이라는 시구를 얻게 된다.

위에서 설명한 내용들을 종합하면 기묘하게 쓰인 그 12자는 결국 다음과 같은 칠언절구가 된다.

日圓山高路口長,(일원산고노구장)
　ㆍ 해는 둥글고 산은 높으며 길 들머리는 길게 나 있고,

雲橫雨細倒斜陽,(운횡우세도사양)
　ㆍ 구름은 옆으로 있고 비 가는데 해는 거꾸로 비스듬히 기우네.

扁舟橫渡無人過,(편주횡도무인과)
　ㆍ 납작한 배가 강을 가로지르지만 지나가는 사람 없고,

風卷殘花半日香,(풍권잔화반일향)
　ㆍ 바람이 휘감아 불어 이지러진 꽃이 한나절 동안 향기롭네.

　　이렇게 기묘한 글자들로 조합된 시를 신지체(神智體)라고 한다. 신지체는 문자유희에 가까운 시체의 일종으로 문자형태 구조의 여러 가지 변화에 근거하여 그 의미를 추측하여 새로이 시구를 구성하게 하는 것이다. 그 구상이 기발하여 사람의 지혜를 계발하는 데에 도움을 준다하여 신지체라는 이름을 붙였다고 한다. 당연히 두뇌가 명석하지 않은 사람은 짓기는커녕 그 내용을 파악하기도 쉽지 않다.

10) 소동파(蘇東坡)의 신지체(神智體) 「만조(晚眺)」

　　신지체의 백미로 치는 것은 소동파(蘇東坡)의 작품이다.
　　송(宋)나라 희녕(熙寧) 연간에 북방의 사신이 와서 자신이 시를 잘 짓는다

소동파의 신지체 「晩眺(만조)」

고 자랑하며 한림(翰林)의 여러 학자들을 곤란하게 만들었다. 이에 신종(神宗)이 소동파에게 명하여 영빈관에서 그를 응대하게 하였다. 그 사신은 불세출의 천재인 소동파를 몰라보고 감히 시로써 소동파를 골탕먹이려고 하였다. 그러자 소동파가 "시를 짓는 것은 쉬운 일이나, 시를 읽는 것은 좀 어려울 것이요."라고 하고는 「만조(晩眺)」라는 제목의 시를 지어 보여주었다. 옆의 그림에 있는 것이 그 시다.

이 시의 첫 구는 '정자'라는 뜻을 나타내는 '亭(정)'자의 글자가 매우 길고, 그림자 또는 햇볕을 나타내는 '景(경)'자는 반대로 매우 짧다. '그림 화(畵)'자의 아래 '田(전)'자처럼 생긴 부분은 '囚(수)'자처럼 쓰기도 하는데 이 시에서는 거기에 '사람 인(人)'자가 빠져 있다. 둘째 구에서는 '늙을 로(老)'자는 좀 크게 씌어 있고, '끌 타(拖)'자는 옆으로 누워 있다. 가늘어서 지팡이 만드는 데에 쓰이는 대나무의 일종을 말하는 '공대 공(筇)'자는 '竹(죽)'자 부분이 매우 가늘다. 셋째 구는 '머리 수(首)'자가 좌우가 뒤바뀐 형태로 씌어 있으며, '구름 운(雲)'자는 '비 우(雨)'자와 '이를 운(云)'자와의 사이가 상당히 떨어져 있고, '저물 모(暮)'자는 아래에 있는 '날 일(日)'자가 비스듬히 씌어 있다. 마지막 구에는 '물 강(江)'자에 있는 '장인 공(工)'자의 세로획이 굽어 있고, '담글 잠(蘸)'자는 거꾸로 씌어져 있으며, 산봉우리를 나타내는 글자는 '뫼 산(山)'자가 옆에 붙어 있는 '峰(봉)'자로 씌어 있다.

앞에서 보았던 시의 경우와 같이 이런 형태로 씌어 있는 글자들의 형태를 한자로 묘사하면, 석 자가 칠언(七言)의 구(句) 하나를 이루게 되고 전체적으로는 한 수의 칠언절구가 된다.

　'亭(정)'자가 길게(長) 씌어 있으니 '길 장(長)'자를 덧붙이면 '長亭(장정)'이
되는데, 이것은 정자의 건물 자체가 길다는 뜻이 아니라, 옛날 중국에 10리
마다 설치하여 나그네가 휴식을 하거나 길 떠나는 사람을 전송할 수 있게
했던 장소였던 역참(驛站)을 일컫는 말이다. '景(경)'자는 짧게 즉 '短(단)'하게
씌어 있으니 '短景(단경)'인데, 그것은 햇볕이 얼마 남지 않은 때, 즉 저녁 무
렵을 말한다. 아래의 '田(전)'자 부분의 안에 '사람 인(人)'자를 쓰기도 하는
'畵(화)'자에 그 '사람 인(人)'자가 빠져 있으니 '사람 인(人)'자가 빠진 畵(화)'자
이다. 즉 '無人畵(무인화)'란 말이니, '사람 없는 그림'이라는 뜻이다.

　둘째 구는 '老(노)'자가 크게(大) 씌어 있으니 '大老(대로)'가 되야 되겠으나
여기서는 '노대(老大)' 즉 '늙은이'로 보아 그 다음에 나타나는 동사의 주어로
삼는다. '끌다'라는 의미의 '拖(타)'자가 옆으로 즉 '橫(횡)'으로 씌어 있으니
'橫拖(횡타)'요, 그 뜻은 '옆으로 끌고 가다'이다. '공대 공(筇)'자의 '竹(죽)'자
부분이 마른 듯 가늘게 씌어 있으니 '마를 수(瘦)'자를 넣어 '瘦竹筇(수죽공)'
으로 읽고, 그 뜻은 '마른 대나무로 만든 지팡이'로 새긴다.

　'머리 수(首)'자가 좌우가 바뀌어 있으니 고개를 돌리고 있는 형상이다.
한문으로 표현하면 '돌릴 회(回)'자를 넣어 '回首(회수)'가 된다. 그리고 '구름
운(雲)'자가 아래 위로 끊어져 있으니 '끊을 단(斷)'자가 들어가는 '斷雲(단운)'
이요, 그 뜻은 조각구름이다. '저물 모(暮)'자에는 '日(일)'자가 비스듬히 씌어
있으므로 비스듬하다는 뜻의 '斜(사)'자를 넣은 '斜日暮(사일모)', 즉 '해가 비
스듬히 넘어가는 저녁 무렵'이라는 뜻이다.

　'江(강)'자의 '工(공)'부분이 굽어져 있으니 '굽을 곡(曲)'자를 넣은 '곡강(曲
江)', 즉 '굽이쳐 흐르는 강'이다. '蘸(잠)'자는 거꾸로 되어 있으니 '거꾸로 도
(倒)'자를 넣은 '倒蘸(도잠)'이고, 그 뜻은 '거꾸로 잠긴다'가 된다. 마지막으로

산봉우리이기는 한데 '山(산)'자가 옆에 붙어 있으니 곁이라는 뜻의 '側(측)'자를 넣은 '側山峯(측산봉)', 곧 '옆 산의 봉우리'가 된다.

이렇게 석자를 한 묶음으로 하여 그 형태를 한자로 푼 것을 정리하면 다음과 같은 칠언절구가 얻어진다.

> 長亭短景無人畫,(장정단경무인화)
> ❧ 장정에 해 짧으니 사람 없는 그림 같고,
>
> 老大橫拖瘦竹筇,(노대횡타수죽공)
> ❧ 늙은이는 마른 대지팡이를 옆으로 끌고 가네.
>
> 回首斷雲斜日暮,(회수단운사일모)
> ❧ 고개 돌리니 조각 구름에 해는 비스듬히 저물고,
>
> 曲江倒蘸側山峯,(곡강도잠측산봉)
> ❧ 굽은 강에는 옆 산의 봉우리가 거꾸로 잠겨 있구나.

시를 읽고 짓는 것을 기본소양으로 하였을 뿐만 아니라 시에 대하여 상당한 수준의 조예를 갖추고 있었을 것이 분명한 송나라의 한림학사들을 곤란하게 만들 정도의 학식과 시적 재능을 갖추고 있었던 북방의 사신이지만 소동파가 이 시를 지어 보여주자 해석을 하지 못하고 쩔쩔매었다. 그래서 그 이후로는 시라는 말조차 입에 올리지 못하였다는 이야기가 전해진다.

그런즉 이런 유형의 시를 짓고 해석하려면 상당한 수준의 지능이 필수적으로 요구된다는 것을 알 수 있다. 지능이라는 의미에 가까운 신지(神智)라는 말로써 이런 유형의 시를 지칭하는 것도 이런 이유에서인 것이다. 표면에 나타난 글자의 조합만으로는 완전한 의미가 구성되지 않을 때에도 그 속에

분명 말이 되는 어떤 이야기가 들어 있을 것이라고 믿고 그 의미를 찾아내는 것이 신지체의 해석법이다.

8. 한자의 분해와 조합

둘 이상의 의미 있는 글자로 분해될 수 있는 글자를 쪼개서 표현하거나, 반대로 의미가 있는 글자 둘 이상을 조합하여 특정 글자의 의미를 만들어내는 한자놀이도 있다. 이들은 대개 문자 수수께끼의 형태로 이용되는데, 그 수수께끼를 해결하는 실마리는 특정 글자 그대로는 그 상황에 맞는 의미가 만들어지지 않는다는 점을 확인하는 것이다. 그 다음이 그 상황에 맞는 의미를 구성하는 것이다. 중국인에게서 과분한 칭찬을 들으면, 혹시 그런 식의 문자유희로써 자신을 놀리는 것은 아닌지 생각해볼 일이다.

1) 평범한 새가 된 봉황

왕조가 위(魏)나라에서 진(晉)나라로 넘어가던 시절은 살육이 횡행하던 난세였다. 이 시기의 지식인들은 부귀나 공명은 바랄 수도 없었고, 목숨을 부지하는 것만이 절체절명의 현안이었다. 그래서 지식인들은 현실사회에 참여하는 것에 소극적인 노장사상에 심취하여 자연에 파묻혀 지내면서 현실정치와 일정한 거리를 유지하고자 하였다. 당시 그러한 경향의 지식인들의 대표격인 사람들이 완적(阮籍)·혜강(嵇康)·산도(山濤)·상수(向秀)·완함(阮咸)·왕융

(王戎)·유령(劉伶)의 일곱 사람을 아우르는 죽림칠현(竹林七賢)이다. 이들 중 혜강과 간접적으로 관련된 재미있는 문자유희가 『세설신어(世說新語)』「간오(簡傲)」편에 실려 있다.

당시 여안(呂安)이라는 사람과 혜강은 매우 사이가 좋아 상대방이 보고 싶기만 하면 서로 천리 길을 멀다 않고 수레를 몰고 찾아갔다. 한번은 여안이 혜강을 보러 갔는데, 마침 혜강은 출타중이고, 혜강의 형님인 혜희(嵇喜)가 여안을 맞이하였다. 그러나 여안은 집안으로 들어가지 않고 문에다 '봉황새 봉(鳳)'자를 한 자 써 놓고 가버렸다. 혜희는 영문은 모르지만 좋은 뜻의 글자인지라 그저 좋아하였다.

봉황은 전설상의 동물로서 날짐승 중에서 가장 훌륭한 새로 친다. 꿩이 아름다움을 갖추었지만 힘이 부족하여 높이 날지 못하고, 매는 힘이 세어서 높이 날 수 있지만 깃털이 아름다움을 갖추지 못한 데에 비하여 봉황은 아름다운 깃털과 강한 힘을 겸비한 새로 설정되어 있다. 내면의 실력과 외관의 아름다움이 완벽하게 조화된 날짐승인 것이다. 그래서 봉황은 내용과 형식이 완벽하게 어우러진 문학작품이나 학식과 인품을 두루 완벽하게 갖춘 인물을 상징하는 말로도 쓰인다. 그러니 당대의 명사 중의 한 사람인 여안이 자신을 보고 '鳳(봉)'자를 쓰고 갔으니 혜희는 기쁘지 않을 수 없었다.

그러나 혜희는 일세를 풍미한 명사인 그의 아우 혜강에 비하면 많이 부족한 인물이었다. 그런데도 여안은 혜희의 사람됨을 보고 그 느낌을 '鳳(봉)'자로 표현하였다. 동생인 혜강에 대한 평가라면 '鳳(봉)'자가 합당할지 모르지만, 혜희에게는 아무래도 과한 평가인 것이 틀림없다. 여안이 혜강의 형님에 대한 예의로 좋은 말을 쓴 것일까? 그러나 당시 명사들의 사람에 대한 평가는 상당히 냉정하였고, 의례적인 과찬도 드물었다.

일례로 조조(曹操)가 이름이 나기 전에 당시에 인재를 잘 알아보기로 소문난 허소(許劭)에게 자신에 대한 평가를 부탁했던 일을 들 수 있다. 그 부탁을 받은 허소는 조조를 무시하다가 조조가 끈질기게 부탁하자 마지못해 한 마디 했다. "자네는 정치가 안정된 시대에는 능력 있는 신하가 될 것이나, 난세에는 세상을 속이는 간웅이 될 걸세."라고 했던 것이다. 허소의 평가는 조조가 능력은 있으나 사람됨이 좋지 않다는 의미이다. 조조는 허소의 이 말을 듣고 매우 만족하여 크게 웃으며 자리를 떴다고 하지만, 허소는 조조를 면전에 두고서도 상당히 부정적인 평가를 노골적으로 했다고 할 수 있다.

그러면 혜희에게 써준 그 '鳳(봉)'자의 뜻은 무엇일까? 혜강이 친하게 지낼 만큼 녹록한 인물이 아닌 여안의 그 말에는 필시 특별한 의미가 담겨 있는 것이 분명하다. 사람들은 그 의미를 '鳳(봉)'자를 파자하여 해석한다. '鳳(봉)'자를 둘로 나누면 평범하다는 뜻의 '凡(범)'자와 '새 조(鳥)'자가 얻어진다는 것이다. 곧 여안은 혜강의 형 혜희를 보고서 '(동생은 비범한 인물이지만) 형인 당신은 평범한 사람'이라는 의미를 담아 '봉(鳳)'자를 썼다는 말이다. 곧 혜희의 사람됨이 출중하지 못함을 보고 은근히 비웃었다는 것이다. 과연 과분한 칭찬은 경계해야 할 것이 분명하다.

2) '충서(忠恕)'가 역적의 이름

오대(五代)와 북송(北宋)초에 걸쳐서 활약했던 사람 중에 섭숭의(聶崇義)와 곽충서(郭忠恕)라는 두 사람이 있었다. 이들은 모두 학식이 풍부하고 기지가 있었으며 해학을 좋아하였다. 이들은 북송 초에 같이 국자감(國子監)에서 근무했는데, 만나기만 하면 풍부한 학식을 동원하여 농담을 주고받으며 해학을 즐겼다고 한다.

섭승의와 곽충서는 국자감의 학생들이 모두 모여 있는 데에서도 해학을 주고받았다. 그러다가 한 번은 곽충서가 먼저 섭승의의 급소를 노리며 공격을 감행하였다.

"섭형, 제가 최근에 형님의 성 '聶(섭)'자의 새로운 뜻을 알게 되었습니다."
"'섭'자가 어때서? 한 번 말해 보시게."
"들어 보십시오. 귀한 사람 옆에 가면 완전히 귀머거리가 되고, 용을 받아들여도 귀머거리가 될 뿐이라는 것이지요. 게다가 귀가 세 개씩이나 있지만 귀도 밝지 않고요."

앞의 두 가지는 '귀 이(耳)'자와 '귀할 귀(貴)'자를 합하면 '귀머거리 외(聵)'자가 되며, '귀 이(耳)'자에다 '용 룡(龍)'자를 합하면 '벙어리 롱(聾)'자가 된다는 뜻이다. 귀가 세 개면 귀가 밝아야 될 것이지만 귀가 밝다는 뜻은 귀가 세 개인 '聶(섭)'자가 아니라 '귀밝을 총(聰)'자라는 뜻이다. 그런데 귀가 밝다는 '聰(총)'자는 눈이 밝다는 뜻의 '明(명)'자와 합하여 똑똑하다는 뜻의 '총명'이 되므로 '귀가 밝지 못하다'는 말은 바로 똑똑하지 못하다는 의미가 된다. 그런즉 곽충서가 섭승의의 성을 두고 한 말은 '당신은 말귀도 제대로 알아듣지 못하는 멍청이'라고 놀린 것이었다.

곽충서로부터 뜻밖의 신랄한 공격을 당한 섭승의는 기분이 매우 불쾌하였다. 섭승의는 공격할 틈을 찾아 잠시 골똘히 생각에 잠기더니 만면에 희색을 띠우며 말하였다.

"아우, 나도 '충서(忠恕)'라는 자네의 이름 두 자의 새로운 의미를 알게 되었지."

"새로운 의미라니요?"

"그건 바로 자네가 두 마음을 가지고 있다는 것이지. 귀 세 개 있는 것이 마음 두 개 있는 것보다는 낫지 않겠나?"

곽충서는 섭숭의의 그 말을 듣자말자 대경실색하고 "형님 용서해 주십시오. 제가 죽을 죄를 지었습니다."라며 사과하였다.

섭숭의는 곽충서의 이름자인 '忠(충)'자에도 '마음 심(心)'자가 있고 '용서할 서(恕)'자에도 '마음 심(心)'자가 있는 것을 두고 '마음이 둘이 있다'고 받아친 것이다. 요즈음으로 보면 크게 문제될 것이 없을지 모르지만, 전제군주 하에서 '두 가지 마음이 있다' 즉 '이심(二心)이 있다'고 하는 것은 '군주에게 반역할 마음이 있다'는 뜻이다.

곽충서로서도 자신이 섭숭의를 공격했던 방식으로 하자면 자신의 이름자에 분명히 '마음 심(心)'자가 두 개 있으므로 '두 마음이 있다'는 말을 시인하지 않을 수 없다. 그렇지만 만약 그것을 시인하게 되면 자신이 역모의 마음을 가지고 있다는 것을 시인하는 격이 된다. 그러면 자신은 물론이고 온 가족이 몰살을 당하는 횡액을 면할 길이 없다. 섭숭의의 반격에 대꾸는 고사하고 사색이 되어 죽을 죄를 지었다고 사죄를 한 것은 바로 그 까닭이다. 없었던 일로 해 달라는 뜻인 것이다. 다소 위험한 장난이지만 급소를 노려 불의의 일격을 가한 섭숭의의 반격에 재치가 넘친다.

3) 같은 글자를 둘 이상 중첩하여 만든 글자들

청(淸)나라 건륭(乾隆)황제 시대에 이조원(李調元)이라는 비범한 재주꾼이 있었다. 그는 청년 시절에 절강(浙江) 지역에서 근무하고 있던 아버지를 만나러 간 적이 있다. 그는 그때 절강 지방의 명승지를 두루 살펴본 다음 만 여 권의 책을 사 가지고 가서 열심히 공부하여 경서에서부터 민간 야사에 이르기까지 방대한 분야에 해박한 지식을 갖추게 되었다. 과거에 급제한 후 잠시 벼슬을 살기도 했지만 어떤 사람을 탄핵한 것이 잘못되어 좌천을 당했다. 그리고 얼마 후에 어머니의 상을 핑계로 벼슬을 그만두고 20여 년을 책에 파묻혀 지냈다. 그는 또 책을 쓰는 것을 즐거움으로 삼아 경전에서부터 민간가요에 이르기까지 다양한 분야에 관한 방대한 저술을 남겼다. 시를 짓는데에도 천재적인 재능이 있어서 그의 시는 꾸밈이 없으면서도 천재성이 흘러넘친다는 평가를 받는다. 그의 시를 본 서호수(徐浩修)라는 조선의 사신이 감탄해마지 않았다는 이야기가 전해지기도 한다.

이조원은 이렇게 학문이 깊고 재주가 많았을 뿐만 아니라, 대련(對聯)에도 남다른 재주를 보였다고 한다. 그 이조원이 어떤 일로 광주(廣州)에서 지낼때 길에서 어린 소년을 한 사람 만났다. 그 소년은 이조원에 대한 소문을 익히 듣고 있던 터라 한 번 만나고 싶어하던 참이었다. 멀리서 이조원이 탄마차가 오는 것을 본 소년은 길가에 돌 두 개를 약간 떼어서 땅바닥에 두고 그 위에 돌 하나를 더 얹어서 문 모양을 만들어 놓고 기다리고 있었다.

이조원의 마차가 그곳을 막 지나가려고 할 때, 소년은 마차를 막으며 "저는 선생께서 재주가 매우 뛰어나며 특히 대련을 잘 짓는다는 소문을 들었습니다. 그래서 오늘 선생의 가르침을 받고자 특별히 여기서 기다리고 있습니다. 저가 마침 출구(出句)는 생각해냈는데 대구(對句)가 생각나지 않습니다."라고 하며 그 돌 세 개로 만들어 두었던 것을 발로 차 허물었다. 그리고는 다음과 같이 읊었다.

'踢(척)'은 '발로 차다'는 뜻이고 '破(파)'는 '깨다' '부수다'라는 뜻이다. 그리고 '磊(뢰)'자는 '돌무더기'라는 뜻인데, 여기서는 글자의 형태 그대로 '세 개의 돌'이라는 뜻으로 사용되었다. '塊(괴)'는 '덩어리'라는 뜻으로 돌을 세는 말이다. 그러므로 이 구의 뜻은 "돌 셋으로 만든 다리를 발로 차서 부수니 돌이 세 개라."라는 뜻이다. 기발하기는 하나 별 뜻은 없고 그저 한자의 특성을 이용한 문자유희다.

이조원은 소년이 읊은 그 구를 듣고 이리저리 생각해봤으나 거기에 맞을 만한 좋은 구가 생각나지 않았다. 할 수 없이 '지금 시간도 없고 피곤해서 생각이 제대로 되지 않으니 내일 대구를 말해 주겠다'고 하고서는 그곳을 떠났다. 소년은 떠나가는 이조원의 뒷모습을 보면서 '이조원은 이름만 크게 났지 실제로는 별 재주가 없다'고 생각하며 실망감을 감추지 못했다.

이조원도 찜찜하기는 마찬가지였다. 집으로 돌아와서 그 소년이 읊었던 구를 되새기면서 그 다음 구를 생각해보려고 애를 썼지만, 끝내 좋은 생각은 떠오르지 않았다. 괴로운 표정을 짓고서 뭔가를 골똘히 생각하고 있는 이조원을 본 그의 부인이 그 이유를 묻자, 이조원이 자초지종을 이야기해 주었다. 그 말을 들은 부인은 웃으면서 "그게 뭐 어렵다고 그래요? 내가 당장 지어볼게요."라고 하였다. 그리고는 다음과 같은 구를 읊었다.

剪開出字兩重山!(전개출자양중산)

'剪(전)'은 '가위' 또는 '자르다'라는 뜻이고, '開(개)'는 보어로서 그 앞의 동사가 나타내는 동작의 영향을 받은 대상이 분리된 것을 나타낸다. '重(중)' 자는 '중복되다'는 뜻이다. 그러므로 이 구는 "'出(출)'자를 자르니 두 겹의 '山(산)'이 되네."라는 뜻이 된다. 앞의 소년이 지었던 구가 '磊(뢰)'자를 쪼개 어 '돌 석(石)'자 세 개로 만든 것과 마찬가지로 '出(출)'자를 쪼개어 '뫼 산 (山)'자 두 개로 만든 것이다.

　　다음날 약속한 시간에 소년을 만난 이조원은 부인이 가르쳐준 그 답을 읊었다. 그러자 소년은 고개를 갸우뚱하더니, "훌륭하기는 합니다만, 이 구 는 선생께서 지으신 것이 아니지요? 제 생각으로는 여인의 솜씨인 듯 한데 요."라고 하였다.

　　소년의 말에 이조원은 자신도 모르게 깜짝 놀랐다. 그리고는 얼굴이 금 세 홍당무처럼 붉어졌다. 이조원은 놀란 가슴을 쓸어안고 부끄러움을 무릅 쓰고서 '어째서 그런 말을 하느냐'고 물었다. 그러자 소년은 "무릇 말은 그 사람의 성격을 반영합니다. 그래서 사나이대장부라면 '깬다' '쪼갠다' 등과 같이 씩씩한 말을 하기 마련입니다. 그런데 지금 선생께서 하신 '가위로 자 른다'라는 말은 방안에 앉아 바느질을 하는 부녀자의 어투이기 때문입니다. 제 생각이 틀림없지요?"라고 하였다. 아무리 상대가 어린 소년이라고 하더라 도 형편이 이 지경에 이르렀으니 이조원은 사실을 시인하지 않을 수 없었을 것이다.

4) 조조(曹操)의 수수께끼(1): 문(門)에다 쓴 '活(활)'자

　　동한(東漢) 말년에 조조(曹操)가 위왕(魏王)에 봉해지고 승상(丞相)으로서 실 권을 장악하고 있을 때 승상부(丞相府)의 대문을 새로 지었다. 건축 작업이

한창 진행되고 있을 때 조조가 현장에 나와 둘러보고는 수행원을 시켜 문에다 '活(활)'자를 쓰게 하고는 자리를 떠났다. 현장 관계자들은 그것이 무슨 뜻인지 몰라 어리둥절해 있었다. 그때 머리 좋기로 유명했던 양수(楊脩)가 그것을 보고는 건축 중인 대문을 헐라고 명령하였다. 무슨 영문인지 몰라 허둥대고 있는 사람들에게 양수가 설명하였다. "'문 문(門)'에다 '살 활(活)'자를 썼으니 '넓을 활(闊)'자가 아니냐? 승상께서 대문이 너무 넓게 지어지고 있다고 생각하고 계시니까 건축 중인 대문을 허물고 새로 지어야 된다."라고 한 것이다. 일설에는 조조가 건축 중인 대문이 좁다고 생각하여 '넓혀라!'라는 뜻으로 문(門)에다 '活(활)'자를 썼다고도 한다. 어쨌든 양수가 현재 건축 중인 대문의 규모가 조조의 마음에 들지 않는다는 메시지를 읽어내었던 것만은 틀림없다.

5) 조조(曹操)의 수수께끼(2): 각기 한 모금씩

또 한 번은 조조가 북방으로부터 요구르트 같은 발효 유제품을 선물로 받았다. 조조는 조금 마시고는 뚜껑을 닫고 그 위에 '合(합)'자를 쓴 다음 좌중의 사람들에게 순서대로 돌려보게 하였다. 모두들 영문을 모르고 다음 사람에게 건네주기만 할 뿐이었다. 이윽고 양수의 차례가 되자 양수는 대뜸 뚜껑을 열고 한 모금 마셨다. 그런 다음 "승상께서 한 모금씩 마시라고 하시는데, 무엇을 주저하시오?"라고 하였다. 이어 '合(합)'자를 쪼개면 '人一口(인일구)', 즉 '一人一口(일인일구)'가 되므로 '사람마다 한 모금씩 (마시라)'라는 뜻이 된다고 설명을 덧붙였다. 요구르트 병 위의 '合(합)'자가 보통 사람들에게는 도통 그 의미를 알 수 없는 뚱딴지같은 것으로 보였지만, 두뇌 회전이 빠른 양수는 그 글자가 쓰인 곳이 음료를 담은 통 위라는 점에 유의하여 '사람마다 한 모금씩 마시라'라는 뜻을 읽어내었던 것이다. 양수는 대문에 쓰인 '活(활)'자의 의미를 읽어냈던 경우와 마찬가지로 전혀 엉뚱해 보이는 글자를 그 글자가 쓰인 특수한 상황에 맞추어 읽어내었던 것이다.

6) 오는 사람 다 만난다

북송시대에 매우 열심히 공부하던 젊은이가 있었다. 그는 좋은 스승을 만나 가르침을 받기를 갈망했는데, 특히 당시 문단의 태두(泰斗)로 군림하고 있던 문호 소동파(蘇東坡)를 만나고 싶어했다. 그러나 그는 소동파와 친분이 전혀 없었을 뿐만 아니라, 그와의 만남을 주선해줄 만한 사람도 없었다. 만나고 싶은 마음은 간절하지만 방법이 없어 고민하던 그 젊은이는 마침내 편지를 써서 한 번 만나주기를 간청하기로 하였다.

그는 혹시라도 글을 잘못 써서 꿈을 이루지 못할까 두려워하며 매우 조심스럽게 편지를 썼다. 평소 소동파를 얼마나 흠모하고 있었는지 하는 이야기에서부터 그가 읽어본 소동파의 여러 문장들에 대한 감상과 찬탄, 소동파의 문단에서의 지위 등에 대해서 성의를 다해 썼다. 과연 그러한 그의 정성이 효과가 있었던지 얼마 후에 고대하던 소동파의 회신이 젊은이에게 도착하였다. 젊은이는 뛸 듯이 기뻐하며 소동파의 편지를 뜯어보았다.

그러나 편지에는 별 말이 없었다. 밑도 끝도 없이 '筧(견)'이라는 글자만 하나 커다랗게 씌어 있었다. 젊은이는 '대로 만든 것으로 물이 통하게 하는 장치'라는 뜻의 '筧(견)'자를 들여다보며 영문을 몰라 일시 당황하였다. 그렇지만 소동파 같은 사람이 보냈으면 필시 무슨 곡절이 있을 것이라고 생각하고 그 글자를 들여다보며 한참 동안 생각에 잠겼다. 그러다 갑자기 얼굴에 환희의 빛이 돌았다. 젊은이는 급히 행장을 꾸렸고, 그 다음날 소동파를 만나기 위하여 길을 나섰다.

뚱딴지같은 일로 보이지만 소동파는 '筧(견)'자 하나에 자신이 하고 싶은 말을 다 담아 넣었고, 젊은이는 그것을 제대로 읽어내었다. 그 구체적인 내용은 '筧(견)'자의 구성에 담겨 있다.

'筧(견)' 자는 '대 죽(竹)' 머리에 '볼 견(見)'자로 구성되어 있다. 또 '竹(죽)'자는 '하나' 또는 '낱개'라는 뜻이 있는 '個(개)'자와 같은 뜻의 '个(개)'자가 두 개 연결된 형태로 되어 있다. 그래서 '筧(견)'자를 파자하면 '个个見(개개견)'이라는 석 자로 불어난다. '个个見(개개견)'은 '하나하나 다 만난다'라는 뜻이다. 중국어에서는 사람을 세는 말도 '個(개)'자로 쓰기 때문이다. 그런 즉 소동파가 '筧(견)'이라는 한 글자에 담은 것은 '찾아오는 사람은 누구나 다 만나준다'라는 뜻이었다.

그러나 엄격하게 말하면 소동파는 누구나 다 만나주는 것이 아니다. 지혜 있는 사람을 접견의 상대로 제한했기 때문이다. 적어도 '筧(견)'자 한 자만 써 보내도 그 의미가 무엇인지 알아볼 수 있는 두뇌가 있지 않으면 만남 자체가 성립되지 않는 것이다. 소동파는 '筧(견)'이라는 글자수수께끼를 답으로 보내면서 동시에 편지를 받는 이의 지혜를 테스트하였던 것일 것이다.

7) 모두가 멍청이

『사고전서(四庫全書)』의 편집은 청(淸)나라 문화사업의 걸작 중 하나다. 이 거창한 사업을 책임지고 수행한 사람은 기윤(紀昀)이라는 학자였다. 세인들은 그를 '기효람(紀曉嵐)'이라고 불렀는데, '효람(曉嵐)'은 그의 자(字)이다. 기효람은 불세출의 대학자로『사고전서』라는 어마어마한 양의 서적들을 책임지고 교정하고 정리했다. 그 뿐만 아니라 각 책의 내용 및 서지상의 특색을 간명하게 정리하여 '제요(提要)'를 만들었는데, 그 내용의 정확성은 후세 학자들의 경탄을 자아내게 한다. 그는 두뇌 회전이 빠르고 기지가 많았으며 유머 감각도 풍부했다. 청(淸)나라 일대를 통틀어 머리가 가장 좋았던 사람일 것으로 생각되는 기윤은 기발하기 이를 데 없는 이야기도 많이 남기고 있다.

기윤(紀昀)은 당시 세도가의 한 사람이었던 화신(和珅)이라는 사람과 그다지 의견이 맞지 않았다. 그런데도 화신은 정자를 하나 짓고서 기윤에게 편액을 하나 써 달라고 부탁하였다. 기윤도 거절하지 않고 그 자리에서 붓을 들어 '竹苞(죽포)'라는 두 자를 써서 편액으로 만들어 주었다. '竹苞(죽포)'는 죽순(竹筍)이라는 말과 같다. 죽순은 어지간히 얇은 돌은 꿰뚫고 솟아나는 강한 생명력이 있어서 발전적이며 진취적인 이미지를 가진다. 그러므로 '竹苞(죽포)라는 두 글자를 받아 든 화신은 자신의 승승장구를 기원하는 의미가 깃들어 있다고 생각하여 매우 기뻐하며 그 편액을 정자의 정면에 걸어 두었다.

그런데 훗날 건륭(乾隆)황제가 그 정자를 방문하여 그 두 글자를 보더니 갑자기 박장대소를 하였다. 이어 누가 이 글을 썼는지 물어보았다. 갑자기 어안이 벙벙해진 화신은 정신을 가다듬고서 그것은 기윤이 쓴 것이라고 대답했다. 건륭은 '그러면 그렇지' 하고 고개를 끄덕이면서 다음과 같이 말했다.

"'竹(죽)'자를 분해하면 '个个(개개)'가 된다. 그리고 '苞(포)'자를 분해하면 '艹包(초포)' 즉 '草包(초포)'가 되지 않는가? 기윤은 자네 집안 사람들을 모두 멍청이들이라고 놀렸던 것일세."

‘个个(개개)’ 즉 ‘個個(개개)’는 ‘하나하나’, ‘모두’라는 뜻이고, ‘艸包(초포)’는 중국말로 ‘멍청이’, ‘얼간이’라는 뜻이다. 기지 넘치고 해학에 능한 기윤은 표면적으로 좋은 뜻인 것처럼 보이게 하면서도 그 속에는 심한 욕을 담아 넣었던 것이다. 이 이야기가 실화라면 화신에 대한 반감을 그런 식으로 표현했다고 보아야 될 것이다. ‘竹(죽)’자를 ‘个个(개개)’로 분해한 것은 소동파를 흉내낸 것인지도 모를 일이다.

8) 살벌한 문자장난: 문자옥(文字獄)

중국의 황제 중에는 절대권력을 마음내키는 대로 휘두른 이가 한둘이 아니었다. 그들 중에는 어떤 형태의 비판도 용납하지 않고, 비판하는 지식인들의 입을 잔인한 방법으로 봉쇄한 이도 더러 있었다. 황제가 지식인의 입을 막는 방법 중 가장 잔인한 것은 소위 문자옥(文字獄)이라고 하여 지식인들이 쓴 글의 내용이나 일부 글자를 트집잡아 글쓴이의 생명을 앗아가고, 그것으로 지식인들에게 공포심을 조장함으로써 비판의 언로를 차단하는 것이었다.

명(明)나라를 세운 태조 주원장(朱元璋)은 필화사건이라고 할 수 있는 문자옥을 특히 많이 일으킨 황제로 유명하다. 주원장은 어려서 불우하게 자라 전염병으로 가족을 다 잃고 구걸을 한 적도 있고, 구걸이 여의치 않자 절에 들어가서 불목하니로 지내기도 했다. 주원장이 명나라 개국의 기반을 다진 것도 홍건적에 동참하여 세력을 키운 결과였다.

극빈층의 민초에서 황제로 뛰어오른 주원장은 오늘날로 보면 입지전적인 인물로 더욱 칭송을 받을 만하지만, 스스로는 그 자신의 출신에 대하여 심한 콤플렉스를 가지고 있었다. 그래서 비판의식이 강한 지식인들이 교묘한 방법으로 자신을 비난할지 모른다는 강박관념에 사로잡혀 있었다. 그로 말미암아 엉뚱한 글자를 꼬투리로 삼아 생명을 앗아가는 일이 비일비재하였다.

한 번은 주원장이 한 때 자신과 같은 절에서 생활한 적이 있는 스님 한 사람을 궁궐로 초대하여 별미를 대접하였다. 그 스님은 기쁘고 황송한 나머지 그 기분을 시로 써서 황제에게 올렸다. 그런데 그 시를 본 황제 주원장은 신하에게 명하여 그 스님을 처형하게 하였다.

스님의 시에 "金盤蘇合來殊域(금반소합래수역)"이라는 구절이 있었는데, 이 구 중 '殊(수)'자가 문제였다. '金盤(금반)'은 '금으로 만든 쟁반'이고, '蘇合(소합)'은 특이한 향료의 일종이며, '來(래)'는 '왔다'는 말이고, '殊域(수역)'은 '다른 지역' 곧 '이국'이라는 뜻이다. 그러므로 "금 쟁반에 담긴 소합향은 멀리 외국에서 온 것일세."라는 뜻의 "金盤蘇合來殊域(금반소합래수역)"은 금 쟁반을 쓰는 궁정의 화려함과 먼 외국에서도 공물을 바쳐오는 명나라 국세의 왕성함을 찬미한 것이니 전혀 문제가 될 것이 없는 구절이다.

그러나 콤플렉스가 깊고 의심이 많은 주원장은 그 '殊(수)'자가 '죽음'이라는 뜻을 가진 '歹(알)'자와 '붉을 주(朱)'자가 결합된 것이라는 점을 꼬투리로 삼았다. '朱(주)'는 황제인 주원장의 성이므로 주원장 자신 또는 그가 세운 명나라를 지칭하는 것이라고 보았고, 여기에 '죽음' 또는 '나쁘다'라는 '歹(알)'자의 뜻을 합쳤다. 주원장은 그 스님이 쓴 '殊(수)'자를 꼬투리로 삼아 황제인 자신과 자신이 세운 명나라를 저주한 것이라고 날조한 것이었다. 주원장이 이런 식으로 남의 선의를 악의로 날조하여 사람의 생명을 앗아간 것이 한두 번이 아니었다고 한다. 절대 강자의 콤플렉스가 얼마나 무서울 수 있는지 짐작할 만하다.

9) 아버지를 알 수 없는 아이의 성

어느 기생이 고(高)씨 성을 가진 남자, 이(李)씨 성을 가진 남자, 그리고 진(陳)씨 성을 가진 남자 세 사람과 번갈아 관계를 맺다가 아이를 낳았다. 도대체 누구의 아이인지 감이 잡히지 않는 기생은 그 동네에 학식이 풍부한 사람을 찾아가서 자초지종을 말하고 아이의 성을 무엇으로 해야 될지 물었다. 잠시 생각에 잠겨 있던 그 학자는 묘안이 떠오른 듯 미소를 지으며 입을 열었다.

"곽(郭)씨로 하시오."

기생은 아이의 성을 그녀와 관계를 맺었던 세 사람의 성인 고씨도 이씨도 진씨도 아닌 곽씨로 하라는 학자의 말을 이해하지 못해 의아한 표정을 지었다. 이에 그 학자는 이렇게 설명하였다.

"이 아이는 세 사람 중 한 사람의 아이인 것이 분명하오. 그렇지만 누구의 아이인지 모르니 고씨의 '高(고)'자의 머리부분에다 이씨의 '李(이)'자의 아랫부분, 그리고 진씨의 '陳(진)'자의 옆부분을 합치면 마침 '郭(곽)'자가 되는지라 그리 하였소."

특정 성을 희화화한 것을 소개하는 것이라 매우 조심스럽다. 그렇지만 단순히 문자 장난을 한 것이니 심각하게 따질 것은 없을 것으로 본다. 그런데 중국인들이 만들어낸 그 이야기에는 조금 미숙한 데가 있다. '陳(진)'자의 'ß'는 본래 '阜'자이고, 곽(郭)자의 'ß'은 '邑'자이기 때문이다. 기왕 이런

우스개를 만들려면 진(陳)씨 대신 정(鄭)씨를 등장시키는 것이 더 그럴듯했을
것이다.

10) 탁자련(拆字聯)

중국인의 문자유희에는 두 개의 독립적인 글자로 분해될 수 있는 글자를
전제로 하여, 분해되어 얻어질 두 글자를 먼저 사용한 다음, 그 두 글자를
합한 글자를 사용하는 경우도 있다. 이러한 방식을 대련에 사용하기도 하는
데, 그런 방식으로 지어진 대련을 탁자련(拆字聯)이라고 한다.

> **此木爲柴山山出,**(차목위시산산출)
> ㋂ 이 나무가 땔감인데 산마다 나며,
>
> **因火成煙夕夕多.**(인화성연석석다)
> ㋂ 불 때문에 연기가 생기는데 저녁마다 많다.

앞 구의 '이 차(此)'자와 '나무 목(木)'자를 합하면 '땔감 시(柴)'자가 되고,
'뫼 산(山)'자는 두 개 중복되어 '날 출(出)'자가 된다. 뒤의 구 역시 '인할 인
(因)'자와 '불 화(火)'자가 합해져서 '연기 연(煙)'자가 되고, '저녁 석(夕)'자가
두 개 겹쳐져서 '많을 다(多)'자가 되는 것을 알 수 있다. 두 구로 구성되는
의미의 자연스러움 속에 두 글자가 합하여 한 글자가 되는 현상이 한 구에
공히 두 번씩 나타나는 정교한 한자놀이라 하겠다.

11) 탁자시(拆字詩)

　　탁자련을 짓는 방식으로 지어진 시를 탁자시(拆字詩)라고 한다. 송(宋)나라 시대 유일지(劉一止)라는 사람이 그런 방식으로 시를 한 수 썼는데, 그가 지은 시의 제목도 「拆字詩(탁자시)」로 되어 있다.

> 日月明朝昏.(일월명조혼)
>   ᘓ 해와 달이 내일 아침 어두워지면,
>
> 山風嵐自起.(산풍람자기)
>   ᘓ 산바람에 산 아지랑이도 절로 일어나리.
>
> 石皮破乃堅.(석피파내견)
>   ᘓ 돌 껍질 깨어지면 더욱 굳어지고,
>
> 古木枯不死.(고목고불사)
>   ᘓ 오래 된 나무 말라도 죽지 않네.
>
> 可人何當來.(가인하당래)
>   ᘓ 고운 님 어찌 꼭 오리오만,
>
> 意若重千里.(의약중천리)
>   ᘓ 생각만 천리 먼 곳을 맴도네.
>
> 永言詠黃鶴.(영언영황학)
>   ᘓ 길게 소리내어 황학을 노래하는,
>
> 志士心不已.(지사심불이)
>   ᘓ 뜻있는 선비 마음 변하지 않아.

제1구의 '날 일(日)'자와 '달 월(月)'자가 합하면 그 다음의 '밝을 명(明)'자가 되고, 제2구의 '뫼 산(山)'자와 '바람 풍(風)'자가 합하면 그 다음의 '산 기운 람(嵐)'자가 된다. 제3구에서는 '돌 석(石)'자와 '가죽 피(皮)'자가 합하여 '깰 파(破)'자가 되고, 제4구에서는 '예 고(古)'자와 '나무 목(木)'자가 합하여 '마를 고(枯)'자가 되었다. 이 '枯(고)'자의 경우는 글자의 순서가 뒤바뀌어 있어서 앞의 세 구의 경우에 비하면 정교함이 떨어진다. 그 다음 제5구도 마찬가지로 순서가 바뀌어 있는데 '옳을 가(可)'자와 '사람 인(人)'자가 합하여 '어찌 하(何)'자가 됨을 알 수 있다.

제6구는 나누어진 글자와 합해진 글자의 순서가 뒤바뀌어 있는데, '무거울 중(重)'자는 형태상 '일천 천(千)'자와 '마을 리(里)'자의 합체자로 볼 수 있다. 제7구는 제4구 제5구의 경우처럼 나누어진 글자의 순서가 거꾸로 되어 있는데, '길 영(永)'자와 '말씀 언(言)'자가 합하여 '읊을 영(詠)'자가 되었다. 마지막 제8구는 합체자가 첫머리에 오고 그것이 나누어진 글자가 그 뒤에 이어지는데, '뜻 지(志)'자가 '선비 사(士)'자와 '마음 심(心)'자로 나누어져 있는 것을 볼 수 있다.

9. 상황묘사 속에 숨긴 한자 형태 풀이

한자를 분해하고 조합하는 것과 관련이 있는 문자유희의 한 가지 중에는 앞서 소개했던 것과는 달리 표면적으로는 정상적으로 어떤 상황을 묘사하는데, 거기에 특정 문자의 형태를 묘사하는 것이 숨겨져 있는 것이 있다. 그러한 한자놀이를 이해하는 것도 쉬운 일은 아니지만, 그런 한자놀이를 만들어내는 것은 더욱 힘들다. 문장의 내용이 자연스러워 그 속에 한자놀이를 하고 있다는 사실이 쉽게 드러나지 않는 것이 상승의 작품이다.

1) 두 사람이 흙 위에 앉는 것이 '앉을 좌(坐)'

금(金)나라의 장종(章宗) 황제가 사랑하는 황후와 함께 새로 지은 누각에 올라 주변의 경치를 감상하며 발걸음 가는 대로 움직이다가, 기분 내키는 대로 맨땅에 잠시 앉았다. 그 때 아름다운 경치에 매료된 황제는 문득 영감이 떠올라 "二人土上坐(이인토상좌)"라는 구 하나를 얻었다. "두 사람이 흙 위에 앉아 있네."라는 뜻이다.

이 구는 언뜻 보면 별것 아닌 것 같지만, 상당히 특이한 구조로 되어 있다. 곧 '앉을 좌(坐)'자의 형태는 '흙 토(土)'자 위에 '사람 인(人)'자가 두개 있는데, '좌(坐)'자의 이러한 형태를 '두 사람이 흙 위에 앉아 있네'라고 표현한 것이다. 이 한 구의 내용은 황제 자신과 황후의 행동을 서술한 것이면서 동시에 '좌(坐)'라는 이 구의 맨 마지막 글자 하나를 설명하는 것이다.

황제가 이 구를 입 밖으로 뱉어내자 총명한 황후도 그 구에 맞추어 대구를 하였다. "一月日邊明(일월일변명)." 그 뜻은 대략 "달 하나가 해 옆에서 빛나네."라고 하면 좋을 것이다. 이치상 해 옆에서 달이 빛나고 있을 가능성은 없다. 그렇지만 황제를 해에 비유하고 황후를 달에 비유하는 관행에 비추어 보면, 전혀 무리한 표현이 아니다. 게다가 달 하나가 해 옆에 있는 것이 바로 '밝을 명(明)'자가 아니던가! 황제가 먼저 말한 앞 구와 똑같은 구조로 되어 있음을 알 수 있다.

> 二人土上坐,(이인토상좌)
>   ∽ 두 사람이 흙 위에 앉아 있고,
>
> 一月日邊明.(일월일변명)
>   ∽ 달 하나가 해 옆에서 빛나네.

이 얼마나 정교한 대구인가? 장종황제는 황후의 이 절묘한 대구를 듣고 매우 기뻐했다고 한다. 그 덕분에 황제의 황후에 대한 사랑이 더욱 깊어졌을 것임을 미루어 짐작할 수 있다.

아무리 '남재여모(男才女貌)'라 하여 '남자는 재능이 많아야 하며, 여자는 외모가 고와야 한다'고들 하지만, 역대로 제대로 된 남성들은 속없이 외모만 예쁜 여자보다는 총명하고 현숙한 여인을 훨씬 더 좋아했었다. 중국인들에게 지혜의 화신으로 추앙되면서 외모 또한 미남이었던 것으로 알려지고 있는 제갈량(諸葛亮)이 미모와 재력으로 유혹하던 온갖 혼처를 뿌리치고 천하에 보기 드문 총명한 여인이었지만 대단한 박색이었던 황석(黃碩)을 아내로 맞이했던 것이 그 좋은 예가 될 것이다. 황석은 태어날 때 검은 피부와 누런빛이 도는 듬성듬성한 머리에 툭 튀어나온 이마를 하고 있어서, 산파가 그녀를 보고 요괴라고 생각하여 겁에 질려 돈도 받지 않고 도망갈 정도였다고 한다. 그녀의 어머니도 그녀를 요괴라 생각하여 버리려고 하였지만, 그 아버지가 '비록 못났기는 했지만 눈빛만은 예사롭지 않으니 한 번 키워보자'고 한 덕분에 살아남았다고 한다.

2) 凍(동)·洒(쇄)·切(절)·分(분)의 형태

옛날에 시와 대련을 잘 쓰는 선비가 한 사람 있었다. 어느 여름날 그 선비가 아내와 함께 수박을 썰어서 먹고 있는데 갑자기 천둥 번개가 치며 비바람이 창문을 두드렸다. 이에 시심이 발동한 선비가 이런 구를 읊조렸다.

凍雨洒窓, 東二點, 西三點. (동우쇄창, 동이점, 서삼점)

'凍(동)'은 '얼다'라는 뜻이지만 '차갑다'라는 뜻으로도 쓰인다. '洒(쇄)'자는 '灑(쇄)'자와 같은 글자로 '물을 뿌리다'라는 뜻을 가지고 있다. 그러므로 위 구의 뜻은 "차가운 비가 창문에 흩뿌리는데, 동쪽에 두 방울 서쪽에 세 방울일세." 정도가 될 것이다.

그러나 이 구절의 뜻은 여기서 끝나지 않는다. '동쪽에 두 점(방울)'은 "'얼 동(凍)'자는 '동녘 동(東)'자에 점이 두 개 있는 글자"라는 의미를, '서쪽에 세 점(방울)'은 "'물 뿌릴 쇄(洒)'자는 '서녘 서(西)'에 점이 세 개 있는 글자"라는 뜻을 함축하고 있기 때문이다. 비 내리는 광경을 묘사하는 중에 '凍(동)'자와 '洒(쇄)'자의 글자 형태도 설명하고 있었던 것이다.

남편이 읊조린 구를 들은 아내는 그에 맞는 대구도 만들어 보라고 하였다. 그러나 남편은 더 이상 생각이 진전되지 않아 머뭇거리기만 하였다. 그때 아내가 눈을 반짝이며 입을 열었다. 기발한 영감이 떠올랐던 것이다.

切瓜分片, 橫七刀, 竪八刀. (절과분편, 횡칠도, 수팔도)

‘수박(중국말로 西瓜:서과)를 잘라(切:절) 조각(片:편)으로 나누는데(分:분), 가로
(橫:횡)로 일곱(七:칠) 번 칼질(刀:도)하고 세로(竪:수)로 여덟(八:팔) 번 칼질한다’는
뜻이다. 그런데 첫 글자 ‘切(절)’은 ‘일곱 칠(七)’자와 ‘칼 도(刀)’자가 가로(橫:
횡)로 연결되어 있는 글자이고, 세 번째 글자 ‘分(분)’은 ‘여덟 팔(八)’자와 ‘칼
도(刀)’자가 세로(竪:수)로 연결되어 있는 글자다. 곧 남편이 읊은 구에서 ‘東
二點(동이점)’은 첫째 글자 ‘凍(동)’, ‘西三點(서삼점)’은 셋째 글자 ‘洒(쇄)’의 형
태를 묘사했듯이, 아내가 읊은 구의 ‘橫七刀(횡칠도)’는 첫째 글자 ‘切(절)’자,
‘竪八刀(수팔도)’는 셋째 글자 ‘分(분)’자의 형태를 묘사하고 있는 것이다. 정말
절묘한 대구라고 하지 않을 수 없으니, 부창부수(夫唱婦隨) 중의 절창이라고
해야 할 것이다.

3) 생각(思:사)은 마음의(心上:심상) 밭(田:전)을 가는 것

閒看門中月,(한간문중월)
  ❈ 한가로이 문 가운데의 달을 바라보고,

思耕心上田.(사경심상전)
  ❈ 생각은 마음의 밭을 간다.

‘한가할 한(閒)’자는 ‘문 문(門)’자 가운데(中:중)에 ‘달 월(月)’자가 있는 글자
고, ‘생각 사(思)’자는 ‘마음 심(心)’자 위(上:상)에 ‘밭 전(田)’자가 있는 글자다.
앞의 예들과는 달리 이 대련에는 문자의 형태 묘사와 관계가 없는 ‘看(간)’자
와 ‘耕(경)’자 두 글자가 더 들어 있다. 그래서 앞의 예들에 비해서는 완성도

가 떨어지는 작품이라고 할 수 있다. 그러나 '생각은 마음의 밭을 가는 것'이라는 말은 선적 분위기가 농후하여 음미할 만한 가치가 있기 때문에 형식상의 부족함을 내용으로 메워내고 있다고 하겠다.

4) 네 식구를 생각하는 것이 '생각 사(思)'자

기윤(紀昀)이 고향의 부모님을 뵈러 가겠다며 건륭(乾隆)황제에게 휴가를 청하였다. 건륭황제가 기윤의 가족상황을 물어보자 기윤은 "부모와 처와 아들 하여 모두 넷입니다."라고 대답했다. 이 때 건륭황제는 무슨 생각이 들었든지, "내가 낸 구에 적합한 대구를 만들어내면 휴가를 보내주겠지만, 그러지 못하면 남아서 사고전서(四庫全書)나 열심히 편찬하라."고 명하였다.

四口心思, 思父思母思妻子.(사구심사, 사부사모사처자)

'입 구(口)'자는 가족을 세는 단위로도 쓰인다. 중국이나 우리나라나 옛날에는 먹는 것이 제일 중하였고, 그래서 가족 한 사람 한 사람이 먹으려고 하는 입 하나 하나로 보였던 모양이다. '心思(심사)'의 '心(심)'은 '마음으로'라는 부사적 의미로 보아야 할 것 같다. 그래서 위의 구를 "네 가족을 마음으로 그리워하는데, 아버지를 그리워하고 어머니를 그리워하고 처와 자식을 그리워한다."로 번역한다.

4인 가족을 보러 가려고 휴가를 청하는 기윤의 마음을 그대로 표현한 것이다. 그런데 '그리워하다'로 번역한 '생각 사(思)'자의 '밭 전(田)'부분은

'입 구(口)'자가 네 개가 얽혀 있는 형상이다. 거기에 그 다음의 글자 '마음 심(心)'자를 더하면 그 뒤의 '생각 사(思)'자가 된다. 상황의 묘사 중에 '생각 사(思)'자를 분해하여 표현한 내용이 교묘하게 들어가 있는 것이다.

불세출의 천재 기윤이 이 정도 수준에서 머뭇거릴 리가 없다. 황제의 말이 떨어지자마자 금세 이렇게 말했다.

寸身言謝, 謝天謝地謝君王.(촌신언사, 사천사지사군왕)

'짧은 시간'을 '촌음(寸陰)'이라고 하듯이 '마디 촌(寸)'자는 '작다'는 뜻으로도 쓰인다. 그러므로 이 구절은 "이 작은 몸이 감사하는 말을 합니다. 하늘에 감사하고 땅에 감사하고 군왕께 감사합니다."라는 말이다.

'寸身言謝(촌신언사)'에서 '마디 촌(寸)'자와 '몸 신(身)'자와 '말씀 언(言)'자를 합하면 '사례할 사(謝)'자가 된다. 건륭황제의 구에서 '입 구(口)'자 네 개와 '마음 심(心)'자가 합하여 '생각 사(思)'자가 되었던 것과 같은 방식이다. 그리고 그렇게 만들어진 '謝(사)'자를 세 번 동사로 쓴 것도 같고, 그 동사에 대한 목적어가 앞의 두 개는 각기 한 자, 뒤의 것은 두 자인 것도 같다. 건륭황제가 낸 문제에 빈틈없이 들어맞는 답이다.

황제는 육신의 몸은 크지 않아도 그 존재의 의미는 크기가 이를 데 없다. 그러므로 신하된 이는 황제에 대해서는 작디작은 존재에 불과하다. '寸身(촌신)'이라는 말은 건륭황제에 대한 기윤 자신의 존재를 그렇게 표현했을 것이다. 거기에 '말씀 언(言)'자를 더하여 '사례할 사(謝)'자로 만든 데에는 '저는 이렇게 답을 맞추었으니 황제의 약속대로 휴가를 갑니다. 보내주셔서 감사합니다'라는 자신감도 들어 있다. 마지막 두 글자를 '황제(皇帝)'나 흔히 쓰던 '황상(皇上)'이라 하지 않고 '君王(군왕)'이라 한 것은 운을 맞추기 위해서인 듯하다.

5) 산(山)에 있는 돌(石:석)이 바위(岩:암)?

청(清)나라 중엽에 중국의 강남에 재주꾼으로 소문난 두 사람이 만났다. 서로 상대방의 명성은 익히 듣고 있었지만, 처음 만나는 터라 피차 상대방의 수준이 어떤지 알아보고 싶었다. 그 중 한 사람이 문제를 내었다.

山石岩旁, 林木森, 此木是柴(산석암방, 임목삼, 차목시시)

'岩(암)'은 '바위'고 '旁(방)'은 '곁'이라는 뜻이다. '森(삼)'은 '수풀이 우거진 것'이고 '柴(시)'는 '땔감'이다. 그러므로 이 구는 "산의 돌과 바위 옆에는 나무들이 우거져 있는데, 이 나무가 땔감이다."라는 뜻이다. 내용은 별로 특이할 것이 없는 구절이다. 그러나 여기에 쓰인 글자들을 보면 그 구성이 만만치 않다. '뫼 산(山)'과 '돌 석(石)'자를 합하면 '바위 암(岩)'자가 되고, 또 '수풀 림(林)'자와 '나무 목(木)'자를 합하면 '나무 빽빽할 삼(森)'자가 되며, 마지막으로 '이 차(此)'자와 '나무 목(木)'자를 합하면 '땔감 시(柴)'자가 되기 때문이다.

상대방은 이 같은 고난도 질문에 잠시 당황하였다. 그러나 그렇다고 호락호락 물러날 수는 없는 일이었다. 답을 찾기 위해 생각에 잠기며 주위를 두리번거리던 그에게 샘에서 물을 긷고 있던 아가씨들의 모습이 눈에 들어

왔다. 이에 영감을 얻어 다음과 같은 구를 지었다.

白水泉邊, 女子好, 少女更妙.(백수천변, 여자호, 소녀경묘)

'白水泉(백수천)'은 '흰 물이 나오는 샘'이라는 뜻인데, 아마도 거기에 있던 샘의 이름인 듯하다. '邊(변)'은 '가'이고, 여기의 '好(호)'는 '예쁘다'로 보는 것이 좋겠다. '更(경)'은 '더욱'이라는 뜻이고 '妙(묘)'는 여기서 '아리땁다'라는 뜻이다. 그러니 이 구는 "백수천 가의 여자는 예쁜데, 소녀가 더욱 아리땁다."라는 말이 된다. 이 구에서도 '흰 백(白)'자와 '물 수(水)'자가 합하면 '샘 천(泉)'자가 되고, '계집 녀(女)'자와 '아들 자(子)'자가 합하여 '좋을 호(好)'자가 된다. 그리고 '어릴 소(少)'자와 '계집 녀(女)'자를 합한 것이 '묘할 묘(妙)'자다. 이리하여 앞의 구와 똑같은 위치에 똑같은 구조의 문자 구성을 한 대구가 되었다.

어중간한 이는 고수를 시기하지만, 정작 고수는 고수를 존중하고 사랑하는 법. 보기 드문 두 천재가 적수를 만났으니 우정은 깊어질 수밖에 없었을 것이다.

6) 왕(王)이 머리를 내지 않으면 주인(主:주)이 없다

명(明)나라 태조(太祖) 주원장(朱元璋)이 세상을 떠나자 주원장의 장손, 즉 주원장의 장남의 큰아들이 황제 자리를 이어 혜제(惠帝)가 되었다. 혜제는 자신의 통치를 강화하기 위해서 각 지역에 왕으로 봉해진 삼촌들의 세력을 약화시키려고 하였다. 그때 연(燕)나라 왕에 봉해져 있던 주원장의 넷째 아들 주체(朱棣)가 불만을 품었다. 주체는 연회를 연다는 명분으로 여러 신하들을 모아 대책을 논의하면서 자신의 뜻을 다음과 같이 완곡하게 표현하였다.

天寒地凍, 水無一點不成氷.(천한지동, 수무일점불성빙)

'天(천)'은 글자 그대로 '하늘'로 보아도 되지만 문맥상 '날씨'로 보는 것이 좋겠다. '寒(한)'은 '춥다', '凍(동)'은 '얼다'라는 뜻이다. '一點(일점)'은 '한 점'이라는 뜻이나 '조금'이라는 뜻도 있다. '氷(빙)'은 '冰(빙)'과 같은 글자로 '얼음'이다. 그러므로 이 구절의 뜻은 "날씨가 추워 땅이 얼어도 물이 조금도 없으면 얼음이 되지 못한다."가 된다.

이 구의 핵심은 '얼음 빙(氷)'자인데, 중국어에서는 이 글자가 '군사'라는 의미가 있는 '兵(병)'과 발음이 같기 때문이다. 군사를 동원하여 정변을 일으키고 싶다는 뜻을 완곡하게 표현한 것이다. 그런데 여기서 '물이 조금도 없으면 얼음이 되지 못한다.'라고 한 '水無一點不成氷(수무일점불성빙)'에는 특수한 장치가 하나 더 들어 있다. 곧 이 구의 '일점(一點)'을 글자 본래의 뜻으로 보면 '물 수(水)자에 점이 하나 있지 않으면 얼음 빙(氷)자가 되지 못한다'라는 '氷(빙)'자에 대한 형태 설명이 덧붙어 있는 것이다.

주체의 이 말에 그를 보좌하고 있던 승려 요광효(姚廣孝)가 다음과 같은 말로 호응하였다.

國亂民愁, 王不出頭誰是主.(국란민수, 왕불출두수시주)

"나라가 어지럽고 백성이 근심에 빠져 있는데, 왕께서 나서지 않으시면 누가 주인이 되겠습니까?"라는 뜻이다. '出頭(출두)'는 '나서다'라는 뜻으로 보았다. '主(주)'자는 '주도하다'는 동사로 볼 수도 있겠으나, 그 앞에 있는 명사술어를 받는 역할을 하는 '是(시)'자 때문에 '주인'이라고 번역하였다. '주인'은 '나라의 주인'이라는 뜻도 되므로 '황제'를 암시하는 말로도 볼 수 있다. 그러므로 이 구의 궁극적인 의도는 군사를 동원하여 정변을 일으켜 황제의 자리를 빼앗으라고 주체를 부추기는 데에 있었다. 결국 주체는 정변에 성공하여 명나라의 제3대 황제가 되었는데, 그가 명나라를 안정시키는 데에 큰 역할을 한 영락제(永樂帝)다.

요광효의 구 뒷부분도 주체의 구와 구조가 같다. 곧 '王(왕)'자에 머리가 나온 것, 즉 그 위에 점 하나가 있는 것이 '主(주)'자라는 한자의 형태 풀이가 들어 있다.

당초 요광효가 주체에게 접근할 때, '나를 등용해 주시면 왕께 흰 모자를 하나 바치겠습니다'라고 했다고 한다. '왕에게 흰 모자를 바친다'를 '왕에게 흰 모자를 씌운다'로 보고 글자로 풀이하면 '임금 왕(王)'자에 '흰 백(白)'자를 올리는 것으로 이해할 수 있다. 그것은 결국 '황제 황(皇)'자의 형태를 묘사하는 것인데, 그 말의 요지는 '저를 등용해주시면 제가 왕을 황제로 만들어드리겠습니다'라는 것이었다. 이런 사정을 감안하면 요광효는 끝내 자신의 약속을 지켜냈다고 할 수 있다.

7) 점점 복잡한 글자를 만들어 가는 대련

명(明)나라 시대에 어느 가난한 선비가 수도로 과거시험을 보러 갔다. 경비를 줄이려고 많은 노력을 했지만 워낙 가난했던 터라 수도에 도착했을 때에는 이미 수중에 돈이 한 푼도 없어서 거지와 진배없었다. 먹지 못해 허기가 진 선비는 쌀가루로 만든 떡을 파는 사람을 만나자 염치 불구하고 구걸하였다. 떡장수는 선비의 가련한 꼴을 보고서는 먹고 싶은 대로 먹으라며 떡판을 내주었다. 그리고 자신이 내는 대련 문제를 제대로 해결하면 떡값을 받지 않겠다는 말도 덧붙였다. 글에는 자신이 있던 선비인지라 마음껏 먹었다. 그런데 떡장수가 낸 문제는 다음과 같았다.

八刀分米粉(팔도분미분)

'칼질을 여덟 번 하여 쌀가루를 나누었다'는 뜻이다. 보아하니 떡장수가 자신의 일을 문제로 낸 모양이다. 그런데 문제가 심상치 않다. '여덟 팔(八)'자와 그 다음의 '칼 도(刀)'자를 합하면 '나눌 분(分)'자가 되고, 거기에 그 다음의 '쌀 미(米)'자를 합하면 맨 마지막의 '가루 분(粉)'자가 되는 것이다.

선비는 떡값을 치르려고 애써 그 특이한 구조에 맞는 대구를 생각해보았지만 끝내 생각이 나지 않았다. 그러나 떡장수는 떡값을 못해 난감해 하는 선비를 보고 나무라기는커녕 '보잘것없는 떡이니까 너무 괘념하지 마라'며 위로해주고 돈까지 얼마간 쥐어주었다.

떡장수의 도움으로 과거를 보러간 선비는 다행히 급제하였고, 그 때문에 과거급제자의 자격으로 궁전에 들어가 황제를 배알하는 기회가 있었다. 그 때 어디선가 멀리서 종소리가 묵직하게 들려왔다. 그 순간 그에게 다음과 같은 구가 떠올랐다.

'천리 밖에서 쇠 종소리가 묵직하게 들린다'로 해석하면 될 것이다. 여기서도 '일천 천(千)'자와 그 다음의 '마을 리(里)'자를 합하면 '무거울 중(重)'자가 된다. 거기에 그 다음의 '쇠 금(金)'자를 더하면 '쇠북 종(鍾)'자가 된다. 떡장수가 내었던 구의 구조와 정교하게 들어맞는 대구가 된 것이다.

선비는 그 다음에 떡장수를 만나서 늦게나마 그 답을 제시하여 떡값을 치렀다. 그뿐만 아니라 떡장수를 평생토록 봉양하며 은혜를 갚았다고 한다. 작은 손길이라도 어려움에 처한 사람에게는 천금의 가치가 있는 것이다.

10. 문자점(文字占)

한자는 그 형태에서 어떤 의미를 연상할 수도 있고, 또 글자를 여러 가지 요소로 분해함으로써 특별한 의미를 만들어낼 수도 있다. 한자의 이런 특성을 이용하여 미지의 세계를 점치려고 하는 시도도 생겨났다. 바로 문자로 점을 치는 문자점(文字占)이다. 미래를 알지 못해 불안한 인간의 몸부림은 한자놀이에까지 뻗치고 있다.

1) 有(유)자의 점괘

중국에는 미래의 길흉화복을 알고 싶어하는 사람이 어떤 글자를 말하면 그 글자의 형태를 근거로 점을 치는 풍습이 있다. 문자로 치는 점이라고 해서 '문자점'이라고 이름을 붙여 보았다. 그러나 중국에서는 이것을 '측자(測字)'라고 하며, 문자점을 치는 점쟁이를 '측자선생(測字先生)'이라고 한다.

명(明)나라의 숭정(崇禎)황제 주유검(朱由檢)이 어느 날 미복을 하고 시찰을 하다가 문자점을 치는 점쟁이를 만났다. 그 점쟁이는 스스로 신선이라 일컬으며 미래의 일을 귀신같이 맞힐 수 있다고 큰소리를 쳤다. 이에 숭정황제가 "자네가 신선이라고 하니 천지만물의 일을 틀림없이 알아맞힐 수 있을 것이라 생각한다. 짐(朕)이 '있을 유(有)'자를 짚으면 자네는 어떻게 알아맞힐 것인가?" 하고 물었다. 점쟁이는 황제가 스스로를 지칭하는 '짐'이라는 말에 묻는 사람이 황제라는 것을 짐작했지만 짐짓 모른 체하고 간덩이가 부은 소리를 하였다.

> "선생님, 제가 곧이곧대로 말하는 것을 양해해주시기 바랍니다. '有(유)'의 위 부분은 '큰 대(大)'자의 반이고, 아래 부분은 '밝을 명(明)'자의 반입니다. 그런즉 그것은 '대명(大明) 왕조가 이미 반을 잃어버렸다'는 뜻이지요. 바로 망국의 흉조입니다."

점쟁이의 이 말에 숭정황제는 갑자기 얼굴색을 바꾸며 한바탕 점쟁이를 꾸짖었다고 한다. 망해가고 있는 왕조의 실상을 인정하기 싫은 황제의 몸부림이었을 것이다.

그런데 이런 일이 있었던 것이 사실이라고 한다면 점쟁이가 왜 그런 위험한 말을 했는지 이해하기 힘들다. 자칫하면 목숨을 잃게 할 수도 있는 위험한 말을 내뱉은 것은 무능한 왕조를 비웃은 것인지, 아니면 지금이라도 정신을 차려야 한다고 훈계를 하고자 한 것인지, 그것도 아니면 자신의 점이 영험함을 과시하기 위해서였든지 짐작하기 어렵기 때문이다. 그래도 그 일이 있은 지 오래지 않아 명나라가 망했으니, 그 점쟁이의 점은 용하게 들어맞은 셈이다.

2) 友(우)자의 점괘

이것도 명(明)나라 숭정(崇禎)황제와 관련이 있는 일화라고 전해진다. 농민봉기가 끊이지 않고 사회가 혼란스러워 명나라의 국운이 갈수록 기울어지는 것을 목도하면서 괴로워하던 숭정황제는 바람이라도 쐴까 하고 미복을 하고 또 길거리에 나섰다. 자금성을 벗어나 얼마 걷지 않는데 점쟁이가 다가와서 길을 막았다. 그리고는 잠시 숭정황제를 아래위로 유심히 관찰하다가 수작을 걸었다.

"미간이 시원한 것으로 보아 귀인의 상이신데 무슨 까닭으로 그렇게 고민스러운 표정을 짓고 계십니까? 잠깐 문자점이라도 한 번 보아드릴까요?"

잠깐 생각에 잠겨 있던 숭정황제도 점괘가 과연 어떻게 나올지 궁금해졌다. 그래서 생각나는 대로 '벗 우(友)'자를 택했다. '友(우)'라는 말을 듣자 점쟁이는 깜짝 놀라며 말을 더듬었다.

"선생, 이 '友(우)'자는 정말 좋지 않습니다. '友(우)'자는 '反(반)'자에 머리가 나와 있는 형상입니다. 조만간 반란을 일으키는 자가 등장한다는 뜻이지요."

숭정황제는 그 말을 듣고 놀란 나머지 온몸에 식은땀을 흘렸다고 한다. 점쟁이의 점괘 해석은 '벗 우(友)'자와 '뒤집을 반(反)'자의 형태상의 유사성에 근거를 두고 있다. '벗 우(友)'자는 '뒤집을 반(反)'자의 'ㄏ'부분의 세로획이 위로 삐죽 나와 있는 형태라고 보고, 이것을 중국어로 '머리를 내민다'라는 뜻의 '出頭(출두)'라고 표현하였다. 그리고 이 '出頭(출두)'는 다시 '(무언가) 등장한다'라는 뜻으로 이해될 수 있으므로 이런 해석이 나온 것이다.

3) 같은 글자라도 사람에 따라 다른 점괘

옛날 어떤 황제가 미복을 하고 거리에 나섰다가 어떤 점쟁이가 문자점을 치고 있는 것을 보았다. 점을 치러온 사람은 무슨 큰 시름이 있는지 얼굴이 온통 수심 덩어리였다. 수심에 찬 그 사람은 '비단 백(帛)'자를 썼다. 점쟁이는 그 글자를 보자 끊임없이 고개를 갸웃거렸다. 한참을 그러다가 동정하는 말투로 다음과 같은 말을 하였다.

"이 '비단 백(帛)'자는 '흰 백(白)'자와 '수건 건(巾)'자로 되어 있소. 흰 수건은 바로 '상을 입는다'는 뜻이오. 그래서 하는 말인데 댁의 집안에는 필시 상사가 있을 것이오."

수심에 차 있던 사람은 그 말을 듣고서 크게 한숨을 내쉬며 고개를 떨구고 돌아섰다. 이 모습을 본 황제는 그 점쟁이가 제법 용하다 싶은 생각이 들었다. 과연 자신의 일도 맞힐 수 있을까 하는 궁금증이 들자 자기에게도 문자점을 보아달라고 하였다. 이에 점쟁이가 글을 한 자 쓰라고 하자, 황제는 과연 이번에는 어떤 말을 하는가 보자 싶어 방금 점괘 해석을 하였던 그 '비단 백(帛)'자를 썼다. 순간 점쟁이는 그가 황제인 것을 알아차렸다. 놀라고 기쁜 마음을 진정하고서 차분하게 입을 열었다.

　　"이 '帛(백)'자는 '황제 황(皇)'자의 머리 부분인 '흰 백(白)'자와 '황제 제(帝)'자의 아랫부분인 '수건 건(巾)'자가 결합되어 있는 것입니다. 이로써 볼 것 같으면 선생께서는 천하를 소유하시는 귀하신 황제이심에 틀림없습니다."

　점쟁이의 그 말에 황제는 깜짝 놀랐다. 황제는 집히는 대로 복채를 듬뿍 집어주고는 아무 말도 하지 않고 서둘러 그 자리를 떠났다. 점쟁이는 황급히 떠나가는 황제의 뒷모습을 보고서 회심의 미소를 지었다고 한다.

한자 발음의 종류는 그 형태의 종류에 비해서는 훨씬 적기는 하나, 그래도 그 수가 상당히 많다. 그 중에는 발음기관인 입의 모양을 현저하게 다르게 하는 것들도 있어서 어떤 사람의 구강 상태에 따라 선호하는 발음이 있고 기피하는 발음이 있을 수도 있다. 또 어떤 발음의 조합이나 어떤 종류의 발음이 연속됨에 따라서 발음이 힘들게 되기도 하고, 특수한 느낌을 주기도 한다. 거기에 더하여 발음이 같은 글자가 여럿이 되는 한자의 특성을 이용하여 같은 발음의 다른 글자를 연상시키게도 할 수 있다. 한자 발음의 이런 특성을 이용하면 재미있는 문자유희를 즐길 수 있다.

1. 경우에 따라 발음이 달라지기도 하는 한자

한자를 일컬어 '한 글자에 하나의 발음과 하나의 뜻이 있는 글자'라고 하는 것은 엄밀한 의미에서 옳지 않다. 잘 알고 있듯이 '樂'이라는 글자는 '음악'이라는 뜻일 때에는 '악'으로 읽고, '즐겁다'라고 할 때에는 '락'이라고 읽으며, '좋아하다'는 뜻일 때에는 '요'라고 읽는다. 그리고 한 글자는 대개 문맥에 따라 여러 가지 뜻으로 쓰인다. 특정 문맥에서만 한자는 '한 글자에 하나의 발음과 하나의 뜻'을 가지게 되는 것이다. 기실 한자를 이용한 문자 유희가 가능한 것도 한 글자가 여러 가지 뜻으로 읽힐 수 있는 가능성이 있기 때문이다. 뜻에 비해 그 빈도가 적기는 하지만 둘 이상의 발음이 있는 글자와 관행상 특수하게 읽히는 단어도 한자놀이의 소중한 재료가 된다.

1) 피장파장

자기와는 다른 종교나 사상을 가진 사람들을 얕잡아봄으로써 자신의 우월감을 맛보고자 하는 심리는 예나 지금이나 별 차이가 없는 듯하다. 유가사상을 신봉하는 어떤 선비가 불교의 스님을 만나자 먼저 공격을 개시하였다.

"당신들의 경전에 나오는 '南無(나무)'는 당연히 '남무'라고 본래의 음대로 읽어야 될 것인데 왜 굳이 '나무'라고 읽는 것이오?"

스님이나 불교 신자들이 늘상 입에 달고 사는 '나무아미타불'이나 '나무관세음보살' 등을 두고 시비를 건 것이다. 그러나 스님도 만만치 않았다. 스님은 이렇게 맞받아쳤다.

"그러면 당신들의 사서(四書)에 있는 '于戱'라는 두 글자는 왜 본음대로 읽지 않고, '嗚呼(오호)'와 같이 '오호'라고 읽소? 당신이 '于戲'를 '우희'라고 읽으면 나도 '南無'를 '남무'라고 읽겠소"

스님은 유가에도 독특하게 읽는 특수한 어휘가 있다는 점을 지적하면서 상대방의 공격을 무력화시켰던 것이다.

2) '좋을 호(好)'자의 두 가지 발음

우리말에서는 구분이 되지 않으나 중국어의 경우에는 '좋을 호(好)'자가 두 가지로 발음이 된다. '좋다'라는 형용사로 쓰일 때에는 '하오(hao)' 제3성이고, '좋아하다'라는 뜻으로 쓰일 때에는 'hao' 제4성이다.

명(明)나라 시대의 유명한 화가이며 뛰어난 문학가이기도 하였던 서위(徐渭)라는 사람은 이 '好(호)'자를 가지고 기묘한 대련을 만들었다.

好讀書不好讀書,(호독서불호독서)
好讀書不好讀書.(호독서불호독서)

우리말로 읽으면 아래위가 똑같은 구 둘로 이루어진 대련이다. 중국어로 읽어도 만만찮기는 마찬가진데, 사람들의 설명에 따르면 앞 구의 처음 '好(호)'자는 형용사로 쓰였고, 두 번째 '好(호)'자는 동사로 쓰였다고 한다. 한편 뒤의 구는 이와 반대로 처음 '好(호)'자는 동사이고, 뒤의 '好(호)'자는 형용사라고 한다. 그렇다고 해도 이 대련의 뜻은 두 가지 이상으로 갈릴 수 있다.

우선 ‘독서(讀書)’를 ‘공부하다’로 보는 경우이다.

> 공부하기(에 환경이) 좋은 사람은 공부하기 싫어하고,
> 공부하기 좋아하는 사람은 공부하기에 (환경이)좋지 않다.

그리고 ‘書(서)’를 글자 그대로 ‘책’으로 보면 그 뜻은 대략 다음과 같이 될 것으로 생각된다.

> 읽기 좋은 책은 읽기 좋아하지 않고,
> 읽기 좋아하는 책은 읽기에 좋지 않다.

마음 놓고 공부를 할 만한 환경에 있는 사람이 공부하기를 싫어하고, 그와 반대로 공부하기를 좋아하는 사람에게는 그런 환경이 주어지지 않는 상황을 풍자한 것이라면 전자가 옳고, 광기(狂氣)로도 이름이 높았던 괴벽한 인물 서위 자신의 독특한 기호를 드러낸 것이라면 후자가 옳다고 하겠다. 그것도 아니면 제3의 더 좋은 해석이 있을 수도 있다. 서위는 이 모든 내용을 염두에 두고 이 대련을 만들었는지 아니면 특정의 어느 의미를 전달하고자 한 것인데 필자가 그 내용을 정확히 파악하지 못한 것인지도 모르겠다. 다만 한자의 발음을 응용한 문자유희의 일종이라는 사실만은 분명하다.

2. 저마다 다른 좋아하는 발음

저마다의 음가를 가지고 있는 글자들은 그 발음의 특성으로 인해 여러

가지 반응을 일으키기도 한다. 발음에 따라 달라지는 입 모양의 차이가 느낌의 차이를 조성하기도 하고, 특정 발음이 특정 의미를 연상시키기 때문에 좋아하거나 기피하기도 한다.

'특정 발음이 특정 의미를 연상시키기 때문에 좋아하거나 기피하기도 하는 경우'는 발음이 같은 다른 글자의 존재를 전제하는 것이어서 본래 동음이의어에 관련된 것을 다룰 때에 언급되어야 할 것이다. 그러나 심리적 기호에 관련된 것은 그러한 것들과는 다소 다른 성격이 있다는 판단에 따라 여기서 소개한다.

1) 이의 색깔에 따라 성도 특기도 달라

발음에 따라서 입 모양이 달라지고, 입 모양에 따라 이가 드러나는 정도가 달라진다. 그러므로 사람들이 자신의 이의 상태에 따라 선호하는 발음이 달라지는 것은 장점은 자랑하고 싶고 약점은 숨기고 싶어하는 인간 심리의 자연스러운 표현이라고 할 것이다.

옛날에 두 기생이 있었다. 하나는 이가 백옥같이 희어서 예뻤고, 하나는 이가 거무튀튀해서 보기 흉했다. 이가 희고 예쁜 기생은 자연히 그녀의 장점을 드러내어 자랑하고 싶어했고, 이가 검은 기생은 어떻게든지 그 결점을 감추려고 애를 썼다. 그래서 누군가가 그들의 성을 물으면 이가 흰 기생은 진(秦)씨라고 대답했다. '진(秦)'은 중국어 발음으로 '친(qin)'으로 제2성이니 이를 한껏 드러내기에 좋았기 때문이다. 한편 이가 검은 기생은 고(顧)씨라고 대답했다. '고(顧)'는 중국어 발음으로 '꾸(gu)' 제4성이므로 이가 보이지 않을 만큼 입술을 최대한 오므리고도 대답할 수 있기 때문이었다. 물론 이 이야기는 이들 각각의 성이 진(秦)씨 또는 고(顧)씨가 아니라는 것을 전제로 한다.

같은 이유로 그들의 나이를 물어보면 이가 예쁜 기생은 열일곱이라고 했고, 이가 검은 기생은 열다섯 살이라고 했다. 또, 특기가 무엇인가를 물으면 이가 예쁜 기생은 거문고를 잘 탄다고 하였고, 이가 검은 기생은 북을 잘 친다고 하였다.

열일곱인 '십 칠(十七)'의 뒤 글자 '칠(七)'의 중국어 발음은 '치(qi)' 제1성으로서 역시 이를 드러내기에 유리한 발음이고, '거문고 금(琴)'자는 성씨의 진(秦)자와 같은 발음으로서 '친(qin)' 제2성이니 이를 많이 드러내기에 유리한 발음이다. 그리고 '십 오(十五)'의 '오(五)'는 중국어 발음이 '우(wu)' 제3성으로서 입술을 오므려서 발음하므로 치아가 보이지 않게 하기에 유리하고, '북 고(鼓)'자 역시 '꾸(gu)' 제3성으로서 그녀의 성이라고 한 '고(顧)'자와 마찬가지로 이를 드러내지 않을 수 있는 발음이었기 때문이다.

2) 상관 부인의 성은 부하 부인의 성보다 커야

성이 오(伍)씨인 어느 현령(縣令)의 부인이 어느 날 남편의 부하 직원의 부인들을 초대하였다. 초대받은 부인 중에는 성이 육(陸)씨인 현승(縣丞)의 부인도 있었고, 척(戚)씨인 주부(主簿) 부인도 있었다. 초대받은 사람들이 다 모이자 현령의 부인은 처음 만나는 자리인지라 수인사를 하면서 부인들의 성을 물었다. 먼저 현승의 부인에게 성을 물었더니 현승의 부인은 사실대로 "육(陸)가입니다."라고 했다. 그런데 그 다음 주부의 부인에게 성을 묻고서 주부의 부인으로부터 "척(戚)가입니다."라는 대답을 듣자, 갑자기 화를 벌컥 내며 문을 박차고 나갔다. 초대받은 부인들은 아연실색하였지만 무슨 영문인지를 몰랐다.

초대받은 부하 관리들의 부인들이 금세 집으로 돌아가려고 한다는 소식을 들은 현령은 그 사정을 알아보기 위해 부인을 찾아가서 물어보았다. 그때 부인은 "현승의 부인은 육씨라고 하고, 주부의 부인은 척씨라고 했는데, 이것은 내 성이 오씨라서 나를 놀리려고 한 것입니다. 물어보지는 않았지만 나머지 부인들은 아마 '팔씨', '구씨' 하고 대답을 했을 것입니다."라며 분해하였다고 한다.

'戚(척)'의 중국어 발음이 '일곱 칠(七)'과 같으므로 이런 우스갯소리가 가능해진다. 오늘날의 세상에서도 흔히 볼 수 있듯이 남편의 계급이 높으면 그 부인은 모든 면에서 남편의 부하들의 부인들보다 나아야 된다고 생각하는 일부 몰지각한 부인들의 강박관념과 허영심을 한자의 발음을 이용한 문자유희로 비꼰 것일 것이다. 오죽하면 '남편이 중령이면 부인은 대령이다'라는 말이 있을까.

3. 같거나 비슷한 발음의 중복

한자는 글자수의 방대함에 비하여 발음의 수가 적으므로 대개 한 가지 발음에 여러 가지 글자가 있다. 글자뿐만 아니라 두 글자 이상이 결합된 어휘에도 그런 경우는 자주 있다. 그런 글자나 어휘들을 이용하여 문장을 만들면 반복 속에 차이가 강조되는 미묘한 효과를 내게 된다. 한자놀이에도 이런 방법이 사용되고 있다.

1) 이름은 같아도 사람됨은 다르다

명(明)나라 시대의 유명한 문학가 이몽양(李夢陽)의 제자 중에 이몽양과 이름이 같은 이가 한 사람 있었다. 갑자기 장난기가 발동한 이몽양은 "네가 어찌 나와 이름이 같을 수가 있느냐? 지금 내가 내는 문제에 알맞은 답을 하면 그 이름을 그대로 써도 좋지만, 그렇지 못할 경우 이름을 갈도록 하여라." 하고 명령을 하였다. 그리고 다음과 같은 구를 문제로 내었다.

> 藺相如, 司馬相如, 名相如實不相如.
> (인상여, 사마상여, 명상여실부상여)

같은 발음의 중복이 재미를 더하는 구다. '藺相如(인상여)'는 전국시대 조(趙)나라의 재상을 지낸 사람이다. 당시 조나라에는 화씨지벽(和氏之璧)이라는 보배가 있었다. 그것을 탐낸 강대국 진(秦)나라가 거짓으로 15성과 교환하자는 제의를 했을 때, 인상여가 진나라에 가서 온갖 어려움을 무릅쓰고 화씨지벽을 터럭만큼의 손상도 없이 되가져왔다. 그 사건을 일컬어 '완벽귀조(完璧歸趙)'라고 하고, 줄여서 '완벽(完璧)'이라고 한다. 우리말에도 쓰이는 '완벽(하다)'이라는 말이 여기서 유래된 것이다.

인상여가 그 공으로 일약 재상의 자리에 오르자 생명의 위협을 무릅쓰고 산전수전을 겪고 나서 대장군의 자리에 오른 염파(廉頗)가 질투를 하였다. 염파는 인상여를 만나기만 하면 모욕을 주며 못살게 굴었다. 그 때마다 인상여는 염파를 피하였고, 심지어 염파가 참석한다는 정보가 있으며 조정의 회의에도 불참하였다. 이 지경이 되자 인상여의 부하들이 불만을 가지게 되었다. 개중에는 '재상이 대장군보다 지위가 높은데, 재상께서 대장군 앞에서 절절 매시니 자존심이 상해서 부하로 있지 못하겠다'며 사표를 내는 사람도 있었다. 이 때 인상여는 "염파가 세냐, 아니면 진나라의 왕이 세냐? 나로 말할 것 같으면 지금 천하에서 제일 강한 진나라 왕을 호령하여 보배를 무사히 되가져 온 사람이다. 어찌 염파같은 일개 장수를 두려워하겠는가? 지금 조나라에는 문관으로는 내가 있고, 장수로는 염파가 있어서 다른 나라가 감히 넘보지 못한다. 그런데 만약 우리 둘이 싸우게 되면 용과 호랑이가 서로 싸우는 꼴이어서 필경 어느 한쪽은 치명상을 입게 된다. 그러면 우리 조나라의 운명도 끝장이 난다. 국가의 안위를 위해서 개인적인 치욕을 참는 것이니라."라고 해명하였다.

이 소문이 염파의 귀에 들어가자 염파는 자신이 옹졸했음을 크게 부끄러워하며 죄인의 복장을 갖추고 인상여의 집 앞에 꿇어앉아 용서를 빌었다. 이에 버선발로 뛰어 나온 인상여가 염파를 부축해 일으키니 목에 칼이 들어가도 변하지 않는다는 '문경지교(刎頸之交)'가 이루어졌다.

한편 사마상여는 한(漢)나라를 대표하는 문학가로 부(賦)의 대가였으나 행실은 천박하기 이를 데 없는 인물이었다. 그는 당대 명문가의 딸로 수절하고 있던 탁문군(卓文君)을 꼬여 내었을 뿐만 아니라, 지저분한 방법을 써서 장인의 재물을 우려내기도 했다. 사마상여와 탁문군의 애정행각은 자유연애의 표상으로 낭만적으로 인식되어 소설과 같은 문학작품의 제재가 되기도 하지만, 유가적 가치관에서 보면 사마상여는 인간 말종이라고 해도 무방한 인물이었다.

그런즉 이몽양의 그 구에는 '이름이 같다고 사람이 같더냐? 너같이 못난 놈은 나와 같은 이름을 쓸 생각을 마라'라는 오만한 뜻이 들어 있었다. '相如(상여)'는 '같다'는 뜻이고, '열매 실(實)'은 '이름 명(名)'자와 상대되는 개념으로 '실질'이라는 뜻인데, 여기서는 '사람의 이름'에 대해서 '사람됨'을 나타내는 말로 쓰였다.

제자도 스승의 억지에 굴복하지 않고 잠시 생각하더니 다음과 같은 구절을 읊었다.

> 魏無忌, 長孫無忌, 彼無忌此亦無忌.
> (위무기, 장손무기, 피무기차역무기)

스승인 이몽양이 먼저 말한 구와 똑같은 구조로 되어 있는 이 구는 "魏無忌(위무기)와 長孫無忌(장손무기)는 저 사람도 無忌(무기)고 이 사람 역시 無忌(무기)다."라는 뜻이다. '魏無忌(위무기)'는 전국시대(戰國時代) 위(魏)나라 귀족의 이름이고, '長孫無忌(장손무기)'는 당(唐)나라 시대에 대신을 지낸 사람의 이름이다. 여기서 한 가지 더 살펴볼 것은 이름자로 쓰인 '無忌(무기)'라는 말의 뜻이다. '기(忌)'자는 '꺼리다'라는 뜻인데, '없을 무(無)'자는 '~마라'라는 뜻을 가지기도 한다. 그러므로 '無忌(무기)'라는 이 말에는 '신경 쓰지 마시라'라는 의미도 들어 있다. 그러므로 제자는 스승의 문제에 대답하면서 '저의 이름이 스승과 같은 것에 대하여 신경 쓰지 마십시오'라는 뜻도 함축시켰던 것으로 생각된다.

2) 아까워라(惜乎 : 석호) 석호(錫壺)가 서호(西湖)에 빠지다니

청(淸)나라 중엽에 재주가 매우 뛰어난 두 사람이 있었다. 사이가 좋았던 두 사람은 어느 날 항주(杭州)의 서호(西湖)에서 배를 타고 놀았다. 배가 호수 한가운데쯤에 왔을 때에 한 친구가 잠깐 부주의하여 손에 들고 있던 주전자를 놓쳐 서호에 빠뜨려버렸다. 그 주전자는 주석으로 만든 것이었다.

그 광경을 본 다른 친구가 영감이 발동하여 다음과 같은 구를 읊었다.

執錫壺, 遊西湖, 錫壺墜西壺, 惜乎! 錫壺.
(집석호, 유서호, 석호추서호, 석호! 석호)

'執(집)'은 '잡다', 또는 '가지다'라는 뜻이다. '錫壺(석호)'는 '주석으로 만든 주전자'다. '遊(유)'는 '노닐다'라는 뜻이며, '西湖(서호)'는 항주(杭州)에 있는 호수로서 중국에서 풍광이 제일 수려한 호수로 이름이 나 있다. '墜(추)'는 '떨어지다'는 뜻이며, '惜(석)'은 '아깝다', '애석하다'는 뜻이다. 조사 '乎(호)'는 감탄이나 의문을 나타내는데, 여기서는 감탄을 나타낸다. 그래서 이 구는 "주석 주전자를 들고 서호에서 놀다가 주석 주전자가 서호에 떨어지니 아깝구나! 주석 주전자여."라고 번역한다. 내용만 보면 그저 방금 있었던 상황을 설명하고 자신의 느낌을 말한 것에 지나지 않는다.

이 구의 묘미는 그 발음에 있다. 중국어로는 '錫壺(석호)', '西湖(서호)'가 발음이 같다. '惜乎(석호)'도 '乎(호)'자의 성조만 약간 다를 뿐 별 차이가 없다. 한 구 15자 중에서 동사로 쓰인 '執(집)', '遊(유)', '墜(추)' 석 자 이외에는 같은 발음의 두 음절이 6번 반복되는 특이한 구조로 되어 있는 것이다.

이와 같은 구조로써 특정 상황을 묘사하는 평이한 구를 만든다는 것은 결코 쉬운 일이 아니다. 대구를 만들어야 할 친구가 한참을 생각했지만 좋은 구가 떠오르지 않았다. 그러던 중에 배는 호수 안의 작은 섬에 도착하였고, 그들은 그 섬에 있는 황제의 이름으로 세워놓은 비석을 구경하게 되었다. 그런데 이번에는 앞 구를 읊었던 친구가 부주의하여 자신의 손에 들었던 옥으로 만든 잔이 그 비석에 부딪혀 깨어졌다. 대구를 찾고 있던 친구는 순간적으로 영감이 떠올라 다음과 같은 구절을 읊었다.

> **捧玉杯, 觀御碑, 玉杯碎御碑, 欲悲, 玉杯.**
> (봉옥배, 관어비, 옥배쇄어비, 욕비, 옥배)

우리말로 읽으면 같은 발음의 단어가 중복된다는 느낌이 그다지 들지 않는다. 그러나 중국어발음으로 읽으면 '玉杯(옥배)', '御碑(어비)', '欲悲(욕비)'는 모두 같은 발음이다. 그런즉 이 구는 위 구처럼 동사로 쓰인 '두 손으로 받쳐들다'라는 뜻을 가진 '捧(봉)', '보다'는 뜻의 '觀(관)', '부서지다'는 뜻의 '碎(쇄)' 세 글자를 제외하고는 같은 발음이 6번 중첩되는 구가 되었다. 동사의 위치도 물론 같다. 앞의 친구가 내었던 구에 절묘하게 부합되는 대구를 만들어낸 것이다. '玉杯(옥배)'는 '옥으로 만든 잔'이고 '御碑(어비)'는 '황제의 명의로 세운 비'다. '欲(욕)'은 '~하려 한다'는 뜻으로 보는 것이 좋겠다. 그러므로 이 구는 "옥 잔을 들고서 황제가 세운 비석을 구경하다가 옥 잔이 황제의 비석에 부서지니 슬퍼지려 하도다! 옥잔이여."로 번역할 수 있다.

4. 바로 읽어도 거꾸로 읽어도 같은 발음

우리말의 '소주만병만주소'처럼 중국어나 한문에서도 앞에서 읽어도 뒤에서 읽어도 같은 발음이 되게 함으로써 특이한 느낌을 주는 문자유희가 더러 발견된다. 이런 것은 문자의 배열과 관련이 있는 것으로서 제5장 '글자의 배열을 이용한 한자놀이'에서 다루어져야 될 것이나, 앞에서부터 읽거나 뒤에서부터 읽어도 같은 뜻이 되는 것은 '한자의 배열'에서 다루고 발음의 동일성만 강조되는 것은 '한자의 발음'에서 다루는 것이 더 낫다고 생각되어 여기서 소개한다.

1) 바로 읽어도 거꾸로 읽어도
   같은 발음이 되는 부분이 있는 구로 된 대련

명(明)나라 시대에 마승학(馬承學)과 전동애(錢同愛)라는 재주가 많은 사람이 있었다. 어느 날 마승학이 말을 타고 전동애를 만나러 왔다. 전동애는 마승학이 오는 모습을 보고서는 장난기가 발동하여 한 구를 읊었다.

> **馬承學學乘馬, 汲汲而來.**(마승학학승마, 급급이래)

'乘(승)'이 '타다'라는 뜻이고, '급급(汲汲)'은 우리말의 '급급하다'처럼 '어떤 일에 집착하는 모습'이나 '한 가지 일에 집착하여 다른 일에는 신경을 쓰지 못하고 허둥대는 모습'을 표현하는 말이다. 그 뒤의 '말 이을 이(而)'자는 여기서는 그 앞에 나오는 말을 부사로 만드는 역할을 한다. 이 구는 "마승학이 말타기를 배우느라 허둥대면서 왔다."라는 뜻이 되는 것이다. 그런데 여기서 재미있는 것은 우리말에도 그렇지만 중국말에서도 '承(승)'자와 '乘

(승)'자의 발음이 같다는 것이다. 그래서 '馬承學學乘馬(마승학학승마)'라는 어구는 앞에서 읽어도 뒤에서 읽어도 같은 발음이 되는 특이한 구조를 가지게 된다. 친구를 놀리기 위해서 말장난을 한 것이다.

마승학도 녹록한 사람이 아니었다. 전동애의 구를 듣자 마승학도 "그 대구가 생각이 났소. 다만 당신을 희롱하는 말이라도 화는 내지 마시오. 그저 구를 맞추어 보는 것이라 생각하시오."라며 정지작업을 한 후에 다음과 같이 읊었다.

> 錢同愛愛銅錢, 孜孜爲利.(전동애애동전, 자자위리)

우리말에서와 같이 중국말에서도 '同(동)'과 '銅(동)'은 같은 발음이므로 '錢同愛愛銅錢(전동애애동전)'은 '馬承學學乘馬(마승학학승마)'처럼 앞에서 읽어도 뒤에서 읽어도 같은 발음이 된다. 또 '급급(汲汲)'이라 하여 같은 글자를 중복한 부분에는 역시 같은 글자를 중복한 '孜孜(자자)'라는 말을 썼다. 전동애의 위 구와 꼭 들어맞는 아래 구가 되었다.

'孜孜(자자)'는 '(무엇을 위하여)부지런히 애쓰는 모습'을 나타내는 말이므로 이 구절의 뜻은 "전동애는 동전을 사랑하여 부지런히 이익을 챙긴다."로 새길 수 있다. 돈을 멀리하는 것이 덕목이 되는 선비인 친구에게 '동전을 사랑한다'고 했으니 좀 과한 농담이라고 해야 할 것이다.

2) 바로 읽어도 거꾸로 읽어도 같은 발음이 되는 구로 된 대련

옛날 중국에 재주가 매우 많은 스님이 있었다. 그는 시도 잘 썼고 그림도 잘 그렸다. 그런 만큼 그는 자신에 대한 자부심이 컸고 종종 그 자부심으로 남을 깔보고 조롱하는 버릇도 있었다. 한 번은 자신이 머무르고 있던 고장의 여러 선비들과 자리를 같이 한 적이 있었다. 그때 그 스님은 예의 그 버릇이 나와서 그 자리에 모인 선비들을 골탕먹이려고 하였다. 그래서 다음과 같은 구절을 내면서 그것에 어울리는 다음 구를 생각해보라고 하였다.

書上荷花和尚書(화상하화화상화)

'그림의 연꽃은 스님이 그린 것'이라는 뜻이다. 그런데 이 구의 어려운 점은 중국어로 읽었을 경우 앞에서 읽어도 뒤에서 읽어도 발음이 같다는 것이다. '연꽃 하(荷)'자와 '화목할 화(和)'자의 중국어 발음이 같기 때문이다. 그런 즉 이런 문제를 낸 것은 이 구와 마찬가지 구조로 된 구 즉 앞 뒤 어느 쪽부터 읽어도 발음이 같은 구를 만들어보라는 뜻이다.

스님이 낸 이러한 고난도의 문제를 앞에 두고 좌중에 있던 선비들은 온갖 궁리를 다해 보았지만 종내 좋은 생각이 떠오르지 않아 애를 먹고 있었다. 그때 마침 한림원(翰林院)에 소속되어 있던 젊은 선비가 앞으로 나오면서 다음과 같은 구절을 읊었다.

書臨漢帖翰林書(서림한첩한림서)

이 구절은 중국 음과 우리 음을 막론하고 앞에서부터 읽어도, 거꾸로 뒤에서부터 읽어도 발음이 같다. 일단 발음상 스님이 요구한 조건을 잘 충족하고 있다. 그 뜻은 '글씨는 한나라 서첩을 본떠 썼는데 한림이 쓴 것일세' 정도로 보면 큰 무리가 없는 것이므로 내용의 구성에 있어서도 대체적으로 유사하다고 할 수 있다. 그래서 그 오만하던 스님도 그 젊은 한림의 뛰어난 재주에는 탄복해마지 않았다고 한다. 지혜 겨루기가 된 한자놀이다.

5. 동음이의어

우리나라의 전해 내려오는 재미있는 이야기 중에 기생이 공개 구혼한 이야기가 있다.

어느 고을에 미색이 뛰어나고 노래와 춤과 시에 이르기까지 출중한 재능을 가진 기생이 있었다. 사방의 건달과 한량들은 그 재색을 겸비한 기생과 놀아보려고 몰려들었다. 그렇지만 총명한 그 기생은 그 인기가 오래가지 못할 것이라는 것을 잘 알고 있었다. 자신의 아름다운 외모 역시 세월의 풍상을 견디지 못할 것이기 때문이었다. 그래서 인기가 절정일 때에 마음에 드는 훌륭한 낭군을 찾아 정착해야 되겠다는 생각을 하였다. 그러나 주위를 맴도는 사내들 중에는 마음에 드는 이가 아무도 없었다. 그래서 좀더 널리 사람을 구해야 되겠다고 생각하여 공개 구혼을 하기로 하였다.

그 기생은 자신의 집 대문에 '漁(어)'자를 써 놓고 그 글자에 꼭 어울리는 글자를 쓰는 사람에게 평생을 의탁하겠다고 선언하였다. 그 기생의 미색을 탐내는 온갖 건달들이 그 소문을 듣고 그 기생의 집 대문으로 몰려와 나름대로 '漁(어)'자와 잘 어울린다고 생각한 글자들을 썼다. '父(부)'자를 쓰는 이도 있었고, '翁(옹)'자를 쓰는 이도 있었으며 '舟(주)'자를 쓰는 이도 있었다. 그러나 기생은 그 글자들을 보고 콧방귀만 뀔 뿐이었다.

마음에 드는 글자를 쓰는 사람이 좀처럼 나타나지 않았다. 그 기생은 점차 기다림에 지쳐가고 좋은 사람을 만날 수 있으리라는 기대도 사위어갔다. 그 즈음 어느 선비가 그 동네를 지나가다 그 소문을 듣고 그 기생의 집 대문에다 '榴(류)'자를 한 자 썼다. 그 소식을 들은 기생은 버선발로 뛰어나가 그 선비를 맞이했고 그들은 백년해로의 가약을 맺었다고 한다.

'고기 잡을 어(漁)'자와 '석류나무 류(榴)'자는 서로 전혀 상관이 없어 보이지만 여기에는 상당히 수준 높은 문자 수수께끼가 들어 있다. '고기 잡을 어'를 그 글자를 쓴 사람의 신분을 염두에 두고 비슷한 발음의 한자어로 옮기면 '고기자불어' 즉 '高妓自不語'가 될 수도 있다. '고상한 기생은 (남자를 좋아한다고) 스스로 말하지 않는다'는 뜻이다. 공개구혼의 쑥스러움을 그렇게 표현한 것이다.

그러면 이 글자에 대응하는 '榴(류)'자는 무슨 뜻일까? '석류나무류'를 역시 같은 방식으로 옮기면 '석유나무유' 즉 '碩儒那無遊'가 될 수 있다. 즉 '큰 선비가 어찌 풍류가 없겠는가?'라는 뜻이다. 이렇게 하여 재색을 겸비한 기생과 학덕이 높은 선비의 만남이 가능해지니 '漁(어)'자에 절묘하게 잘 어울리는 글자가 되는 것이다. 그 기생이 그 글자를 보고 버선발로 뛰어나갔다는 이야기가 전해지는 것을 보면 그녀는 마음속에 그 글자를 답으로 정해 놓고 문제를 내었다는 것을 알 수 있다. 그 선비는 물론 그 기생의 그러한 마음을 간파한 것이다. 고수들끼리는 한 글자씩만 주고받아도 의사가 소통되는 것이다.

이렇게 우리나라에서도 동음이의어가 많은 한자의 특성을 이용한 문자수수께끼가 더러 유행했지만 역시 한자의 본고장인 중국을 따라갈 수는 없다.

문자수수께끼를 비롯한 중국인들의 교묘한 문자운용을 통해 중국인들의 기민한 두뇌 회전을 살펴보기로 한다.

1) 편경 속에 숨긴 생선

어느 절에 생선을 즐기는 스님이 있었다. 그 스님이 있는 절의 이웃에는 가난한 선비가 살고 있었는데, 그도 생선을 매우 좋아하였다. 생선을 사먹을 형편이 되지 않는 선비는 스님이 생선을 먹는 낌새만 보이면 찾아가서 생선을 얻어먹곤 하였다. 그러니 스님은 선비를 좋아할 리 없었다.

어느 날 스님이 또 생선을 한 마리 사 왔다. 이번만은 가난한 선비에게 생선을 빼앗기지 않겠다는 생각으로 '만약 또 그 가난뱅이가 찾아오면 생선을 편경 안에다 숨겨 두라'고 상좌에게 신신당부하였다. 그러나 이번에도 스님이 생선을 먹는 것을 선비가 눈치를 채고서 절 안으로 들어섰다. 선비가 오는 것을 본 스님은 작전대로 먹고 있던 생선을 황급히 편경 안에 숨겼다. 그러자 선비는 짐짓 만면에 웃음을 띠우고 스님에게 다가서며 말했다.

"스님, 오늘 마침 친구가 이사를 하면서 대련을 하나 써달라고 하기에 '向陽門第春常在(향양문제춘상재: 태양을 바라보는 집안엔 봄이 항상 있고)'라는 위의 구 일곱 자는 썼는데, 아래 구는 '積善人家(적선지가: 적선을 하는 집안에는)' 넉 자는 생각이 났지만, 그 다음 석 자는 아무래도 생각이 나지 않았습니다. 큰 스님께서 혹시 나머지 석 자를 알고 계시는지요?"

"그것은 바로 '慶有餘(경유여: 경사가 넘친다)'라는 석 자요!"

그런데 이 대목에서 선비의 말투가 갑자기 바뀐다.

"아니 편경 속에 생선이 있다면 같이 나누어 먹는 것이 좋지 않습니까?"

스님은 선비의 그 말에 하는 수 없이 편경에서 생선을 꺼내어 나누어 먹었다고 한다.

꾀가 많은 선비는 편경 속에 생선이 있는 것을 알고서 그 생선을 얻어 먹기 위해 편경의 '磬(경)'자는 '경사'라는 말의 '慶(경)'자와 발음이 같고, '남을 여(餘)'자와 '고기 어(魚)'자 또한 중국어 발음이 같은 것을 이용하여 수작을 부렸던 것이다. 영악한 선비가 당면한 상황과는 거리가 먼 엉뚱하고도 쉬운 문제를 미끼로 던지며 스님을 몰아가자 수가 달리는 스님은 자신도 모르게 '편경 속에 생선이 있다'는 뜻으로도 이해될 수 있는 말을 내뱉게 되었던 것이다. 일설에는 그 유명한 소동파(蘇東坡)와 불인(佛印)스님 사이에 있었던 일이라고 하기도 한다.

2) 잉어(鯉:리)가 자두(李:리)를 때리고

봄 경치가 그림보다도 더 아름다운 날에 어느 부잣집 규수가 가마를 타고 밖으로 놀러나갔다. 도중에 문득 바람이 일더니 꿀벌 한 마리가 가마 안으로 날아들었다. 그녀는 양갓집 규수로서 글도 적지 않게 읽은 터인지라 문득 '風吹蜂(풍취봉), 風出蜂入(풍출봉입)'이라는 구를 얻게 되었다. '바람이 불어 벌을 움직이니 바람은 나가고 벌이 들어오네'라는 뜻이다. 이 구의 특색은 '風(풍)'과 '蜂(봉)'의 중국어 발음이 같다는 점이다. 그래서 일곱 자로 된 두 구에서 네 글자가 같은 발음이 되어 듣는 사람에게 같은 발음이 반복되는 독특한 느낌이 들게 한다.

이 기묘한 구를 얻어 득의한 규수는 이 구에 절묘하게 어울리는 구를 짓는 사람에게 시집가겠다고 하여 부모의 허락을 받았다. 그래서 그런 내용을 공표하여 남편감을 공개적으로 선발하게 되었다.

　가문이 좋은데다 총명하며 얼굴 또한 예쁜 규수의 소문이 널리 나 있던 터라 가까운 곳뿐만 아니라 먼 곳에서도 많은 수재들이 몰려와 응모하고자 하였다. 그러나 그 구에 정확하게 어울리는 구를 찾아낸다는 것은 결코 쉬운 일이 아니었다.

　그 규수를 아내로 맞이하고 싶어하던 어떤 선비도 이 좋은 기회를 놓칠 수 없다 하여 하루 종일 연못가를 맴돌며 머리를 쥐어짜고 있었다. 그렇지만 그에게도 그것은 결코 쉬운 일이 아니었다. 지친 머리를 식히느라 잠시 고개를 든 수재의 눈에 낚싯대를 드리우고 있는 어떤 늙은 낚시꾼이 들어왔다. 찌가 움직이는 것을 포착한 낚시꾼이 낚싯대를 휘두르자 잉어가 한 마리 달려 올라오다가 마침 옆에 있던 자두나무에 달린 자두에 부딪혀 자두를 한 알 떨어뜨리는 것이었다. 그 광경을 본 젊은 선비는 문득 영감이 떠올라 다음과 같은 구를 지었다.

鯉打李,(리타리) 鯉起李落.(리기리락)

　"잉어가 자두를 치니, 잉어가 올라가면 자두가 떨어지네."라는 뜻이다. 방금 눈으로 보았던 광경을 문자로 옮겨놓은 것이다. 그런데 '잉어 리(鯉)'자와 '자두 리(李)'자는 우리식 발음도 그렇지만 중국어 발음이 같다. 그러므로 이 일곱 자로 된 구에서 같은 발음의 글자가 넉 자가 된다. 이것은 앞의 구 '風吹蜂(풍취봉), 風出蜂入(풍출봉입)'에서 일곱 자 중 넉 자가 같은 발음이었던 것과 마찬가지다. 그리고 동사로서 '일어나다' 또는 '올라가다'라는 뜻을 가진 '起(기)'자와 역시 동사로서 그와 반대의 뜻을 가진 '떨어질 락(落)'자를 대조적으로 쓴 수법 역시 앞의 구에서 '나간다'는 뜻의 동사 '出(출)'과 그와 반대가 되는 '들어간다'는 뜻의 동사 '入(입)'자가 대조적으로 쓰인 것과 똑같은 구조다. '風吹蜂(풍취봉), 風出蜂入(풍출봉입)'에 대하여 '鯉打李(리타리), 鯉起李落(리기리락)'은 완벽한 대구를 이루는 것이다.

젊은 선비는 '鯉打李(리타리), 鯉起李落(리기리락)'이라는 구를 들고 공개 구혼한 규수의 집으로 달려갔고, 그 규수는 그 구를 보고 매우 흡족하여 그 선비를 배우자로 맞이하였다고 한다. 그 젊은 선비는 재수가 좋아 좋은 혼처를 얻었다고 생각되지만, 적어도 그 광경을 보고 그 구절을 떠올릴 수준은 되었으니 터무니없는 횡재수는 아니라고 해야 할 것이다. 남자의 재능, 특히 문자운용 능력 하나만 보고도 선뜻 일생을 걸 수 있는 그들의 생각은 너무나도 낭만적으로 보인다.

3) 삼국지를 패러디한 술 광고 카피

당나라 말기의 시인 두목(杜牧)에게는 「청명(淸明)」이라는 제목의 시가 있다.

> 淸明時節雨紛紛,(청명시절우분분)
>   ㄱ 청명 시절에 비 부슬부슬 내리니,
>
> 路上行人欲斷魂.(노상행인욕단혼)
>   ㄱ 길 가는 나그네 정신이 아뜩하네.
>
> 借問酒家何處有,(차문주가하처유)
>   ㄱ 어디에 주막이 있냐고 물어보니,

牧童遙指杏花村.(목동요지행화촌)
　 ✎ 목동이 저 멀리 살구꽃 핀 마을 가리키네.

　쉬운 시어로 간결하게 묘사했지만 비 내리는 청명 무렵의 정경을 실감나게 그려 인구에 회자하는 명시의 하나다.

　두목의 이 시가 널리 유행하게 되자 중국의 곳곳에서는 행화촌(杏花村)이라는 마을이 생겨났다. 모두가 두목 시의 유명세를 빌어 돈을 벌어 볼 심산으로 술을 빚어 판매하는 것을 전문으로 하는 마을들이다. 그 중에는 분주(汾酒)로 유명한 산서성(山西省) 분양현(汾陽縣) 행화촌(杏花村)도 있다.

　한 번은 산서성(山西省) 상공업협회 대표가 산서성 특산품 판촉을 나선 길에 대련시(大連市)에 들르게 되었다. 산서성 상공업 협회 대표들은 대련 시장을 만난 자리에서 유독 대련시에서는 분주 판매가 부진하다며 불만을 토로하고, 판매량을 늘릴 수 있도록 협조해 줄 것을 촉구하였다. 그러자 대련시 시장은 그건 대련시의 잘못이 아니라 분주를 판매하는 측에서 광고를 잘못한 때문이라고 반박하였다. 그리고는 산서성에 협조한다는 뜻이라면서 이렇게 광고 카피를 만들면 좋을 것이라고 했다.

　　"『삼국지연의(三國志演義)』에는 '天下大勢(천하대세), 分久必合(분구필합), 合久必分(합구필분).'이라는 말이 있지 않습니까? 바로 이 말의 뒤 8자를 응용하여, '汾酒必喝(분주필갈), 喝酒必汾(갈주필분).'이라고 하면 좋지 않겠소?"

　'天下大勢(천하대세), 分久必合(분구필합), 合久必分(합구필분).'이라는 말은 '천하의 대세는 분열이 오래되면 반드시 통일되고, 통일이 오래되면 반드시 분열된다'라는 뜻으로, 중국 내부의 판도가 시대에 따라 통일과 분열을 되풀이

하는 현상을 개략적으로 정리한 것이다. 이 말은 『삼국지연의(三國志演義)』 제1회 첫머리에 '話說(화설)'이라는 발어사에 뒤이어 나오는 말인 만큼 소설 『삼국지연의(三國志演義)』를 읽은 사람이라면 거의 대부분이 기억할 만큼 유명한 구절이다. 요컨대 『삼국지연의(三國志演義)』라는 유명한 소설에 나오는 유명한 어구를 술의 광고에 이용하라는 충고였던 것이다.

이쯤 되면 중국어를 어느 정도 이해하는 사람이라면 『삼국지연의(三國志演義)』의 유명한 구절을 응용한 '汾酒必喝(분주필갈), 喝酒必汾(갈주필분).'이라는 말의 뜻과 그 묘미를 쉽게 알 수 있을 것이다.

참고로 달아놓은 우리말 발음만 보면 『삼국지연의(三國志演義)』의 본래 어구와 그것을 응용한 어구가 상당히 다르지만 중국어 발음으로 보면 사정이 다르다. 다른 점이라고는 '分(분)'자가 'fen' 제1성인데 대하여 '汾(분)'은 'fen' 제2성이라는 점과 '合(합)'이 'he' 제2성인데 대하여, '喝(갈)'이 'he' 제1성이라는 점만 다르다. 그러므로 중국어의 발음으로 보면 두 구는 몇 가지 다른 글자가 섞여 있으나 발음은 거의 같은 것이라고 할 수 있다. 그런즉 대련 시장의 뜻은 '분열이 오래되면 반드시 통일되고, 통일이 오래되면 반드시 분열된다'라는 유명한 어구와 같은 발음을 이용하여 고객들에게 '분주를 꼭 마시세요. 술 마실 때에는 꼭 분주로 하세요'라는 의미를 전달할 수 있다는 뜻이었다. 산서성 상공협회가 대련 시장의 그런 뜻을 받아들였는지는 알 수 없지만, 대련 시장의 그런 발상이 다소 코믹한 가운데에도 기발하게 느껴진다.

4) 이홍장(李鴻章)의 본부인?

청나라 말에 이홍장(李鴻章)이라는 유명한 사람이 있었다. 그는 간신으로 악명이 높았는데, 당시 우리나라의 정치에도 막대한 영향력을 행사한 적이 있는 인물이다. 그가 세도를 부리며 일세를 주름잡고 있다 보니 그의 주변에 있던 사람들은 어떻게 해서든지 그의 후광을 업고 출세를 하거나 득을 보려고 하였다. 그런 수작을 부린 사람 중에 다음과 같은 재미있는 문자소화(文字笑話)를 남긴 이도 있다.

이홍장의 고향 사람으로 먼 친척이 되는 어떤 사람이 작은 벼슬이라도 하나 해볼까 하여 수도로 가서 과거에 응시하였다. 그러나 그는 공부를 제대로 하지 않아 머리 속에는 아무런 지식도 들어 있지 않았다. 시험지를 받아 보니 문제의 뜻조차 알 수 없는 지경이라 백지를 낼 수밖에 없었다. 그 때 갑자기 희한한 생각이 번개처럼 머리를 스쳤다. 고향사람으로 당대에 권세를 누리고 있는 이홍장을 이용하자는 생각이 든 것이다. 그래서 백지를 내려던 생각을 잠시 접고 시험답안지에 "시험관님 저는 이홍장 대인의 친척입니다. (主考官大人, 我是李鴻章大人的親戚.)"라고 쓰려고 하였다. 그러나 그것도 제대로 되지 않았다. 친척의 '戚(척)'자가 아무리 하여도 생각나지 않았던 것이다. 할 수 없이 중국어로 '戚(척)'과 발음이 같으면서 '아내'라는 뜻인 '妻(처)'자를 써넣었다. 결과적으로 "나는 이홍장대인의 본부인입니다."라는 뜻이 되어버렸다.

눈곱만큼의 실력도 없는 주제에 권세를 빌어 과거의 권위를 짓밟으려고 하는 소행에 채점관은 매우 화가 났다. 또 한편으로는 그 내용이 매우 우습기도 하였다. 그는 잠시 생각하다가 "이미 중당대인의 본부인이시니 부하관리로서는 절대 감히 장가들 수 없나이다.(既是中堂大人的親妻, 下官斷不敢娶.)"라는 평가의 말을 써넣었다.

여기서 '장가들다'라는 뜻의 '취(娶)'자는 중국어로 '선발하다'라는 뜻의 '錄取(녹취)'의 '取(취)'자와 발음이 같다. 무식한 주제에 과거에 응시한 이가 친척의 '戚(척)'자를 '妻(처)'자로 잘못 쓴 것에 맞추어 '선발할 수 없다'는 뜻의 '不敢取(불감취)'를 '장가들 수 없다'는 '不敢娶(불감취)'로 표현하였던 것이다. 채점관은 발음이 같은 다른 글자를 잘못 쓴 데에 대하여 역시 발음이 같은 틀린 글자로 응수하였던 것이다.

5) 발음이 같다고 아무 글자나 써?

옛날 어떤 사람이 현령에게 비파(枇杷)라는 과일을 한 광주리 선물로 보내면서 무식한 탓에 '비파(琵琶)를 보낸다'는 쪽지를 써 붙여 보냈다. 그것을 본 현령은 그 사람의 무식에 실소를 금하지 못하다가 그 느낌을 다음과 같은 두 구로 표현하였다.

　　枇杷不是此琵琶,(비파부시차비파)
　　　◌ 비파(枇杷)는 이 비파(琵琶)가 아닐세,

　　只恨當年識字差.(지한당년식자차)
　　　◌ 다만 한스러운 것은 옛날 글 익힌 것이 부실한 것.

현령의 이 두 구가 입 밖으로 나오자 마침 그 자리에 같이 있던 내빈이 거기에 두 구를 덧붙였다.

　　若使琵琶能結果,(약사비파능결과)
　　　◌ 만약 비파(琵琶)가 열매를 맺을 수 있다면,

이 두 구를 들은 현령은 그 표현이 절묘하다고 극찬을 하였다고 한다. 어떤 사람의 무식이 식자들의 웃음거리가 되었던 것이다. 우리로서는 과일 인 비파(枇杷)와 악기인 비파(琵琶) 모두가 흔히 쓰이지 않는 글자들로 되어 있는지라 그걸 구별하지 못하는 것은 큰 흠이 되지 않는다고 생각될지 모르 지만 한자로만 문자생활을 하던 당시의 중국인, 특히 글을 읽는 선비들 사 이에서는 흠이 되기에 족했으리라. 비파(枇杷)와 비파(琵琶)는 발음이 같을 뿐 만 아니라 그 발음을 표시하는 부분인 비(比)와 파(巴)가 같이 들어 있어서 형태상으로 다소 유사한 감이 있다. 물론 뜻의 종류를 나타내는 부수(部首)를 고려하지 않은 것은 결정적인 결함이 아닐 수 없다.

6) 탐관오리를 골탕먹인 여인

첩첩산중에 가난한 사람들이 어울려 사는 현(縣)이 하나 있었다. 본래가 물산이 풍족하지 않은 곳이라 흉년이라도 들면 초근목피로도 연명하기가 힘 든 곳이었다. 그러나 그 곳에 부임해 온 현관은 탐욕스럽고 교만하여 백성 들의 형편은 아랑곳하지 않고 고혈을 짜기가 일쑤였다. 백성들의 원성도 그 만큼 높았다.

그 현관이 어느 날 관할지역을 순시하다가 한 농부에게 음식을 준비하라 고 명령하였다. 음식은 20가지를 차리되 한 가지라도 모자라면 벌을 주겠다고 으름장을 놓았다. 명령을 받은 그 농부는 가난한 살림에 현관의 요구를 맞출 수 없어 시름에 잠겨 탄식만 하고 있었다. 이 때 옆에서 남편을 지켜보고 있던 부인이 자신이 20가지의 요리를 준비하여 현관을 대접할 수 있으니 걱정하지 말라고 달래었다.

잠시 후 현관은 부하 관속들을 우르르 이끌고 음식을 먹으려고 농부의 집에 들이닥쳤다. 그것을 본 농부의 부인은 부엌에서 음식을 네 접시 차려 내왔다. 두 접시는 부추를 볶은 것이고, 또 한 접시는 배추 볶은 것, 나머지 한 접시는 미나리를 볶은 것이었다.

이를 본 현관은 더럭 화를 내고, "이 교활한 놈들! 내가 20가지 요리를 준비하라고 했거늘 어째서 네 접시 밖에 준비하지 않았어?!"라며 꾸짖었다. 그러나 부인은 전혀 두려워하는 기색이 없었다. 그녀는 "현관 나으리, 제가 준비한 것은 분명 20가지가 맞습니다."라며 또박또박 현관의 말에 대꾸를 하였다. 현관은 더욱 부아가 치밀어 "분명히 네 접시인데, 어째서 20가지라고 하는가?" 하고 고함을 질렀다. 부인은 또 또박또박 대꾸를 하였다.

"한 번 계산해보십시오. 부추 두 접시이니 '이구 십팔' 18가지이고, 게다가 배추 한 접시와 미나리 한 접시가 더 있으니 합하면 20가지가 맞지 않습니까?"

부인의 그 말에 못된 현관은 억장이 막혀 기절해버리자 아무것도 먹지 못하고 부하들에게 업혀 돌아갔다고 한다.

중국어로는 쉽게 이해가 될 수 있는 이야기지만 우리나라 사람한테는 약간의 설명이 필요할 것이다. 부추는 중국어로 '韭菜(구채)'라고 한다. '韭(구)'자는 우리말 발음으로도 '아홉 구(九)'자와 음이 같을 뿐 아니라 중국어 발음으로도 같다. 그러므로 '韭菜(구채)'라는 말은 '아홉 가지 요리'라는 뜻의 '九

韮(구채)'와 같은 발음이다. 총명한 부인은 이 발음에 근거하여 부추볶음 두 접시를 18가지 요리라고 우기며 탐관오리의 무리한 요구에 저항했던 것이다. 현관은 파렴치한 인간이었지만 말은 일리가 있으니 어쩔 도리가 없었을 것이다.

7) 묘하게 푼 관직 이름

관청에서 지방 관리들이 한 자리에 모였다. 통성명을 하면서 자신의 직책을 밝히는데 그 수작이 가관이었다. 어느 관리가 자신의 직함을 "가정의 일상 요리를 차려오지요."라고 하였다. 옛날 중국의 관리들은 글을 많이 해서 대개 문자속이 깊은 편이었으므로 금세 그 말뜻을 알아차렸다.

'가정의 일상 요리'라는 것은 '이미 만들어져 있는 요리'이고, '이미 만들어진 것'을 나타내는 '기성의'라는 말은 중국어에서는 '現成(현성)'이라고 한다. 그런데 '現成(현성)'의 중국어 발음은 벼슬의 한 가지인 '현승(縣丞)'과 같다. 곧 그 사람은 자신의 벼슬이 '현승(縣丞)'이라는 것을 그렇게 표현했던 것이다.

그 다음 사람은 "펄펄 끓는 물 속에 문서를 집어넣습니다."라고 하였다. 그 사람의 직함은 주부(主簿)였다. 「별주부전(鱉主簿傳)」의 그 주부다. '끓는 물에 넣는다' 함은 '삶는다'는 것이고 그것은 한자로 '삶을 자(煮)'자다. 삶은 문어를 대형 할인점 생선 코너에서는 '자숙 문어'라는 상품명으로 부르는 것을 종종 볼 수 있는데, 그때의 '자숙'이 바로 이 '삶을 자(煮)'자에 '익을 숙(熟)'자를 덧붙인 것이다. 그런데 그 '煮(자)'자의 중국어 발음은 '주인 주(主)'자와 같다. 문서는 곧 장부(帳簿)이니 그것을 줄이면 부(簿)가 된다. 그래서 "펄펄 끓는 물 속에 문서를 집어넣습니다."가 주부(主簿)를 의미하는 것이 된다.

8) 재수 없는 말

　어느 하인이 과거를 보러 가는 주인을 모시고 수도로 가는 길에 올랐다. 길을 가는 도중에 주인이 쓰고 있던 두건이 바람에 날려 떨어지자, 그것을 본 하인이 "모자가 땅에 떨어졌어요." 하고 고함을 쳤다. 말뜻은 그러하지만 하인이 내뱉은 말은 공교롭게도 '頭巾落地了(두건낙지료)'였다. 그 말 중 '땅에 떨어졌다'는 뜻의 '落地(낙지)'는 '과거에 떨어지다'는 뜻의 '낙제(落第)'와 중국어 발음이 같다. 그러니 그 주인은 불길한 느낌에 기분이 좋을 리가 없었다. 그래서 주인은 "다시는 '落地(낙지)'라는 말을 하지 마! 재수 없어. 또 그런 일이 있으면 이제는 '及地(급지)'라고 해!"라며 하인에게 단단히 주의를 주었다. '땅에 닿았다'는 뜻의 '及地(급지)'는 중국어에서 '과거에 합격하다'는 뜻의 '及第(급제)'와 발음이 같으므로 행운을 비는 마음에서 그렇게 조처한 것이었다.

　주인의 엄명에 하인은 잘 알겠다며 고개를 끄덕였다. 그리고 주인이 두건을 단단히 다시 맨 것을 본 하인은 "이번에는 절대 땅에 떨어지지 않을 것입니다."라고 하였다. 그런데 "이번에는 절대 땅에 떨어지지 않을 것입니다."의 중국어 표현은 '這一次絕不及地(저일차절불급지)'다. 여기에 있는 '及地(급지)'를 같은 발음의 '及第(급제)'로 바꾸어 놓으면 '這一次絕不及第(저일차절불급제)'가 된다. 그 뜻은 얄궂게도 '이번에는 절대 급제하지 않는다'다. 재수 없는 하인의 입에서는 어떻게 해도 재수 없는 말만 나올 뿐이었던 것이다.

　하인은 주인의 분부에 따라 '땅에 떨어지다'라는 말을 '落地(낙지)'로 말하지 않고 '及地(급지)'로 하기는 하였다. 그렇지만 그 앞에 '절대 …하지 않는다'라는 뜻의 '絕不(절부)'라는 말이 들어감으로써 문맥이 또 엉뚱하게 바뀌게 되는 것이다.

9) 피부를 지키는 것은 남편을 지키는 것

몇 년 전 대만에서 화장품 광고에 '護夫(호부)하기 위해서는 護膚(호부)를 해야 된다'는 내용의 문구를 내보낸 적이 있었다. 우리 발음으로도 그렇지만 '護夫(호부)'와 '護膚(호부)'의 중국말 발음은 성조까지 같다. 그리고 글자 그대로 '護夫(호부)'는 '남편을 지킨다'는 뜻이고 '護膚(호부)'는 '피부를 보호한다'는 뜻이다. 말인 즉 "나이가 들어가면서 피부를 보호하지 않으면 추하게 보이게 된다. 그러면 남편이 매력이 없어진 아내에게 냉담해지면서 젊고 예쁜 여자에게 눈을 돌리게 된다. 그리고 마침내는 젊은 여자에게 남편을 잃게 될 수 있다. 그렇게 되기 싫으면 피부를 지켜 젊음의 아름다움을 유지하라. 우리 회사 화장품은 그렇게 해 줄 수 있다."라는 것이다. 언뜻 광고 문안을 만든 사람의 기지가 엿보이기도 했지만, 대만 중소기업가 중에는 중국 대륙으로 진출하면서 중국에 젊은 현지처를 두는 일이 비일비재했던 당시 대만 사회의 특수한 풍조를 겨냥한 것이기도 해서 보는 이로 하여금 고소를 금치 못하게 하였다.

10) '동료(同僚)'라는 발음 속에 담은 얄궂은 뜻

처와 첩을 거느리고 사는 사내가 있었다. 어느 날 처와 다른 곳에서 살고 있던 첩은 처를 자기 집으로 초대하여 관계를 개선하고 싶어하였다. 서로의 관계가 미묘한 터라 첩은 초대장에서 자신을 어떻게 칭하면 좋겠느냐고 남편에게 자문을 구하였다. 이에 남편은 당연히 '寅弟(인제)'로 칭하여야 한다고 일러주었다. 학식이 별로 없었던 첩은 왜 그렇게 해야 하나고 물었다. 이에 남편은 "같은 벼슬의 동료들끼리 초청장을 쓸 때에는 이렇게 하는 법이야."라고 하였다.

우리말에서는 잘 쓰이지 않지만 중국에서는 같은 부서에서 일하는 동료를 동인(同人), 동인(同仁), 동인(同寅)이라고 한다. 물론 우리말에서처럼 동료(同僚)라는 말도 썼다. 동료(同僚)는 동료(同寮)로 쓰기도 한다. 그리고 동인(同寅)이라는 말을 쓸 때, 상대방을 지칭할 때에는 존중의 뜻을 담아서 인형(寅兄)이라고 하였고, 자신을 지칭할 때에는 겸손한 표현을 써서 인제(寅弟)라고 하였다. 남편이 "같은 벼슬의 동료들끼리 초청장을 쓸 때에는 이렇게 하는 법이야."라고 한 것은 그런 사정을 말한다.

그래도 사리 분별을 할 줄 아는 첩은 "우리들은 아무런 관직도 없는데 어떻게 그런 말을 쓸 수 있겠습니까?" 하며 난감해하였다. 그때 남편은 "관직은 비록 없지만 '동료(同僚)'인 것은 맞지."라고 하였다.

동료(同僚)의 '僚(료)'자와 발음이 같은 글자 중에 '屪(료)'라는 글자가 있다. 바로 남성의 생식기를 지칭하는 말이다. 그리고 '즐거움도 같이 하고 고난도 같이 한다'라는 말을 한문에서는 '同(동)'자를 동사로 사용하여 '동고동락(同苦同樂)'이라고 표현하지 않았던가? 그러니 처와 첩의 관계는 동료(同僚)가 아닐 수는 있어도 동료(同屪)인 것만은 분명하지 않은가? 그 양반 한자놀이 한 번 걸쭉하게 하였다.

11) 똥을 만나는 것이 어사(御史)

어사(御史)라는 벼슬을 하는 사람과 시랑(侍郎)이라는 벼슬을 하는 두 사람이 있었다. 두 사람은 사이가 좋았으며 모두가 우스갯소리를 잘 하였다.

하루는 두 사람이 같이 들길을 걷고 있었다. 그때 마침 개 한 마리가 다가오는 것을 보고 어사가 시랑에게 물었다.

"늑대인지 개인지, 도대체 무엇이지요?"

이렇게 우리말로 하면 아무것도 아니지만, '늑대인지 개인지'의 중국어 표현을 보면 짓궂기 이를 데 없다.

'늑대인지 개인지'로 번역된 것은 본래 '是狼是狗(시랑시구)'로 되어 있다. '是~是…'는 '~인지 아니면 …인지'라는 뜻을 나타내는 구문이다. 그렇지만 '是狼(시랑)'만 떼어놓으면 그 발음은 '侍郞(시랑)'과 같다. 그리고 그 다음의 '是~'는 중국어에서 '~이다'라는 뜻을 나타낸다. 그래서 표면적으로는 '늑대인지 개인지' 하고 말했지만, 그 안에는 '시랑은 개다'라는 짓궂은 농담이 들어 있다.

어사의 그런 농담에 역정을 내거나 어쩔 줄 몰라 할 시랑이 아니었다. 그는 시랑의 그 농담이 나오자 말자 "똥을 만나면 먹으니 개가 아니면 무엇이겠소?"라고 대답했다. 이 말도 표면적으로는 '늑대냐 개냐'라는 물음에 '똥을 먹으니 개다'라는 대답을 하는 것이지만, '똥을 만난다'라는 말에 자신을 개라고 놀린 어사에 대한 회심의 반격을 담고 있다.

'똥을 만난다'는 한자로 표현하면 '만날 우(遇)'자에 '똥 시(屎)'자가 되는데, 그 '遇屎(우시)'의 중국어 발음이 '御史(어사)'와 같다. 곧 시랑은 '당신은 개다'라고 한 어사의 농담에 '당신은 똥만 만나는 사람'이라고 받아쳤던 것이다.

그렇게 해 놓고 두 사람은 배를 잡고 웃으며 즐거워했다 한다. 해학을 즐기는 것은 지혜 있고 도량이 큰 사람들의 특권이라 하리라.

12) 동음이의어를 이용한 수수께끼

중국인들의 문자 수수께끼 중에는 한자의 발음을 이용하여 과일 이름 맞히기를 하는 것도 있다.

"'늑대가 왔다'는 과일은?"

그 답은 양도(楊桃)라는 과일이다. 남방에서 나는 과일로 노란색을 띠고 단면이 네 갈래의 별 모양을 하고 있다. 무게에 비해 수분 함량이 높아 등산 시 휴대 식품으로 그만이라는 소문도 들린다.

'늑대가 왔다'가 '양도'라는 과일이 되는 까닭은 이렇다. 늑대와 거짓말쟁이 양치기 소년의 이야기를 연상하면, 늑대가 오면 양이 살기 위해 도망가기 마련이다. '양이 도망간다'는 중국어로 '羊逃(양도)'인데, 우리나라 발음으로도 그렇지만 '羊逃(양도)'의 발음은 과일이름인 양도(楊桃)와 같다.

이 수수께끼는 통상 여기서 끝나지 않는다. 여기서 반전을 하여 "그러면 '양이 오면' 무슨 과일이게?" 하는 물음이 이어진다. 그 답은 딸기다. 그 이유는 양이 풀을 먹기 때문이다. 양이 와서 풀을 먹으면 풀이 없어지기 마련. '풀이 없어지다'는 '草沒了'가 되지만 줄여서 '草沒'이라고 하여도 된다. 이 때 '沒(몰)'자의 중국어 발음은 딸기의 중국말인 '草莓(초매)'의 '莓(매)'자와 같다.

13) 어떤 물(何水:하수)과 황하 물(河水:하수)

소동파(蘇東坡)가 불인(佛印)스님을 처음 만났을 때의 이야기인가 보다.

소동파가 동생 소철(蘇轍)을 데리고 무산(巫山)에 놀러갔다. 그때 마침 그 산의 절에 있던 불인스님은 이미 천재로 이름이 높은 소동파가 왔다는 말에 그가 과연 얼마나 똑똑한지 알아보고 싶어 시험을 하기로 하였다. 자신이 내는 다음과 같은 말에 대구를 해 보라는 것이었다.

無山得似巫山好?(무산득사무산호)

'得(득)'은 '~을 할 수 있다'란 뜻의 가능을 나타내는 말로 본다면, 이 구는 "巫山(무산)만큼 좋을 수 있는 산은 없겠지?"라는 뜻이 될 것이다. 머리가 좋은 소동파는 불인스님의 말이 떨어지기가 무섭게 대답을 했다. 핵심은 당연히 '無山(무산)'과 '巫山(무산)'처럼 발음이 같은 말을 활용하는 데에 있다.

何葉能如荷葉圓?(하엽능여하엽원)

"어느 잎이 연잎처럼 둥글 수 있겠는가?"라는 뜻을 가진 이 구는 불인스님이 문제로 낸 구와 똑같은 구조로 되어 있다. '無山(무산)'의 위치에 있는 '何葉(하엽)'은 '巫山(무산)'의 위치에 있는 '荷葉(하엽)'과 발음이 같다. 또 '得(득)'자의 자리에는 '得(득)'자와 뜻은 비슷하나 글자가 다른 '能(능)'자가 자리하고 있고, '비슷하다'라는 뜻의 '似(사)'자 자리에는 역시 '비슷하다'는 뜻이 있는 '如(여)'자가 왔다. 위 구의 마지막 글자 '好(호)'가 형용사이듯이 이 구의 마지막 글자 '圓(원)'도 형용사다. 그러니 매우 정교한 대구를 만들었다고 할 수 있다.

그런데 형님의 대답을 들은 소철이 '그다지 좋지 않다'는 평가를 내렸다. 이에 소동파가 '그럼 어떻게 고쳤으면 좋겠냐'고 했더니, 소철이 다음과 같은 구절을 읊었다.

何水能如河水淸?(하수능여하수청)

"어느 물이 황하 물처럼 맑을 수 있겠는가?"라는 뜻이다. 과연 대구를 만들 때에는 산에 대해서는 물을 짝 지우는 것이 더 정교하고 멋있다. 그래서 불인스님과 소동파 모두 소철의 재능에 탄복하며 칭찬하였다고 한다. 그런데 누런 황토 물 때문에 '누런 물이 흐르는 강'이라는 뜻의 '황하'라는 이름이 붙은 강을 두고 '맑다'라고 한 것은 문제가 되지 않는지 모르겠다.

14) 전한(前漢)이 앞에 있는 사내?

재주 있는 두 선비가 무엇을 살 김에 사람 사는 모습을 구경하려고 함께 시장 길을 어슬렁거리며 걷고 있었다. 그 때 그들의 눈에는 크고 작은 고기뭉치를 내걸어놓은 푸주간의 모습이 들어왔다. 잠시 신기한 듯 쳐다보고 있던 한 선비가 대련 짓기를 하자고 하였다. 그가 먼저 제시한 구는 이런 것이었다.

市肆屠沽, 大畜掛, 小畜掛.(시사도고, 대축괘, 소축괘)

'市肆(시사)'는 '시장'이라는 말이다. '屠沽(도고)'는 '백정'이라는 말이지만 여기서는 백정이 일하는 '푸줏간'으로 보는 것이 좋다. '畜(축)'은 '짐승'이고 '掛(괘)'는 '걸다'라는 말이다. 그래서 이 구는 "시장의 푸줏간에는 큰 짐승도 걸려 있고, 작은 짐승도 걸려 있다."라는 뜻이 된다. 눈에 보이는 푸줏간의 정경을 보이는 그대로 묘사한 것이다. 그런데 주역(周易)의 괘(卦) 중에는 대축(大畜)과 소축(小畜)도 있다. '掛(괘)'와 '卦(괘)'의 발음도 같다. 그러므로 이 구는 눈에 보이는 광경을 묘사하면서 같은 발음을 통해서 주역의 괘를 연상하게 하는 효과를 내고 있다.

유유상종이라고 그의 친구도 그만한 재주가 없을 리 없다. 그 친구는 잠시 생각을 하더니 이렇게 읊었다.

> **街坊博奕, 前漢輸, 後漢輸.**(가방박혁, 전한수, 후한수)

'街坊(가방)'은 '거리에 나 있는 가게'다. '博(박)'은 쌍륙(雙六)이고, '奕(혁)'은 바둑이지만 둘을 합친 '博奕(박혁)'은 바둑 등으로 하는 도박이 된다. '한나라 한(漢)'자에는 '사내'라는 뜻이 있는데, '치한(癡漢)'이나 '무뢰한(無賴漢)' 등과 같이 우리말에도 그런 뜻으로 쓰이는 말이 있다. '실어 나르다'라는 뜻을 가진 '輸(수)'자는 현대 중국어에는 '이기다'의 반대인 '지다'라는 뜻으로 자주 쓰인다. 그러므로 친구가 읊은 구는 "길거리 가게에서 도박을 하는데, 앞의 사내가 지더니 뒤의 사내도 진다."라는 뜻이 된다. 그 친구가 도전을 받고 생각을 하느라 주위를 돌아보자 길가에 있는 찻집에서 바둑을 두는 사내들의 모습이 눈에 들어왔기 때문이다. 그런데 중국어 발음에서는 '지다'라는 뜻으로 쓰인 '輸(수)'자의 발음이 '책 서(書)'자의 발음과 같다. 그러므로 '앞의 사내가 졌다'라는 뜻의 '前漢輸(전한수)'는 '後漢書(후한서)'에 대가 되는 '前漢書(전한서)'와 같은 발음이 되고, '뒤의 사내가 졌다'는 뜻의 '後漢輸(후한수)'는 '後漢書(후한서)'와 발음이 같아서, 앞의 친구가 그랬듯이 같은 발음의 다른 뜻을 연상시키는 장치를 해 놓고 있음을 알 수 있다.

6. 쌍관어(雙關語)

'쌍관어(雙關語)'란 하나의 단어가 두 가지의 의미를 함축하고 있는 것을 말한다. 이 역시 한자의 동음이의어를 이용한 문자놀이다. 그럼에도 앞서 소개한 동음이의어와는 별도로 취급하는 것은 쌍관어는 단순히 같은 발음의 단어가 둘 이상이 있는 어휘를 사용하는 데에 그치지 않고, 문맥상 두 가지의 뜻이 다 가능하다는 특수성이 더 있기 때문이다. 그것은 또 '글자의 뜻을 이용한 한자놀이'에서 다룰 '말 따로 뜻 따로'와도 성격이 다르다.

1) 다행히 중매쟁이가 필요 없지요

중국 명(明)나라 때의 정민정(鄭敏程)이라는 사람은 어려서부터 총명하여 여러 학문에 두루 통달하였고 뛰어난 기지도 있었다. 그가 젊은 나이에 과거에 우수한 성적으로 급제를 하자 그때 재상으로 있던 이람(李覽)이라는 사람이 그의 뛰어난 재능과 외모를 탐내어 사위로 삼기로 하였다.

이람은 딸의 혼사를 결정한 바로 그날 정민정을 집으로 초대하여 같이 술을 마셨다. 술잔을 서너 잔 기울인 이람은 약간 술기운이 오르자 기분이 좋아져서 수염을 만지작거리다가 "이 늙은이가 오늘 이 자리에서 대구 문제를 하나 내어서 자네의 재능을 시험해 보고 싶은데 어떤가?" 하고는 "因荷而得藕(인하이득우)?"라고 물었다.

'因(인)'은 '… 때문에', '…에 근거하여'라는 뜻이고, '荷(하)'는 '연꽃'이며 '藕(우)'는 '연뿌리'라는 뜻이므로, 이 구의 표면적인 뜻은 '연꽃에서 연뿌리를 얻지?'라는 그저 평범한 것이다. 그런데 이 '荷(하)'자는 '무엇'이라는 뜻이 있는 '何(하)'자와 발음이 같다. 그리고 '藕(우)'자 역시 '짝'이라는 뜻의 '偶(우)'와 발음이 같다. 그러므로 이 구의 이면에 담긴 뜻은 '어떻게 배우자를 구하지?'가 된다.

예비 장인의 이 문제를 받고 잠시 생각하던 정민정은 미소를 머금으며 두 손을 맞잡고 공손하게 대답하였다. "有杏不須梅(유행불수매)". '모름지기 수(須)'자에는 '쓰다', '필요로 하다' 등의 뜻도 있으므로, 이 구의 글자 그대로의 뜻은 '살구(杏)가 있으니 매실(梅)이 필요 없습니다'가 된다. 그런데 살구를 가리키는 '杏(행)'자는 '다행'이라는 뜻의 '幸(행)'자와 발음이 같으므로 '有杏(유행)'이라는 말은 '다행히'라는 뜻의 '有幸(유행)'과 발음이 같다. 또 매화의 '梅(매)'자는 '중매하다' 또는 '중매쟁이'라는 뜻의 '媒(매)'와 발음이 같다. 그러므로 이 구는 '다행히 중매가 필요 없습니다'라는 뜻이 된다. 예비 장인이 출제한 구절과 똑같은 구조의 구문이 되도록 하면서도 이미 혼약이 성립된 예비 사위로서 해야 될 말을 하였던 것이다.

이 대답을 들은 이람은 좋아서 어쩔 줄을 모르며 "절묘하다, 절묘해!"를 거듭 외쳤다. 그는 똑똑한 사위를 본 기쁨에 벌어지는 입을 제대로 가누지 못하며 술잔을 집어들었다. "자, 자, 건배!" 두 사람은 넘치는 술잔을 한 숨에 들이켰다.

2) 피리 소리가 퉁소 소리만 못하지요

명(明)나라 시대에 진흡(陳洽)이라는 신동이 있었다. 그가 여덟 살 되는 해에 아버지와 함께 강가를 걷고 있었다. 마침 강에는 배가 두 척이 있었는데,

한 척은 노를 젓고 있었고, 한 척은 돛을 올리고 있었다. 바람을 받은 돛배는 속도가 빨라서 금세 노를 저어서 가는 배를 앞질러 가는 상황이었다. 아버지는 그 광경을 "兩船幷行(양선병행), 櫓速不如帆快(노속불여범쾌)", 즉 "배 두 척이 나란히 가는데, 노 젓는 배의 속도가 돛단배 빠르기만 못하구나"라는 두 구로 읊고서 아들에게 대구를 만들어보라고 하였다.

아버지의 말에 진흡은 사방을 한 번 둘러보더니 멀리 목동이 피리를 불고 있고, 또 한쪽에는 노인이 퉁소를 불고 있는 광경을 목도하고는 금세 생각이 떠올라 "八音齊奏(팔음제주), 笛淸難比簫和(적청난비소화)"라는 두 구를 읊었다. '온갖 악기를 동시에 연주하니 피리의 청아함이 퉁소의 부드러움만 못하구나'라는 뜻이다. 현재 진흡의 눈앞에 펼쳐져 있는 실제 상황과 느낌을 있는 그대로 읊은 것이다.

아버지도 눈앞의 광경을 읊었고 어린 진흡 역시 눈앞에 펼쳐진 광경을 읊어 아버지의 구에 잘 어울리는 대구를 만들었다. 그런데 진흡이 만든 대구의 절묘함은 여기서 그치지 않는다. 아버지는 눈에 보이는 상황을 읊어 '노 젓는 배의 속도가 돛단배 빠르기만 못하구나'라고 하였지만 그것은 표면적인 뜻이고 실제로는 '삼국 시대에 손권(孫權)을 도왔던 책사(策士) 노숙(魯肅)의 능력이 한(漢)나라 고조 유방(劉邦)을 도왔던 장수 번쾌(樊噲)만 못하다'라는 말이기 때문이다.

그 이유를 자세히 설명하자면 우선 배를 젓는 '櫓(로)'와 성으로 쓰이는 '魯(로)'가 발음이 같고, 중국어에서는 '빠르다'는 뜻의 '速(속)'자가 '엄숙하다'라는 뜻이 있는 노숙(魯肅)의 '肅(숙)'자와 발음이 같다는 것을 지적할 수 있다. 그 다음에 '홍문지연(鴻門之宴)'에서 유방(劉邦)과 항우(項羽) 간에 전개되었던 살얼음을 딛는 듯한 극도의 긴박한 신경전 때에 유방의 안전을 보장하는데에 혁혁한 공을 세웠던 번쾌(樊噲)의 '樊(번)'자의 중국어 발음은 '돛'이라는 뜻의 '帆(범)'과 발음이 같고, '빠르다'는 뜻의 '快(쾌)'자 역시 번쾌의 '噲(쾌)'자와 발음이 같다.

이에 대한 대구인 '피리의 청아함이 퉁소의 부드러움만 못하구나'라는 말에도 두 명의 역사적 인물이 들어 있다. 곧 송(宋)나라 때의 뛰어난 장수였던 적청(狄靑)과 행정 능력이 뛰어나서 유방이 천하를 통일하는 데에 혁혁한 공을 세운 소하(蕭何)가 그들이다. '피리'를 나타내는 '笛(적)'자와 적청의 '狄(적)'자가 발음이 같으며, '맑다'는 뜻의 '淸(청)'자 역시 적청의 '靑(청)'자와 발음이 같기 때문이다. 그리고 '퉁소'를 말하는 '簫(소)'자 역시 소하(蕭何)의 '蕭(소)'자와 발음이 같고, '부드럽다'는 뜻의 '和(화)'자도 중국어로는 소하(蕭何)의 '何(하)'자와 발음이 같기 때문이다.

이렇게 보면 여덟 살 짜리 어린 진흡(陳洽)의 대구는 표면적인 의미에서도 아버지의 출구에 잘 어울릴 뿐만 아니라, 같은 음을 이용한 역사상의 두 인물에 대한 우열비교라는 내면적인 의미도 빈틈없이 들어맞게 만든 명구라는 점을 알 수 있다. 아무리 어려서부터 글을 읽고 시를 썼다고 하더라도 이 정도 기지가 넘치는 작품을 썼다면 천재라고 하여도 지나침이 없을 것이다. 그 절묘한 대구를 듣고서 자신이 천재 아들을 둔 아버지라는 사실을 재삼 확인하면서 뿌듯해했을 진흡의 아버지의 표정이 그려진다.

일설에는 이 이야기의 주인공이 다른 사람들로 전해지기도 한다.

명(明)나라 시대에 양신(楊愼)이라는 사람이 과거에 급제한 후 배를 타고 가다가 좁은 곳에서 마침 무과에 급제한 사람이 탄 배와 만나 서로 먼저 가려고 다투다가 결국에는 둘 다 가지 못하는 상황이 되었다. 이 때 무과에 급제한 사람이 "당신은 문과에 급제한 사람이니 대구도 잘 지을 것이라 믿소. 내가 구를 하나 낼 테니 대구를 만들어 보시오. 만약 만들어내면 내가 길을 비켜주겠소만 그렇지 못하면 길을 양보하시오."라고 했다. 양신은 설마

무신보다 못하랴 하고 그 제안에 응했더니 그 무신이 낸 구가 바로 "兩船幷行(양선병행), 櫓速不如帆快(노속불여범쾌)"였다고 한다. 앞서 설명한 것에 의하면 '노숙이 범쾌보다 못하다'라는 숨은 뜻의 이면에는 '문신이 무신보다 못하다'는 무신의 자기 자랑 내지는 자부심이 들어 있는 것이다.

만만하게 생각했던 양신은 끝내 답을 내지 못하고 무신에게 길을 내어주는 수모를 당하고 말았다. 문신이 무신에게 졌다는 사실은 남에게 차마 말하지 못할 수치이기도 하였다. 여러 해 동안 그 수치를 간직하고 있었던 양신이 아들을 장가보내는 날 음악소리가 요란한 중에 피리소리와 퉁소소리가 섞여 있는 것을 듣고서 영감을 얻은 구가 바로 "八音齊奏(팔음제주), 笛淸難比簫和(적청난비소화)"라고 한다. 여기에는 말할 것도 없이 문신이 무신보다 낫다는 자부심을 함축하고 있다. 양신으로 보면 비록 때는 놓쳤지만 오래 묵은 숙제는 하나 해결한 셈이었다.

3) 당신 아들은 손산(孫山) 밖에 있소

송(宋)나라 시대에 손산(孫山)이라는 기지가 있고 유머 감각도 풍부한 사람이 있었다. 그가 과거를 보러 떠날 때 같은 동리에 사는 사람이 자신의 아들도 함께 데려가 달라고 부탁을 하여 같이 가게 되었다. 그런데 나중에 과거 결과를 보니 손산의 이름은 급제자 명단에 들어 있었지만 손산이 데리고 갔던 아이의 이름은 없었다. 기쁜 소식을 빨리 전하고 싶어하는 손산은 지체 없이 집으로 돌아가고자 하였으나, 낙제의 고배를 마신 동네 아이는 쑥스럽기도 하여 며칠 바람을 쐬며 머리를 식히고 귀향하겠다고 하였다. 그래서 집으로 돌아갈 때에는 과거를 보러 갈 때와는 달리 손산이 혼자 먼저 돌아왔다.

과거보러 떠날 때 아들을 부탁하였던 그 동리 사람은 손산이 과거에 급제하여 돌아왔다는 소식을 듣고 아들의 결과가 궁금하여 찾아왔다. 그러나 아들의 급제를 간절히 바라는 사람의 면전에서 '당신의 아들은 낙제하였소'라는 말은 차마 하지 못할 일이었다. 잠시 고민을 하던 손산은 "解名盡處是孫山(해명진처시손산), 賢郎更在孫山外(현랑경재손산외)"라는 두 구의 시를 읊었다.

언뜻 보면 무슨 풍경을 읊은 시 같다. 그러나 산 이름 같은 孫山(손산)은 자신의 이름이고, '解明(해명)'은 '합격자 이름'이라는 뜻이다. 또 '賢郎(현랑)'은 상대방의 아들을 높여 부르는 말이다. 그러니 "합격자 명단이 끝나는 곳이 손산이요."라 한 첫 구가 본래 전하고자 하는 뜻은 '나는 꼴찌로 합격자 명단에 들었다'가 된다. "당신 아들은 손산 밖에 있더이다."라고 되어 있는 둘째 구는 '당신 아들의 이름은 마지막 합격자 이름 다음에 있다'는 뜻이 되고, 결국 '당신 아들은 낙제했소이다'라는 뜻을 전달한다. 손산은 뛰어난 기지로 상대방이 간절히 듣고자 하지만 차마 노골적으로 말할 수 없는 내용을 에둘러 표현했던 것이다.

좋지 않은 소식을 완곡하게 표현한 손산의 이 두 구는 그 절묘한 표현으로 말미암아 많은 사람들의 입에 오르내리게 되었다. 시험에 떨어진 것을 손산의 그 시구를 이용하여 표현하게 되었고, 급기야 '명락손산(名落孫山)'이라는 성어로 굳어지게 되었다. '명락손산(名落孫山)'은 당연히 '시험에 떨어지다'라는 뜻이다.

4) 복이 좀 많습니다

청(淸)나라 말의 권력자 서태후(西太后)는 경극을 좋아하였다고 한다. 그녀는 특히 양소루(楊小樓)라는 배우의 연기를 좋아하여 종종 궁중으로 불러 공연하게 하였다. 공연을 마치면 대개 수고한 대가로 약간의 물품을 하사하곤 하였다. 그런데 어느 날 공연을 마친 양소루에게 몇 가지 궁중 음식을 상으로 내렸더니 양소루는 그것을 받아서 일어날 생각을 하지 않고 가만히 꿇어앉아 있기만 하였다. 서태후가 의아하게 생각되어 그 까닭을 물어보니 서태후에게서 '福(복)'자를 한 자 받고 싶다고 하였다. 오늘 받은 하사품은 전에도 받은 적이 있으므로 오늘은 좀 색다른 것을 받고 싶은 데다 당대의 실력자 서태후의 글씨를 집에 걸어두고 자랑을 하고 싶은 욕심이 들었던 것이다.

때마침 기분이 좋았던 서태후는 '福(복)'자를 한 자 써주면 그 덕분에 자기 집안에 복이 넘칠 것이라는 양소루의 말에 더욱 신이 나서 기꺼이 글자를 한 자 써 주기로 하였다. 그런데 서태후가 너무 기분이 좋아 흥분한 탓인지 福(복)자의 왼쪽 변에 점을 하나 더 찍고 말았다. 글자를 잘못 쓴 것이었다. 좌우에 늘어서 있던 환관들은 그것을 보고 어쩔 줄을 몰랐다. 글씨를 받기로 한 양소루도 그 글자를 본 순간 마찬가지로 당혹스러웠다. 서태후에게서 받은 글씨를 걸어두지 않을 수도 없고, 그렇다고 그것을 걸어두면 서태후가 뭇사람들의 조롱거리가 될 것이 뻔하기 때문이었다. 여러 가지 예측 불가능한 소란이 야기될 소지도 있는 것이었다. 서태후 자신도 글을 써놓고 나서 자신이 실수를 했음을 알고 있었다. 그러나 지고무상의 자신이 그 실수를 시인하는 것도 어려운 일이었다.

서태후가 잘못 쓴 글자를 한 자 앞에 두고 모두가 어찌할 바를 몰라 당황하고 있을 때, 이연영(李蓮英)이라는 환관이 꾀를 내었다. 이연영은 "태후폐하께서는 역시 복이 많은 분이십니다. 쓰신 '복'자도 다른 사람보다 좀 많아 양소루가 다 받아들이지 못할까 두렵나이다."라고 서태후에게 아뢰었다. 해법을 몰라 고민하고 있던 서태후는 이연영의 그 말에 가슴이 후련해졌다.

'바로 이 때다'라고 생각한 서태후는 "그렇다면 다음에 써주마." 하고 방금 썼던 그 글을 거두어들였다.

"쓰신 '복'자도 다른 사람보다 좀 많다"라는 말의 '좀 많다'는 중국어로 '多一點(다일점)'으로 표기한다. 이 경우 이 '一點(일점)'은 문맥상으로는 '좀'이라는 뜻이지만 글자 본래의 뜻은 '점 하나'이다. 그러므로 이연영은 표면적으로는 '좀 많다'라는 말을 하면서도 속으로는 '점을 하나 더 찍었다'라는 말을 함축하여 서태후의 주의를 환기시켰던 것이다.

중국에서는 이렇게 문맥상의 표면적인 뜻 이외에 안으로 숨겨 둔 의미가 더 있는 말을 '쌍관어(雙關語)'라고 한다. 기민한 두뇌를 가진 이연영은 쌍관어를 효과적으로 사용하여 하기 어려운 말을 완곡하게 표현하였던 것이다. 이연영은 서태후의 표정만 보고도 무엇을 먹고 싶어하는지를 알았다고 하니 그가 절대 권력자 서태후의 최측근으로 수십 년간 위세를 부렸던 것도 결코 우연한 행운이 아니었던 것이다.

5) 소리 없는 대련

경치가 뛰어난 곳을 찾아가 유람하기를 즐겼던 소동파는 산사에도 즐겨 드나들며 산사 주변의 뛰어난 풍광을 즐겼을 뿐만 아니라 재능이 뛰어난 스님들과는 시문을 주고받으며 교유하기도 하였다. 소동파가 가장 친하게 지냈던 스님은 불인(佛印)스님이었다.

불인스님은 원래 유학(儒學)을 연구하던 사람이었다. 그는 천성이 총명한데다 책을 읽기 좋아하였으므로 스님이 되기 전에 유가의 경전을 필두로 하여 제자백가 등 읽지 않은 책이 없었고, 문학에도 깊은 조예가 있었다. 게다가 두뇌 회전이 빠르고 우스갯소리도 잘 해서 문인들이 중심이 되는 상류층 사교계에서 매우 인기가 높았던 인물이다. 여러 가지 면에서 소동파와 잘 어울릴 수 있는 자질을 갖추고 있었다. 소동파는 불인스님과 같이 높은 지적 수준을 가진 스님들과 무람없이 어울리며 때로는 듣는 사람이 민망할 정도의 진한 농담도 주고받았다.

한 번은 소동파와 불인스님이 양자강에 배를 띄우고 놀았다. 불인스님은 강가에 펼쳐지는 아름다운 경치를 구경하다가 흥이 오르자 대구를 지어보자고 제안을 하였다. 불인스님의 제안에 멋진 어구를 만들어보려고 생각에 잠겨 있던 소동파가 문득 강가의 풍경을 훑어보다가 빙그레 미소를 지으며 강가의 어느 곳을 손가락으로 가리켰다. 소동파의 뜻밖의 행동에 영문을 몰라 강가를 두리번거리던 스님은 개가 무슨 뼈다귀 같은 것을 물고 있는 광경을 보더니 회심의 미소를 지었다. 이어 자신의 손에 들고 있던 소동파의 시가 쓰여진 부채를 슬그머니 강물에 띄워 보냈다. 순간 소동파와 불인스님은 누가 먼저랄 것도 없이 박장대소를 하였다.

소동파와 불인스님의 행동은 마치 선문답을 주고받는 듯하다. 실로 그들의 말없는 행동 속에는 기발한 문자유희가 들어 있다. 소동파가 손가락으로 가리켰던 강가의 풍경은 '개가 강가의 뼈다귀를 물고 있다'는 말로 표현할 수 있는데, 이것을 한자로 옮기면 '狗啃河上骨(구긍하상골)'이 된다. 그런데 '河上(하상)'이라는 말의 중국어 발음은 스님을 가리키는 말인 '和尙(화상)'과 같다. 소동파는 겉으로는 '개가 강가의 뼈다귀를 물고 있다'라고 말하였지만 그 이면에는 '개가 스님의 뼈를 물고 있다'라는 희롱의 뜻을 담았던 것이다.

소동파의 행동에 대응한 스님의 행동은 '물에 소동파의 시를 떠내려보내는 것'이다. 이것을 다섯 글자의 한자로 표현하면 '水流東坡詩(수류동파시)'가 된다. 그런데 '詩(시)'라는 말은 '시체(屍體)'의 '屍(시)'자와 발음이 같다. 곧

'물에 소동파의 시를 떠내려 보낸다'라는 말의 이면에는 '물에다 소동파의 시체를 떠내려 보낸다'라는 매우 짓궂은 농담이 들어 있는 것이다. 이러한 대구 놀이를 '소리 없는 대구'라는 뜻에서 '벙어리 아(啞)'자를 써서 '아대(啞 對)'라고도 한다. 고수들 사이에서나 오고 갈 수 있는 고차원의 한자놀이라고 할 것이다.

6) 늙은 짐승이 발굽을 드러내

　명(明)나라 초기에 해진(解縉)이라는 사람이 있었다. 그는 어려서부터 열심히 공부하여 시와 부를 잘 지었고, 청년이 되자 번득이는 재주로 거침없이 시와 문장을 지어 마침내 우수한 성적으로 과거에 급제하게 되었다. 명나라 태조(太祖) 주원장(朱元璋)은 과거 합격자들을 위한 연회에서 해진이 민첩하게 글을 잘 짓고 재능이 출중한 것을 보고는 조정에 남아 정사를 논의할 수 있는 직책을 제수하였다.

　그런데 잔치가 한참 무르익었을 무렵에 노회하고 잔꾀가 많은 대신 한 사람이 해진의 체구가 왜소한 것을 보고는 대뜸 "二猿斷木深山中(이원단목심산중), 小猴可敢對鋸?(소후가감대거)"라고 하였다. 이 두 구의 뜻은 "두 마리 원숭이가 깊은 산 속에서 나무를 자르는데, 어린 원숭이가 감히 마주보고 톱질을 할 수 있겠는가?"라는 말이지만, 본문을 자세히 들여다보면 '마주보고 톱질을 한다'라는 뜻의 '對鋸(대거)'에서 '톱'이라는 뜻의 '鋸(거)'자는 중국 발음으로 '對句(대구)'의 '句(구)'자와 발음이 같다. 또 이 두 구 중 뒤의 구에서 '작은 원숭이'라는 뜻의 '小猴(소후)'라고 한 것은 해진의 체구가 작다고 놀린 것이다. 거기에 더하여 '감히 마주보고 톱질을 할 수 있겠느냐?'라고 한 것은 '네까짓 것이 이 두 구에 맞게 대구를 할 수 있겠느냐? 할 수 있으면 한 번 해 봐라'라는 의미가 깔려 있다. 곧 해진의 외모가 볼품 없는 것을 보고는 그를 깔보아 희롱했던 것이다.

해진은 그 늙은 대감의 악의적인 희롱에 태연하게 미소를 짓더니 여유 있게 "一馬陷足汚泥內(일마함족오니내), 老畜豈然出蹄?(노축기연출제)"라는 두 구를 읊었다. 그 뜻은 "말 한 마리가 진흙 속에 발이 빠졌으니, 늙은 짐승이 어찌 발굽을 낼 수 있으리?"라는 뜻이다. 이 경우도 역시 주된 내용은 뒤의 구에서 전달하고 있는데, '발굽을 낸다'라는 뜻의 '出蹄(출제)'는 중국어로도 '문제를 내다'라는 뜻의 '출제(出題)'와 발음이 같다. 그러므로 '늙은 짐승이 어찌 발굽을 낼 수 있으리'라고 한 뒤 구가 전달하고자 하는 본래의 의미는 '늙은이가 어찌 그런 문제를 내시오'라는 것임을 알 수 있다. 상대방이 자신을 보고 '어린 원숭이'라고 놀린 데 대하여 해진은 '늙은 짐승'으로 반격을 가한 것이었다.

해진의 기발한 대답을 들은 좌중의 문무백관들은 모두 포복절도하였고, 해진의 보잘 것 없는 외모에 들어 있는 천재를 제대로 파악하지 못하고 실없게 농을 걸었다가 오히려 무안을 당한 노대감은 부끄러운 나머지 그 자리를 도망치듯 빠져나갔다고 한다.

해진의 이 대구는 내용상으로도 기발하지만 형식상으로도 매우 정교하다. 노대신의 출구(出句)와 해진의 대구를 비교해보면,

二猿斷木深山中,(이원단목심산중) 小猴可敢對鋸?(소후가감대거)
一馬陷足汚泥內,(일마함족오니내) 老畜豈然出蹄?(노축기연출제)

먼저 앞 구만 보면 출구(出句)의 '二'라는 숫자에 대해서 '一'이라는 숫자로 대응하고, '원숭이'라는 짐승에 대해서는 '말'이라는 짐승으로 짝을 이루며, '자르다'라는 동사에 대해서는 '빠지다'라는 동사로, '나무'라는 명사에 대해서는 '발'이라는 명사로, '깊은 산'이라는 수식구조의 명사구에 대해서는 '더러운 진흙'이라는 수식구조의 명사구로, '가운데'라는 방위를 나타내는 말에 대해서도 '안'이라는 방위를 나타내는 말로 짝을 이룬 것을 알 수 있다.

뒤 구의 경우도 '어리다'라는 말에 대해서 그 반대가 되는 '늙었다'라는 말로, '원숭이'라는 말에 대해서는 '짐승'이라는 말로, '可敢(가감)'이라는 부사에 대해서는 '豈然(기연)'이라는 부사로, '對(대)'라는 동사에 대해서는 '出(출)'이라는 동사로, '톱'이라는 명사에 대해서는 '발굽'이라는 명사로 짝을 맞추고 있는 것이다.

해진은 노회한 대신의 불의의 공격에 절묘하게 반격을 가하여 상대방을 패배의 구렁텅이에 빠뜨렸던 것이다. 내용과 형식에 걸쳐 정교한 대구에는 해진의 비범한 두뇌와 기민한 임기응변의 능력이 잘 나타나 있다.

7) 자네는 아직 부끄러운 줄도 모르나?

송(宋)나라 시대에 가(賈)씨 성을 가진 사람이 있었다. 그는 매일 시를 읊고 지었으나 남들이 보기에 훌륭한 작품은 하나도 없었다. 그러나 그는 자신의 재능이 천하에 제일이라고 자부하며 오만하기 짝이 없었다. 그런 그를 보고 주위 사람들은 비웃기 일쑤였다. 그러나 그에게도 진심으로 그를 위하는 좋은 친구가 하나 있었다. 그 친구는 그 가씨가 그의 단점을 시정하여 진정 훌륭한 작가가 되기를 바라는 마음에서 당대 최고의 문장가인 구양수

(歐陽修)를 찾아가서 가르침을 청해 보라고 권유하였다.

　이미 안하무인이었던 가씨는 친구의 그 간곡한 권유에 문득 구양수를 찾아가서 한 번 겨루어보아 자신의 우위를 확인해야 되겠다는 생각이 들었다. 가씨는 즉시 짐을 꾸려 짊어지고 수도로 구양수를 찾아가는 길에 올랐다. 가씨가 수도로 들어가서 큰 나무 아래에서 잠시 쉬는데 갑자기 시상이 떠올랐다.

> 門前一高樹,(문전일고수)
> 　　㘏 문 앞의 키 큰 나무 하나,
>
> 兩股大椏杈.(양고대아차)
> 　　㘏 등치가 크게 둘로 갈라졌네.

　가씨는 이렇게 큰 나무의 대략적인 모습을 묘사한 이 두 구를 읊고서 그 다음 구를 만들어보려고 했으나 아무리 해도 시상이 떠오르지 않았다. 혼자서 이 두 구만을 소리 내어 읊조리며 그 다음 구를 만들어보려고 애쓰느라 땀까지 빼고 있었다. 마침 그 옆을 천천히 거닐고 있던 구양수가 가씨의 그런 모습을 보고 안쓰러워 다음과 같이 두 구를 이어주었다.

> 春至苔爲葉,(춘지태위엽)
> 　　㘏 봄이 오면 이끼가 잎새가 되고,
>
> 冬至雪是花.(동지설시화)
> 　　㘏 겨울 되면 눈이 꽃이 되네.

　그 큰 나무는 이미 말라죽어 있던 것이었다. 그래서 봄이 와도 잎이 날리가 없고, 더군다나 꽃은 말할 것도 없었다. 생명력이 다한 나무이니 봄이 되면 파랗게 이끼가 끼기 마련이다. 죽음의 상징이다. 그런데 구양수의 기발한 시심은 이끼를 새로 돋는 잎이라 하여 죽은 나무를 기사회생시켰다. 거기에 더하여 겨울에 쌓이는 눈을 소담스런 꽃으로 표현하였다. 설화(雪花)다. 구양수의 남다른 시심은 죽은 나무에 새 잎을 틔우고 꽃을 피워낸 것이다.

그러나 그 두 구가 자신의 두 구보다 백 배 천 배 낫다는 것을 제대로 알지 못할 뿐만 아니라 구양수를 본 적도 없는 가씨는 그 두 구를 얻어듣고서는 구양수를 어느 집 가정교사쯤으로 생각하였다. 그래서 구양수를 만만하게 생각한 가씨는 "당신도 시를 지을 줄 아시는구료." 하며 반갑게 인사를 건넸다. 그런 다음 자신이 수도에 온 경위를 말하고서 친구가 되어 같이 구양수를 찾아가자고 제안하였다.

구양수는 자신의 이름을 밝히지 않은 채 가씨를 따라 강둑 길을 걸어 시내로 향했다. 그때 강둑에는 한 떼의 오리들이 인기척에 놀라 어지럽게 강물에 뛰어들었다. 그 광경에 가씨는 또 시흥이 솟았다.

> 一群綠鴨婆,(일군녹압파)
> ㉑ 푸른 오리 한 떼가,
>
> 一同跳下河.(일동도하하)
> ㉑ 함께 강물에 뛰어드네.

이 두 구가 가씨의 입에서 나오자 구양수가 곧바로 두 구를 이어 읊었다.

白毛浮綠水,(백모부녹수)
   ⓒ 흰 털은 푸른 물에 뜨고,

紅掌撥清波.(홍장발청파)
   ⓒ 붉은 발은 맑은 파도를 헤치네.

이번에는 가씨도 놀라지 않을 수 없었다. 그렇지만 "당신은 입만 열면 시가 나오네요."라고만 할 뿐, 얼간이의 고집은 여전히 구양수의 뛰어난 재능을 인정하기를 거부하였다. 그는 한 술 더 떠서 끈덕지게 물고 늘어졌다. 자신이 또 두 구를 읊을 테니깐 다음 두 구를 이어보라고 구양수에게 요구하였다.

兩人同登堤,(양인동등제)
   ⓒ 두 사람이 함께 둑길에 올라,

去尋歐陽修.(거심구양수)
   ⓒ 구양수를 찾아가네.

마침내 가씨의 자충수가 나왔다. 보잘것없는 재주로 거드름을 피우는 가씨에게 이미 신물이 난 구양수는 이제 때가 되었다는 듯 미소를 짓더니 두 구를 읊었다.

修已知道你,(수이지도니)
   ⓒ 구양수는 이미 너를 아는데,

你還不知修,(니환부지수)
   ⓒ 너는 아직도 구양수를 모르지.

구양수는 이 두 구를 내뱉고는 휙 하고 몸을 돌려 오던 길을 되돌아갔다. 가씨는 뭔가 잘못되었다는 느낌이 들었지만 영문을 알 수 없었다. 그때 옆을 지나가던 사람이 "저 분이 바로 구양수요!" 하고 일깨워주었다. 그때서야 정신이 든 가씨는 얼굴이 홍당무가 되어 남이 볼세라 재빨리 집으로 도망쳤다.

"구양수는 이미 너를 아는데, 너는 아직도 구양수를 모르지."라고 한 것은 기실 "나는 너의 실력을 이미 아는데 너는 아직 부끄러운 줄도 모르는구나." 하고 가씨를 놀리는 것이다. 구양수의 '修(수)'자의 발음이 부끄러워하다는 뜻의 '羞(수)'자와 같으므로 '구양수를 모른다'는 말의 이면에 '부끄러운 줄도 모른다'라는 의미를 함축하고 있기 때문이다. 분수를 모르는 조무래기의 잘못을 완곡하게 꼬집어준 구양수의 일화에서 그의 도량과 지혜를 엿볼 수 있다.

7. 발음과 관련된 몇 가지 특이한 한자놀이

1) 입성(入聲)으로만 된 대련

중국어에는 사성(四聲)이 있다. 원래는 평성(平聲)·상성(上聲)·거성(去聲)·입성(入聲)의 네 가지였다. 그러나 원(元)나라 무렵에 현재 중국어의 표준어로 채택되어 있는 북경어권에서는 입성이 사라지고 평성이 음평성(陰平聲)과 양평성(陽平聲)의 둘로 분화되어 새로운 사성의 체계를 형성하여 오늘날에 이르고 있다. 그러나 율시(律詩)를 쓸 때에는 원나라 이전 시대의 발음 곧 입성이 있는 발음체계를 따른다. 입성은 중국어의 일부 방언에 남아 있고 우리나라의 한자 발음에도 남아 있다. 우리나라 한자 발음에서 'ㄱ·ㅂ·ㄹ' 등의 받침이 붙는 글자가 대개 입성이다. 그래서 입성인지 아닌지는 표준 중국어 발음으로는 파악하기 힘들고, 우리나라 발음으로 하는 것이 알기 쉽다.

입성의 글자는 발음의 성격상 답답한 느낌이 들고, 중복되면 발음하기가 매우 어렵다. 그렇다고 평성만으로 된 구절의 발음이 쉬운 것도 아니다. 모름지기 서로 다른 발음들이 엇섞여 있어야 발음이 편하고 자연스럽게 된다. 그런데도 유독 입성자만으로 한 구를 만들거나 같은 모음으로 끝나는 평성으로 구를 만든 것도 있다. 우리말 장난 중에 '진해찹쌀새찹쌀'처럼 발음하기 어려운 말을 만들어 노는 것과 유사한 것이다. 매우 특이한 구조로 된 것을 하나 소개하기로 한다.

> 屋北鹿獨宿,(옥북록독숙)
> ㎝ 집 북쪽에 사슴이 홀로 잠들고,
>
> 溪西鷄齊啼.(계서계제제)
> ㎝ 시내 서쪽에서는 닭들이 함께 운다.

괄호 안의 우리말 발음을 읽어보면 발음하기가 꽤 고약하다. 그런데 특이한 점은 두 구가 내용상으로나 구조상으로나 절묘한 대구를 이룬다는 것이다. 우선 위 구는 우리말 발음으로 모두 'ㄱ'받침이 들어가는 글자들로 이루어져 있고, 아래 구는 모두 평성이면서 중국어 발음상 '이'로 끝나는 글자들로 이루어져 있다. 'ㄱ'받침의 입성자로 이루어진 구와 '이'발음의 평성자로 이루어진 구로 짝을 이룬 대구다.

구조상으로 보면 특정 장소를 나타내는 명사 '屋(옥)'자에 역시 같은 성격의 명사 '溪(계)'가 짝을 이루고, '北(북)'이라는 방향을 나타내는 말에 '西(서)'라는 방향을 나타내는 말이 짝을 이루고 있다. 그 다음에는 사슴이라는 동물을 나타내는 '鹿(녹)'자에 역시 동물인 닭을 나타내는 '鷄(계)'가 짝을 이룬다. 그 다음에는 부사로서 '홀로'라는 뜻을 가진 '獨(독)'자에 역시 부사이면서 '홀로'와는 상대가 되는 '함께'라는 뜻을 가진 '齊(제)'자가 짝이 되어 있다. 마지막에는 동작을 나타내는 동사인 '宿(숙)'과 '啼(제)'가 짝을 이루고 있다.

이와 같이 이 두 구는 발음하기 어려운 글자들의 모임으로 이루어져 있으면서, 동시에 자연스러운 의미구조를 가지고 있다. 게다가 매우 정교한 대를 이루는 구조로 되어 있다. 문자유희의 한 가지이지만 매우 정교하고 수준이 높아 기억할 만한 가치가 있다.

2) 경극 무대의 대련 속에 담긴 북소리 꽹과리소리

어느 경극 무대에 다음과 같은 대련이 붙어 있었다고 한다.

> 普天當慶, 當慶, 當慶, 當當慶;(보천당경, 당경, 당경, 당당경)
> 擧國燈狂, 燈狂, 燈狂, 燈燈狂.(거국등광, 등광, 등광, 등등광)

무슨 뜻인지 쉽게 파악되지 않는 대련이다. 그래도 문자의 뜻을 하나씩 짚어보면 위 구의 '普天(보천)'은 '온 하늘'이라는 말이지만 뒤에 나오는 말을 미리 고려하면 '온 천하'라는 뜻의 '普天之下(보천지하)'의 준말로 보는 것이 더 좋을 듯하다. '當(당)'은 '마땅히'라는 뜻이며, 부사인 이 '當(당)'자의 수식을 받는 '경사 경(慶)'자는 '경축하다'라는 뜻으로 보아야 되겠다.

아래 구의 '擧國(거국)'은 흔히 쓰는 말로서 '온 나라'라는 뜻이다. '燈(등)'
은 '등불'이고, '狂(광)'은 '미쳤다'라는 뜻이니, '燈狂(등광)'은 '등불이 미쳤다'
인가? 그래, 경극 공연을 하는 무대 주변 등불의 불꽃이 미친 듯이 흔들리
는 것을 표현한 것으로 보기로 하자. 그러면 이 대련의 뜻은 대략 다음과
같이 될 것이다.

> 온 천하가 경축해야지, 경축해야지, 경축해야지, 마땅히 경축해야지;
> 온 나라의 등불이 미친 듯 춤추네, 등불이 미친 듯 춤추네, 등불이 미친 듯
> 춤추네, 등불마다 미친 듯 춤추네.

좋은 경극이 상연되는 것은 모두가 경축할 만하고, 또 많은 등불들의 흔
들리는 불꽃이 무대 분위기를 돋우고 있으니 모두들 와서 한 번 관람해보라
고 유인하는 선전문구로 해석한 것이다. 그런데 이렇게만 하고 보면 뭔가
허전한 느낌이 든다. 이 정도 문구가 무엇이 대수라고. 그렇다. 이 문구의
중국어발음 속에 정작 말하고자 하는 것이 들어 있다.

'當(당)'의 중국어 발음은 우리말 발음의 '땅'에 가깝고, '慶(경)'자의 발음
은 '칭'에 가깝다. 그리고 아래 구의 '燈(등)'자의 발음은 '떵'에 가깝고, '狂
(광)'의 발음은 '쾅'에 가깝다. 그럼 이 네 글자만이라도 중국어 발음 흉내를
내면서 읽어보기로 한다.

> (보천)땅칭, 땅칭, 땅칭, 땅땅칭;
> (거국)떵쾅, 떵쾅, 떵쾅, 떵떵쾅.

어떤 느낌이 드는가? '땅칭'은 경극에서 요란하게 두드려 대는 꽹과리의 소리를 닮지 않았는가? 그리고 '떵쾅'은 북소리처럼 느껴지지 않는가? 이 대련은 내용의 전달보다도 읽을 때의 소리의 느낌을 더 중시하는 것으로 생각된다. 독음을 통해 꽹과리소리와 북소리가 뒤섞여 와자지껄하게 성황을 이루는 연극 무대의 분위기를 연상시킴으로써 관객을 끌고자 했던 것이다. 경극을 좋아하는 이가 이 대련을 읽으면 누구라도 그 경극을 보고 싶어 할 것이다.

3) 총명한 며느리의 피휘(避諱)

옛날 어느 집에서 며느리를 맞았는데 현숙하기 이를 데 없었다. 총명하고 규모가 있어 살림을 잘 했을 뿐만 아니라 마음씨도 고와 효성스럽기가 더할 나위 없었다. 그녀는 시부모를 지극 정성으로 섬겨 터럭만큼이라도 그 뜻을 거스르는 일이 없었으며 철저하게 피휘를 하여 무릇 시아버지의 이름자가 들어가는 말은 일절 입에 올리는 일이 없었다.

피휘는 황제나 부모의 이름자를 입에 올리지 않음으로써 존경의 뜻을 표하는 것으로서 중국 전통사회의 중요한 윤리 규범의 하나이다. 그것은 윗사람이나 권위자에게 복종하는 것을 당연시하는 봉건적 가치관의 발현이다. 그러므로 현대의 관점에서 보면 너무나 형식적이고 부자연스럽지만 봉건적 가치가 지배하는 전통사회에서는 매우 소중한 가치의 하나로 취급되었다.

그렇기 때문에 그녀의 시아버지는 그 며느리가 그렇게 자랑스러울 수가 없었다. 밖에 나가 친구들을 만나면 언제나 며느리 자랑이 입에서 떨어지지 않았다. 그 시아버지는 며느리의 총명함을 증거하는 자료로 자신의 이름자나 이름자와 같은 발음의 글자를 여지껏 입에 올린 적이 없었다는 점을 누누이 강조하였다. 그 시아버지의 이름자에는 '아홉 구(九)'자가 들어 있었다. 성을 더하여 '장구(張九)'라고 불렸던 모양이다.

그러나 시아버지의 친구들은 그것이 그저 과장된 며느리 자랑일 뿐, 그 정도까지는 할 수 없는 일이라며 시아버지의 말을 액면 그대로 받아들이지 않았다. 이에 답답해진 시아버지는 정 믿지 못할 것 같으면 내기라도 하자고 하였다. 이에 밑질 것 없다고 생각한 시아버지의 친구 두 사람은 그 시아버지와 지는 사람이 한 턱 크게 낸다는 내기를 걸었다.

시아버지의 두 친구는 그 친구에게 얼마간 집에 들어가지 못하게 하고 부추 한 묶음과 술 한 병을 들고 친구 집으로 찾아갔다. 영문을 모르는 며느리는 두 사람의 방문을 받고서 마침 시아버지가 출타중이라며 미안해하였다. 두 사람은 섭섭해하는 표정을 지으며 시아버지가 돌아오시면 "왕구(王九)와 이구(李九)가 부추 한 묶음을 들고 장구(張九)를 찾아와서 구(九)월 구(九)일에 같이 술 한 잔 하자."고 하더라는 말을 어김없이 전해달라고 그 며느리에게 당부하였다. 그리고는 돌아가는 척 하다 그 집의 담 뒤에 숨어서 예의 주시하였다. 그 며느리가 과연 어떻게 대처하는지를 보고자 하였던 것이다.

사실 두 노인이 낸 문제는 여간 어려운 것이 아니다. 시아버지의 이름자에 '九(구)'자가 있고, 노인들이 자신들의 이름이라고 꾸며댄 것에도 '九(구)'자가 각기 하나씩 하여 둘이 들어 있다. 그리고 구월 구일에도 '九(구)'자가 둘이 있다. 그것만이 아니다. 부추를 나타내는 한자 '韭(구)' 역시 '아홉 구(九)'자와 발음이 같고, 거기에 더하여 '술 주(酒)'자의 중국어 발음도 '아홉 구(九)'자와 같다. 그러니 그 짧은 말 속에 며느리가 피휘를 해야 할 것이 무려 일곱 개나 들어 있는 것이다. 여간 주의하지 않으면 한두 곳에 걸려들기 쉬울 뿐만 아니라, 신경을 곤두세워 그것을 피하려 해도 어지간한 기지가 있지 않고는 해내기가 어렵다. 두 노인은 친구의 며느리 자랑에 신물이 났던지 단단히 벼르고 덤벼들었던 것이다.

이윽고 밖에 나갔던 시아버지가 집안으로 들어왔다. 친구가 자기 집안으로 들어가는 것을 본 두 친구는 회심의 미소를 지으며 승리를 낙관하였다. 그러나 며느리가 시아버지한테 전하는 말은 그들의 예상을 훨씬 뛰어넘었다. "왕팔일(王八一)과 이팔일(李八一)이라는 두 어른이 납작한 파 한 단을 들고 와서는 중양절에 우리 아버님과 환백(歡伯)을 한 잔 하자는 말씀을 남겼습니다."라고 했기 때문이었다.

두 노인의 이름자에 들어 있다고 한 '九(구)'자는 8 더하기 1은 9라는 뜻으로 '八一(팔일)'이라고 하였고, 시아버지의 이름자는 '우리 아버님'이라는 말로 대신했다. 그리고 음력 9월 9일은 양수(陽數) 중에서 가장 큰 숫자가 중복된 날이라고 하여 '중양절(重陽節)'이라고 부르므로 그 이름으로써 '구'자를 입에 담는 것을 피하였다. 그리고 부추는 매운 맛이 있어서 파와 비슷한 성질의 채소지만 파의 잎이 둥근 것과는 달리 납작하므로 부추를 '납작한 파' 즉 '扁扁葱(편편총)'이라는 표현으로 바꾸어 부름으로써 '부추 구(韭)'자의 발음을 입에 담는 것을 피하였다. '술 주(酒)'자 역시 술을 나타내는 다른 말인 '歡伯(환백)'이라는 말로 대신함으로써 '아홉 구(九)'와 같은 '술 주(酒)'자의 발음을 피하였던 것이다.

이렇게 총명한 며느리는 두 영감이 애써 마련해 놓은 일곱 개의 함정을 보기 좋게 다 피해버리고 말았다. 며느리의 시아버지는 똑똑하고 효성스러운 며느리를 둔 덕분에 내기에도 이기게 되니 말로 표현할 수 없으리만치 기분이 좋았다. 반면 내기에 진 두 노인은 내기에 진 아쉬움보다는 그 며느리의 총명함에 혀를 내두르며 훌륭한 며느리를 둔 친구를 부러워하기에 여념이 없었다고 한다.

제4장

글자의 뜻을 이용한 한자놀이

1. 말하는 뜻 따로 듣는 뜻 따로

1) '苦(고)'자의 각기 다른 뜻

멍청한 사람이 아내를 따라 처갓집에 갔다. 장인은 먼저 과일을 차려놓고 대접할 준비를 하였다. 멍청한 사위는 감이 차려져 있는 것을 보자마자 가장 큰 것을 골라 냉큼 먹기 시작하였다. 어떤 실수를 할지 몰라 내내 문틈으로 들여다보며 마음을 졸이고 있던 그의 아내가 그 광경을 보자 자신도 모르게 "아이쿠 괴로워(哎, 苦呀)" 하며 속상해하였다. 그러자 그 말을 들은 멍청한 남편은 "쓰지는 않아, 지독하게 떫기만 해!(苦倒不苦, 就是澀得很)" 하고 소리쳤다.

'苦(고)'자에는 '쓰다'는 뜻과 함께 '괴롭다'라는 뜻도 있다. 처음 아내가 내뱉은 '苦(고)'라는 말은 철없는 남편의 행동을 보고 '괴롭다'라고 한 말인데, 멍청한 남편은 감 맛이 '쓰다'고 하는 줄로만 알아들었던 것이다.

2) '한 일(一)'자의 여러 가지 뜻

옛날 선비 세 사람이 함께 과거를 보러 가다가 그들의 과거운이 과연 어떨까 궁금하여 점쟁이를 찾아가 점을 보기로 하였다. 점쟁이는 세 선비를 한 번 훑어보더니 아무 말도 하지 않고 손가락을 하나 세워 선비들에게 보여주었다.

훗날 과거 시험의 결과가 나고 보니 세 선비 중에 한 선비가 급제를 하였다. 급제한 선비는 점쟁이 덕분이라고 생각하여 선물을 들고 가서 고마움을 표시하였다. 그 일이 다른 사람들에게 알려지자 그 점쟁이는 미래의 일을 족집게처럼 잘 맞추는 용한 사람으로 소문이 났다.

그러나 그 점쟁이의 실력을 잘 아는 그의 아내는 그의 남편이 미래의 일을 맞힐 수 없다는 사실도 잘 알고 있었다. 그래서 남편인 점쟁이에게 그때 손가락 하나를 세운 뜻을 물어보았다. 점쟁이는 아내의 질문에 너털웃음을 터뜨리더니 남에게는 말하면 안 된다는 주의를 주면서 다음과 같이 말하였다.

"암, 내가 손가락 하나를 들어올린 데에는 오묘한 뜻이 있소 이번 경우처럼 세 사람 중 한 명만 급제할 경우에는 '한 명이 급제한다'는 뜻이고, 만약 두 명이 합격할 경우에는 '한 명은 낙방한다'는 뜻이오 그리고 세 사람이 다 합격하는 경우에는 '하나같이 모두 합격한다'는 뜻이며, 세 명 다 낙방하는 경우에는

'한 명도 급제하지 못한다'라는 뜻이라오."

3) '打(타)'자의 또 다른 뜻

옛날에 술을 매우 좋아하는 현령이 있었는데, 그는 매일 서너 근(斤: 중국 사람들은 술의 양도 근으로 나타낸다)의 술을 마셨다. 어느 날도 여느 때처럼 술을 마시고 있었는데, 한창 술맛이 오를 때에 어느 억울한 일을 당한 백성이 현령에게 하소연하러 와서 '억울합니다!'라고 소리를 쳤다. 그 소리에 술맛이 확 가신 현령은 화가 잔뜩 나서 동헌으로 나왔다. 그리고는 술에 만취한 채 불문곡직하고 탁자를 후려치면서 "쳐라(打)!"며 고함을 질렀다. 형리는 '치라'는 현령의 말을 듣고 곤장을 집어들기는 했지만 몇 대나 때리라는 구체적인 지시가 없어 잠시 머뭇거리다가 "얼마나 칠깝쇼?" 하고 물어보았다. 이 때 현령의 대답이 걸작이었다.

"서 근 더 사와!"

중국어에서 '打(타)'는 '때리다'라는 기본적인 뜻 이외에도 '(물을) 긷다', '(넥타이를) 매다', '(전화를) 걸다', '(술을) 사다'라는 등 여러 가지의 특별한 뜻으로도 쓰인다. 죄를 지은 사람을 때리라고 명령하는 것은 현령의 일상적인 업무였으므로 처음에 주흥을 깬 데 대한 불만으로 내뱉었던 '打(타)!'라는 말은 '(사람에게 매를) 쳐라'는 뜻으로 한 것이 분명할 것이다. 그러나 술에 취해 정신이 없고 술밖에 다른 생각이 없던 현령은 '얼마나 칠까요?'라는 뜻으로 '打多少(타다소)?'라고 묻는 형리의 말을 '(술을) 얼마나 사올까요?'로 들어버렸다. 그래서 그 현령의 입에서는 '서 근 더 사와!'라는 뜻의 '再打三斤(재타삼근)!'이라 소리가 터져 나왔다.

4) 말의 호(號)

어떤 사람이 말을 한 필 빌어가면서 다음과 같은 차용증서를 써 주었다.

"제가 밖으로 나가보아야 할 중요한 일이 있어서 귀하로부터 준족(駿足) 한 필을 빌어 갑니다."

무식한 주인은 차용증서를 보더니 "준족이 무엇입니까?" 하고 물었다. 이에 말을 빌린 사람은 "말입니다."라고 대답했다. 그러자 주인은 뭔가를 크게 깨달은 것처럼 말했다.

"아, 이 짐승에게도 호가 있었군요."

말을 빌어 가는 사람이 남의 말이기에 존중하는 의미에서 '잘 달리는 훌륭한 말'이라는 뜻의 '준족'이라고 표현했던 것인데, 무식한 주인은 그 말뜻을 모르고 사람들이 이름 대신 호를 써서 부르듯이 말에게도 호가 있는 것이라고 생각했던 것이다.

5) 동파육(東坡肉)의 또 다른 뜻

옛날에 어떤 선비가 소동파(蘇東坡)의 문장을 매우 좋아하여 어떻게든 그 문장을 배워보려고 무던 애를 썼다. 그렇지만 그 사람은 능력이 부족했던 탓으로 아무리 노력해도 제대로 되지 않았다. 그래도 그 사람은 게으름을 피우지 않고 한결같이 소동파의 문장을 익히느라 여념이 없었다.

어느 날 그는 돼지고기 두어 근에 양념을 한 다음 고기가 흐물흐물해질 때까지 약한 불에 오랫동안 푹 고았다. 소위 동파육(東坡肉)을 만든 것이다. 옛날 소동파가 황주(黃州)로 귀양을 가서 보니 그곳에는 돼지가 우글우글한

데도 그 지역 주민들이 돼지고기를 요리하는 방법을 몰라 굶주림에 시달리고 있는 것을 보고 그들을 구하기 위해 개발했다는 바로 그 요리다.

그 선비가 요리가 다 된 동파육을 접시에 담아서 먹으려고 막 젓가락을 드는 순간에 그의 친한 친구가 찾아왔다. 그 친구는 선비가 무얼 먹는 것을 보고는 '무엇을 먹느냐'고 물었더니 선비는 사실대로 '동파육을 먹는다'고 대답했다. 그러자 그 친구는 갑자기 무슨 생각이 들었는지 선비를 희롱하는 말을 내뱉었다.

"자네 어쩌다가 소동파를 그렇게까지 미워하게 되었는가?"

친구는 '동파가 개발한 돼지고기 요리'란 뜻의 '동파육'을 '소동파의 살'로 해석한 다음, '동파육을 먹는다'는 말을 '소동파를 미워한 나머지 그의 살을 뜯어먹는다'라는 뜻으로 곡해했던 것이다. 평소 소동파를 배우려고 애를 썼으나 잘 하지 못하는 선비의 사정을 잘 아는 친구는 음식조차 소동파를 흉내내는 선비의 우직한 행동을 보자 안쓰러운 생각보다 우습다는 생각이 먼저 들었기 때문일 것이다.

6) '새 조(鳥)'자의 또 다른 뜻

소동파가 여러 사람과 함께 연회를 즐기는 자리에서 장난기가 발동해 불인(佛印)스님에게 농을 걸었다.

"제가 스님과 함께 일찍이 스님들에 관한 내용이 담긴 시들을 읽은 적이 있습니다만, 곰곰이 생각해보아도 이해되지 않는 것이 하나 있습니다. 스님들과 관련이 있는 시들 중에는 '時聞啄木鳥, 疑是扣門僧(시문탁목조, 의시구문승: 때때로

딱따구리 소리 들리면, 문 두드리는 스님인가 하네.)'과 '鳥宿池邊樹, 僧敲月下門(조숙지변수, 승고월하문: 새는 못 가의 나무에 깃들고, 스님은 달 아래에서 문을 두드리네.)라는 것들처럼 새와 스님이 함께 나오는 시들이 더러 있는데, 옛날 사람들이 스님과 새를 결부시킨 까닭을 알 수 없네요. 본래 스님과 새가 무슨 특별한 관련이 있는 것인지 도무지 알 길이 없습니다.”

머리 좋기로 소문난 불인스님은 소동파의 말이 채 끝나기도 전에 소동파가 자신을 놀리고 있다는 것을 이미 알아차리고 있었다. '새 조(鳥)'자는 중국말 속어로 남자의 성기를 가리키는 말이기 때문이다. 물론 '새'라는 뜻일 때에는 'niao' 제3성이 남자의 성기를 가리키는 속어일 때에는 'diao' 제3성이 되어 발음이 바뀐다.

소동파가 스님에게 매우 고약한 장난을 친 것이었다. 그러나 소동파의 그 수작에 얼굴을 붉히며 어쩔 줄 몰라하거나 화를 낼 불인스님이 아니었다. 그냥 웃어넘기며 못 들은 척 할 리도 없는 불인스님이었다. 불인스님은 소동파의 말이 끝나자마자 태연하게 대답하였다.

　　“그래서 이 늙은 중이 오늘 대학사(大學士)님과 자리를 같이 할 수 있는 것이지요.”

이게 무슨 소린가? 소동파를 두고 '스님과 어울리는 새'라고 한 것이 아닌가! 말하자면 소동파를 '×같은 놈'이라고 한 것이다. 소동파가 호된 반격을 당한 것이었다. 물론 소동파도 스님의 그 말에 역정을 내지 않았다. 너털웃음을 웃으며 입에 침이 마르도록 불인스님의 빠른 두뇌 회전을 칭찬하였다. 이어 술병을 들고 자리에서 일어나 불인스님께 공손히 술을 따르고 사죄하였다. 불인스님도 "이후로는 더 이상 나를 놀리지 않으면 됐소. 사과는 무슨 사과……."라고 하였다. 달관한 고수들의 풍모가 그저 부럽기만 할 뿐이다.

7) '동서(東西)'가 '물건'이라는 뜻이 된 이유

기윤(紀昀)이 남방을 순행하는 건륭황제를 따라 나섰던 때의 일이라고 한다. 어느 곳에서 대나무로 만든 광주리를 구경하던 건륭이 '그건 무엇에 쓰는 것이냐?'고 물었다. 그러자 기윤이 '물건을 담는 것이다'라고 대답했다. '물건'은 중국어로 'dongxi'라고 하는데, 한자로는 '東西(동서)'라고 쓴다. 이 때 장난기가 발동한 건륭이 "'물건'을 왜 '南北(남북)'이라고 하지 않고 굳이 '東西(동서)'라고 하는가?"라고 다시 물었다. 이에 기윤은 다음과 같이 대답했다고 한다.

"남(南)은 간지로 '병정(丙丁)'이고 오행으로는 '불 화(火)'에 해당하며, 북은 간지로 '임계(壬癸)'이고 오행으로는 '물 수(水)'에 해당하는 까닭에 물과 불은 이런 성긴 용기에 담을 수 없습니다. 그러나 '동(東)'은 간지로는 '갑을(甲乙)'이고 오행으로는 '나무 목(木)'에 해당하며, '서(西)'는 '경신(庚辛)'이며 '쇠 금(金)'에 해당하니 나무와 쇠는 이런 그릇에도 담을 수 있기 때문입니다."

중국어에서 '동서(東西)'가 '물건'이라는 뜻으로 쓰이게 된 것은 '사방에 널려 있는 것'이라는 뜻에서 '사방'을 줄여 '동서'로 표현했기 때문이라는 설은 있지만, 기윤이 한 것과 같은 그런 해석은 찾아지지 않는다. 두뇌 회전이 빨랐던 기윤은 황제의 엉뚱한 대답에도 당황하지 않고 재치를 발휘했던 것으로 보인다.

8) '容易(용이)'의 문자 그대로의 뜻

『논어(論語)・위정(爲政)』편에 '색난(色難)'이라는 말이 보인다. '부모의 안색을 제대로 살펴서 그 뜻을 알아 모시기 힘들다' 또는 '부모님의 마음이 언제나 편안하시도록 부드러운 안색으로 모시기 힘들다'는 뜻으로 해석되는 말이다. 어느 쪽이거나 효도의 어려움을 말하는 것임에는 틀림없다.

어느 날 건륭(乾隆)황제가 편전에서 대신들과 함께 담소를 나누다가 그 '색난'이라는 말을 입에 올리게 되었다. 그 참에 건륭은 "이 말에 짝을 맞추는 것은 매우 어렵다."라는 말을 하였다. 이 말과 정반대가 되는 어구를 찾아내기가 어렵다는 말이었다. 그런데 뜻밖에도 건륭의 그 말이 떨어지기가 무섭게 동석하고 있던 기윤(紀昀)의 입에서 "쉽습니다."라는 말이 튀어나왔다. 그날 따라 기분이 나쁘지 않았던 건륭은 기윤의 그 말에 웃으며 "그러면 그대가 한 번 해 보시게."라고 권고하였다. 그러자 기윤은 엉뚱하게도 "방금 신이 이미 대구를 만들었나이다."라고 아뢰었다. 잠시 영문을 몰라 어리둥절하던 건륭이 기윤이 했던 말들을 곱씹어보고는 "그렇군." 하고 갑자기 뒤통수를 맞고 정신이 든 표정으로 쓴 웃음을 지었다.

'쉽다'라는 말은 중국어로 '容易(용이)'다. 물론 우리말에도 쓰이는 말이다. 그런데 이 '용이'라는 말을 뜯어보면 '얼굴 용(容)'자와 '쉬울 이(易)'자의 조합으로 되어 있다. 이 중 '容(용)'자는 얼굴빛을 나타내는 '色(색)'과 썩 잘 어울리는 한 쌍의 글자다. 게다가 '쉬울 이(易)'자는 '어려울 난(難)'자의 정반대가 되는 글자가 아닌가? 기윤은 '어렵다'라는 건륭의 생각에 '쉽다'고 반론을 제기하면서 동시에 그 대답까지 담아내었던 것이었다.

9) '下面(하면)'의 또 다른 뜻

학식이 풍부하고 재치 있는 우스갯소리를 잘 하는 기윤(紀昀)은 환관들에게도 인기가 있었다. 그가 조정에 들어가기만 하면 환관들이 들러붙어 재미있는 이야기를 해 달라고 졸라대기 일쑤였다. 하루는 심기가 썩 편치 않은데도 환관들이 파리떼처럼 몰려들어 이야기를 해 달라고 아우성을 치자, 기윤은 내키지 않는 태도로 입을 열었다. 그런데 "옛날에 환관들이 살았는데……" 하고 운을 떼고는 도통 그 다음 이야기를 잇지 않았다. 환관들은 자신들과 관련된 이야기라 더욱 호기심이 발동하여 "다음은요? 다음은요?" 하고 채근을 했다. 한참 뜸을 들이던 기윤은 못 이긴 척 입을 열었다. 그러나 그는 "없어!"라는 한 마디를 내뱉고는 잽싸게 몸을 빼어 그 자리를 떴다. 기윤의 돌발적인 태도에 환관들은 일시 멍해졌다. 잠시 후 환관들은 기윤이 사람을 귀찮게 하는 자신들을 욕한 것이라는 사실을 알고서 얼굴을 붉혔다. 중국어에서 '다음'이라는 뜻으로 쓰이는 '下面(하면)'이라는 말은 본래 '아래쪽'이라는 뜻이기 때문이다. 기분이 내키지 않아 할 이야기가 없다는 의미를 전달하면서 한편으로는 신체적으로 아래쪽이 불완전한 환관들의 약점을 꼬집어 불쾌한 심사를 드러냈던 것이다.

2. 글자 뜻 그대로 사용한 이름

1) 석(石)씨라 몸이 돌처럼 단단해

송(宋)나라 시대에 소순흠(蘇舜欽)·매요신(梅堯臣) 등과 이름을 나란히 했던 시인 중에 석연년(石延年)이라는 사람이 있었다. 그의 자는 만경(曼卿)이라고 하였는데, 술을 매우 좋아하였고 우스갯소리도 잘 하였다. 사람됨 또한 매우 소탈하고 활달했다.

한 번은 말을 타고 밖에 나갔는데, 말몰이가 실수를 하여 고삐를 놓치는 바람에 말이 놀라 펄쩍 뛰었다. 그 결에 석연년은 말에서 떨어져 나동그라졌다. 수행하던 부하 관리가 급히 석연년을 부축하여 말 안장에 앉히느라 법석을 떠는 것을 본 행인들은 그 높은 벼슬아치가 어떤 식으로 화를 내면서 아랫사람을 혼내는지를 구경할 심산으로 모여들었다. 그러나 침착하게 다시 채찍을 집어 들고서 실수한 하인을 쳐다보던 석연년의 입에서 나온 말은 그들의 기대를 완전히 벗어났다.

"내가 석학사(石學士)이기에 망정이지, 만약 와학사(瓦學士)였더라면 몸을 부러뜨리고 말았을 게야."

자신의 성이 '돌 석(石)'자 석씨라서 몸이 돌처럼 단단하여 큰 상해를 입지 않았지, 만약 성이 '기와 와(瓦)'자 와씨였더라면 푸석푸석한 기왓장 깨어지듯이 몸이 망가졌을 것이라는 뜻이다. 보통의 벼슬아치였다면 설사 자신의 실수였다고 하더라도 하인에게 분풀이를 하면서 무안함을 모면하려고 하련만, 석연년은 하인의 명백한 실수로 낭패를 당했으면서도 하인을 나무라기는커녕 자신의 성씨가 나타내는 뜻을 되새기면서 웃어넘겼다. 해학을 즐기는 대인의 풍모를 읽을 수 있는 대목이다.

2) '물러가자'라는 뜻 그대로 쓴 한유(韓愈)의 자

한유(韓愈)는 당(唐)나라 시대의 대문호로써 당송팔대가의 우두머리로 손꼽히는 인물이다. 젊은 시절 독실한 유학자였던 한유는 황제가 부처의 진신사리를 봉안하려고 하는 것을 반대하여 상소를 올려 황제의 역린을 건드린 적이 있었다. 한유는 그 일로 황제의 노여움을 사서 당시로서는 야만의 땅으로 치부되던 광동성(廣東省) 조주(潮州)의 관리로 좌천되었다. 어느 날 집무실에 앉아 일을 보면서 각지에서 올라온 공문을 보니 도처에 재난이 빈발하여 상황이 말이 아니었다. 마음은 초조하지만 어떻게 할 도리가 없었던 한유는 고민 끝에 차라리 사표를 내어버릴까 하는 생각을 하기도 하였다. 그때 그는 무력하고 암담한 심정을 다음과 같은 말로 표현하였다.

> 惡山惡水惡環境,(악산악수악환경)
> ∵ 나쁜 산 나쁜 물 나쁜 환경,
>
> 韓退之退之!(한퇴지퇴지)
> ∵ 한퇴지여 물러가자!

'退之(퇴지)'는 잘 알려진 대로 한유의 자(字)다. 그러므로 '한퇴지(韓退之)'는 자기 자신을 가리킨다. 그러나 그 다음에 나오는 '退之(퇴지)'는 자신을 가리키는 자가 아니라 글자 그대로 '물러가자'라는 뜻이다. 한유는 자신의 자에 '물러가다'라는 뜻이 있는 것을 이용하여 벼슬을 내던지고 싶은 심정을 그렇게 표현한 것이다.

이 구는 환경이 열악한 지역으로 좌천된 한유의 심정을 생생하게 보여주고 있을 뿐만 아니라, '惡(악)'이라는 글자가 세 번, '退之(퇴지)'라는 말을 두 번 쓴 독특한 문자운용, 한유라고 하는 유명한 사람이 썼다는 것, 게다가 자신의 자를 글자 그대로의 뜻으로 활용한 특수성 때문에 많은 사람들의 호기심을 자극하였다. 그래서 이 구절은 금세 호사가들 사이에 퍼졌고, 그에 따라 그 특수한 구절에 어울리는 대구를 만들어 보려고 노력하는 이들도 적지 않았다. 그러나 오랜 동안 그 누구도 만족할 만한 작품을 내어놓지 못했다.

한유가 만든 구와 짝이 되는 구를 만드는 일은 오랜 세월 미제로 남아 있다가 20세기에 들어서야 해결되었다. 그 문제를 해결한 이는 사각재(謝覺哉)라고 하는 사람이다. 사각재는 어느 날 어떤 책을 읽다가 그 내용이 너무 좋아서 감동을 주체하지 못하고 있었다. 그때 마침 자신의 책상 위에 놓여 있던 한유의 그 구절이 눈에 들어왔다. 그리고 순간 영감이 떠올라 다음과 같은 구를 만들어내었다.

> 好書好句好文章,(호서호구호문장)
> ❀ 좋은 책 좋은 구절 좋은 문장,
>
> 謝覺哉覺哉!(사각재각재)
> ❀ 사각재여 깨달아라!

'謝覺哉覺哉(사각재각재)!'는 한유의 구에 대한 번역과 맞추기 위해서 '사각재여 깨달아라!'로 번역했지만, 내용만을 본다면 '사각재는 깨달았노라!'라고 하는 것이 더 나을 것 같다. 어쨌든 한유의 구에서 '惡(악)'으로 되어 있던 부분은 모두 그 반대가 되는 '好(호)'자로 짝을 지었고, 한유가 성씨와 자를 쓴 한퇴지(韓退之)라는 이름으로 자신을 지칭한데 대하여 사각재(謝覺哉)는 자신의 이름을 그대로 써서 짝을 이루었다. 또 한유가 퇴지(退之)라는 자신의 자를 한 번 더 쓴 데 대하여 사각재는 각재(覺哉)라는 자신의 이름을 반복하여 짝을 이루게 하였다. 매우 정교한 대구가 아닐 수 없다. 이렇게 하여 천년을 넘는 해묵은 숙제가 해결되었다.

3) 강유위(康有爲)와 담부생(譚復生)의 이름 뜻

청나라 말에 일본과의 전쟁인 청일전쟁에서 청나라가 패하자 강유위(康有爲), 양계초(梁啓超) 등이 중심이 되어 청나라를 개혁하자는 운동을 일으켰다. 이를 변법자강운동(變法自疆運動)이라고 하기도 하고 무술년(戊戌年)에 일어났다고 하여 무술변법(戊戌變法)이라고 하기도 하였다. 그러나 이들의 운동은 수구파인 서태후(西太后) 일파의 쿠데타로 실패로 끝나고 운동을 주도하였던 강유위와 양계초는 몰래 일본으로 망명하였다.

이 때 이 운동을 주도적으로 이끌었던 인물 중에는 담사동(譚嗣同)이라는 사람도 있었다. 운동의 실패로 강유위와 양계초가 망명을 떠날 때에 주위 사람들은 담사동에게도 망명을 권유하였다. 그러나 그는 "민주주의는 피를 먹고 자란다. 우리나라는 민주주의를 위해 피를 흘린 적이 없다. 나부터 시작하겠다."고 하면서 자진해서 체포되어 사형에 처해졌다. 그때 그의 나이는 겨우 34세에 불과하였다. 우리나라에 비하여 열사나 의사의 수가 매우 적고

"아무리 훌륭하게 죽는다 해도 문둥이로 살아 있는 것만 못하다."라는 생각이 보편화되어 있는 중국의 풍토에서, 게다가 창창한 미래가 기대되는 영재가 민주주의라는 요원한 대의명분을 위해 스스로 죽음을 선택했다는 것은 매우 특이한 일이 아닐 수 없다.

그런 담사동이 죽었다는 소식을 들은 강유위는 다음과 같은 대련으로 담사동의 죽음을 애도하였다.

> 復生,(부생) 不復生矣,(불부생의)
> 有爲,(유위) 安有爲哉.(안유위재)

처음 '復生(부생)'은 담사동의 자(字)이므로 담사동의 또 다른 이름이라고 할 수 있다. 그 다음의 '復生(부생)'은 이름 글자를 본래의 뜻으로 새겨야 하는데, 그 뜻은 '다시 부(復)'에 '날살 생(生)'을 합친 '다시 산다'가 된다. 그리고 거기에 부정을 나타내는 부사 '不(불)'이 첨부되어 있다. 이 구의 말미에 있는 조사 '矣(의)'는 상태의 변화를 나타내는 기능을 하므로 '…되었다'라는 뜻으로 새겨질 수 있다.

아래 구의 처음 '有爲(유위)'는 강유위의 이름인데, 중국에서 자기 자신을 지칭할 때 대개 자신의 이름을 그대로 쓴다. 그 다음의 '安(안)'자는 여기서는 '어찌'라는 뜻의 의문부사로 쓰였다. 그 뒤에 있는 '有爲(유위)'는 강유위의 이름이지만 여기서는 그 이름자의 본래적인 뜻을 새겨야 한다. '有爲(유위)'는 글자 그대로의 뜻을 새기면 '하는 바가 있다'가 되지만 '젊어 전도가 유망하다'고 할 때 '年輕有爲(년경유위)' 또는 '年靑有爲(년청유위)'라고 하듯이 '有爲(유위)'는 '장래성이 있다' '유망하다'라는 뜻으로 주로 쓰인다. 마지막 글자

'哉(재)'는 감탄의 어감을 나타낸다. 그래서 그 뜻은 다음과 같은 뜻이 된다.

> 부생이 다시는 살 수 없게 되었으니,
> 내(유위)가 어찌 희망이 있으랴!

 이름을 두 번 사용하되 한 번은 단순히 이름의 기능 그대로 사람을 지칭하는 것으로 사용하였고, 한 번은 이름자 하나 하나의 본래적인 의미를 활용함으로써 산 사람의 죽은 이에 대한 깊은 추모의 정을 나타내었다. 뛰어난 사상가나 정치가들도 문자에 대한 깊은 소양을 기본적으로 가지고 있었던 것이다.

3. 같은 말도 수준에 따라 뜻이 달라

1) '同年(동년)'의 또 다른 뜻

 옛날에 변변치 못한 어떤 보통 사람이 있었다. 그의 아들이 과거에 급제하여 높은 벼슬을 하게 되자 그 덕에 그도 황제의 은전을 받게 되었다. 그 지방의 현령도 그를 존중하여 그를 초대하기에 이르렀다. 그는 생전 처음으로 현청에 가서 현령을 만나는 자리인지라 몸둘 바를 몰라 안절부절하고 있었다. 게다가 현령이 그를 존중하여 상석을 내어주자 놀란 나머지 앉지 않겠다며 완강히 거부하였다. 현령이 그 모습을 보고 부드러운 표정을 지으며 "저와 댁의 아드님은 동년(同年)이니, 제가 어른을 모시는 것이 도리에 맞습니다."라고 말하며 그를 안심시키려고 하였다. 그러자 그 사람은 도리어 깜짝 놀라며 "그럼 현령께서도 개띠이십니까?" 하고 물었다고 한다.

'동년(同年)'이라는 말은 '같은 해에 과거에 급제한 사람'이라는 뜻이다. 우리나라에서 고시에 합격한 사람들 사이에 몇 회의 고시에서 합격했는가를 따지는 것과 같다. 그러므로 고시 합격자의 나이가 통상 20대에서 40대에 걸쳐 있는 것과 별반 다를 것이 없이 같은 해의 과거에 합격을 해도 나이가 20대 초반인 사람이 있는가 하면 청나라 시대의 심덕잠(沈德潛) 같이 70이 다 된 나이에 급제하는 늦깎이도 있었다. 아마도 이 현령은 그 보통 사람의 아들보다 훨씬 많은 나이로 그 아들과 같은 해에 과거에 급제하였던 듯하다. 그래서 그 보통 사람은 자기의 아들보다 훨씬 나이가 많아 보이는 현령이 '동년'이라고 하자, 그 동년이라는 말의 특별한 뜻을 몰라 '나이가 같다'는 말로 잘못 알아듣고 '개띠인 아들의 동갑내기가 저렇게 늙어 보일 수 있나?'하고 깜짝 놀랐던 모양이다.

2) '아들 자(子)'자의 옛날 뜻

'아들 자(子)'자의 초기 형태는 강보에 싸인 어린 아기의 형상이다. 그래서 이 글자의 본래의 뜻은 '아기'다. 그러나 세월이 흐름에 따라 이 글자에 부여한 의미가 여러 가지로 확대되었다. 오늘날에는 주로 남성인 자식을 가리키는 말로서 '아들'이라는 의미로 쓰인다.

옛날에는 이 '아들 자(子)'자가 '아들'이라는 뜻으로 쓰일 뿐 아니라 '딸'이라는 의미로도 사용되었다. 『논어(論語)』같은 책에서는 그런 용례가 다수 보인다. 글을 어중간하게 알면서도 고집이 센 사람은 그런 용례를 만나면 자신의 무식을 의심하기보다는 책이 잘못되었다고 나무라는 일이 더러 있는 듯하다.

바로 그런 어중간한 수준의 선비가 어느 날 자신의 학문을 자랑할 목적으로 여러 사람 앞에서 『한비자(韓非子)』를 집어들었다. 그리고는 아는 척 하면서 책을 읽어나가다가 '衛人嫁其子(위인가기자)'라는 구절을 만났다. '子(자)'자가 '딸'이라는 뜻으로 쓰인 이 구절의 뜻은 당연히 '위나라 사람은 그의 딸을 시집보냈다'이다. 그런데 그 어중간한 선비는 그 '子(자)'자의 그러한 용법을 모르는 터라 갑자기 말문이 막혔다. 한참을 고민하던 그는 주위의 보는 눈을 의식하여 탄식하면서 입을 열었다.

"이 위나라 사람 정말 멍청하군, 아들을 어떻게 시집보내?"

아마 이런 일이 비일비재하였을 것이다. 그래서 이렇게 누가 한 짓이라고 이름을 대지 않은 이야기가 전해지는 것일 것이다. 어쩌면 기본 글자의 기본적인 의미에 대한 주의를 환기시키기 위해서 어느 누가 만들어낸 이야기인지도 모를 일이다.

4. 말 따로 뜻 따로

1) 앵무새는 모두 암컷?

머리가 흰 새들이 궁전 앞에 모여드는 것을 본 손권(孫權)이 "이것이 무슨 새냐?"고 묻자 제갈량(諸葛亮)의 조카 즉 제갈근(諸葛瑾)의 아들 제갈각(諸葛恪)이 "백두옹(白頭翁)입니다." 하고 대답하였다. 그런데 그 대답을 옆에서 듣고 있던 장소(張昭)라는 사람은 자신이 그 자리에서 가장 나이가 많은 것을 두고 제갈각이 새에 빗대어 희롱하는 것이라고 생각하였다. 그래서 "제갈각이 폐하를 속이고 있습니다. 저는 지금까지 '백두옹'이라는 새 이름을 들어본 적이 없나이다. 믿지 않으신다면 제갈각에게 '백두모(白頭母)'라는 새를 다시 찾아보게 하시지요."라고 손권에게 말하였다. 그러자 제갈각은 "새 중에 앵무(鸚母)라는 것이 있는데 반드시 그 짝이 있는 것이 아닙니다. 믿지 않으신다면 저 장소에게 '앵부(鸚父)'를 찾아오게 하시지요."라고 되받아쳤다. 그러자 장소는 아무 말도 못했고, 좌중의 사람들은 모두 절묘한 응수라고 하면서 웃고 즐거워하였다고 한다.

사실 중국의 남방에는 백두옹이라는 새가 많이 있다. 사전을 찾아보면 '알락할미새'로 되어 있다. 그런 줄도 모르는 장소는 영악한 제갈각이 나이 많은 자신을 놀린다고 지레짐작하여 '백두옹'이 있으면 그 짝이 되는 '백두모'도 있어야 될 것이 아니냐는 억지 논리를 편 것이다. 그러자 '앵모가 있는 것은 분명하지만 그 짝이 되는 앵부는 없지 않더냐? 백두옹이란 새가 있으려면 백두모라는 새도 있어야 된다는 논리가 타당하다는 것을 증명하려면 마찬가지로 당신도 앵모의 짝이 되는 앵부를 찾아와 보라'고 반격하였던 것이다. '앵모'는 앵무새로서 일반적으로는 '앵무(鸚鵡)'로 쓴다.

2) 공작(孔雀)은 공(孔)씨의 새?

중국 진(晉)나라 시대에 양(楊)씨 성을 가진 똑똑한 어린이가 있었다. 그 아이가 아홉 살 때에 공탄(孔坦)이라는 사람이 그 아이의 아버지를 만나러 왔다. 그때 마침 아이의 아버지가 집에 없어서 그 아이를 불러내었더니 그 아이가 과일을 준비하여 내왔다. 그런데 내온 과일 중에는 양매(楊梅)라고 하는 과일이 들어 있었다. 공탄이 그것을 보고 "이게 너희 집안의 과일이지?"라며 놀리듯이 물었다. 그러자 그 아이는 대뜸 "공작이 선생님 집안에서 기르는 새라는 말은 들어보지 못했는데요."라고 받아쳤다. 양매(楊梅)의 '楊(양)'자를 양(楊)씨의 '楊(양)'자와 결부시키는 것에 대해서 공작(孔雀)의 '孔(공)'자를 공(孔)씨의 '孔(공)'자에 짝을 지어 반격을 가하였던 것이다.

이 이야기는 '계륵(鷄肋)'의 의미를 즉각 알아차린 것을 위시하여 조조(曹操)가 낸 여러 차례 수수께끼를 즉석에서 풀어 빠른 두뇌 회전을 과시했던 양수(楊修)의 어릴 적 이야기라고 전해지기도 한다. 그러나 그 이야기는 양수가 진(晉)나라 사람이 아니라는 점에서 설득력을 잃는다. 또 공융(孔融)이 어린 양수와 함께 양매(楊梅)를 먹다가 있었던 일이라고 하는 설도 전해지고 있다. 이 이야기의 주인공이 양수였든지 아니면 비범한 두뇌를 가진 양씨 집안의 또 다른 아이였든지 간에 기지가 넘치는 아이의 이야기였던 것은 분명한 듯하다. 양매(楊梅)는 우리나라의 제주도 지방과 일본 및 중국의 남부에서 자라는 넓은 잎사귀의 늘푸른 큰키나무로 소귀나무 또는 산도(山桃)라는 이름으로도 불린다고 사전에 설명이 실려 있다. 그 열매는 공처럼 둥근 모습이며 안에는 단단한 씨가 들어 있다고 한다.

3) 엉뚱한 두 배

북제(北齊)의 고조황제가 신하에게 『문선(文選)』을 읽게 했는데, 신하가 곽박(郭璞)의 「유선시(遊仙詩)」를 읽자 작품이 좋다며 거듭 찬탄을 하였다. 옆에서 시종하고 있던 신하들도 황제의 평가가 지당하다며 맞장구를 쳤다. 그런데 석(石)씨 성을 가진 신하 한 사람만은 그 평가에 찬동하지 않았다. 그는 한 술 더 떠 자리에서 일어서더니 "이 시가 뭐가 좋습니까? 저보고 지으라고 한다면 이것보다 두 배로 잘 지을 수 있습니다."라고 하였다.

이 말에 황제는 기분이 상당히 언짢아서 한참을 말없이 있다가 입을 열었다.

"네가 어떤 놈이길래 그렇게 잘난척하며 감히 자신이 곽박의 시보다 배나 나은 시를 지을 수 있다고 자랑을 하는고? 이 어찌 죽으려고 하는 짓이 아니겠는가?"

이에 그 신하는 "저보고 한 번 지어보라고 하시면 되지 않겠습니까? 만약 곽박보다 두 배로 잘 짓지 못하면 기꺼이 죽음을 달게 받겠습니다."라고 하면서 다음과 같이 말을 이었다.

> "곽박의 「유선시」에서 '靑溪千仞餘(청계천인여: 푸른 시내는 천 길이 넘는데), 中有一道士(중유일도사: 그 가운데에 도사 한 사람이 있네).'라고 하였는데, 저라면 '靑溪二千仞(청계이천인: 푸른 시내는 이천 길이 되는데), 中有二道士(중유이도사: 그 가운데에 도사 두 사람이 있네).'라고 하겠습니다. 이게 곽박의 시보다 어찌 두 배 더 나은 것이 아니겠습니까?"

시어 중에 들어 있는 숫자의 크기를 두 배로 하면 두 배 훌륭한 시가 된다는 석씨의 해괴한 논리에 어이가 없을 따름이다. 모든 신민에 대한 생사여탈의 전권이 황제 한 사람의 손에 있던 시절에 황제 앞에서 이런 엉뚱한 논리를 전개했던 석씨가 그러고도 무사했었는지 모르겠다.

4) 속 빈 놈이 앞서 날뛰지

　명(明)나라 시대의 대표적인 재주꾼 해진(解縉)이 19살 되던 무렵에 지방의 과거 시험인 향시를 보러 집에서 멀리 떨어진 도회까지 갔다. 해진은 집안이 어려워 타고 갈 변변한 말도 한 필 없어서 책과 그 밖에 필요한 것을 싼 무거운 짐을 들고 힘겹게 길을 갔다. 그러나 그가 과거장에 도착해 보니 과거장의 문은 이미 닫혀 있었다. 어려운 길을 간 터라 그냥 물러설 수 없었던 해진은 시험을 보게 해 달라고 애원할 속셈으로 문을 두드렸다. 문 두드리는 소리에 나온 시험 감독관은 남루한 옷차림에 얼굴이 거무튀튀하고 키도 작아 볼품 없는 해진을 보더니 대뜸 한 마디 하였다. "急水流沙粗在後(급수류사조재후)." "빠른 물에 모래를 흘리니 굵은 것이 뒤에 남는구나."라는 뜻이다. 그런데 '굵다'란 뜻의 '粗(조)'는 '거칠다', '못났다'라는 뜻도 가지고 있다. 그런즉 이 말은 '못난 놈이 시간도 못 맞추어 뒤쳐졌다'라는 뜻이다. 감독관이 해진의 볼품 없는 행색과 몰골을 보고 업신여기면서 놀리는 말이었던 것이다.

　감독관이 사람을 깔보고 점잖지 못한 말을 하는 것을 본 해진은 울컥하는 기분이 있었지만 억지로 추스르고서 감독관을 보고 "감독관 어른 제가 대구를 해보고 싶은데 괜찮겠습니까?" 하고 물었다. 감독관은 업신여기는 투로 "해보게!" 하고 대꾸하였다. 그러자 해진은 천천히 입을 열었다. "疾風揚穀莠在先(질풍양곡유재선)." "빠른 바람에 곡식을 까부니 가라지가 앞으로 나온다."라는 뜻이다. 강아지풀을 말하는 '莠(유)'자는 '쭉정이' 또는 '못난 것'을 나타내는 말로도 쓰인다. 즉 '못난 것이 잘난척한다'는 뜻이 된다. 이 말을 한 상황과 결부시켜서 보면 '실력 없는 놈들이 먼저 과거장에 들어갔을 것이다'라는 뜻으로 한 말로 이해될 수도 있다.

해진의 대구를 들은 감독관은 깜짝 놀랐다. 가난하고 볼품 없는 몰골의 젊은이가 뜻밖에 뛰어난 재능을 가지고 있는 것을 알았기 때문이다. 그 감독관은 해진의 기지에 감탄하며 사람의 진면목은 생김새로 판단할 수 없다는 사실을 깊이 깨닫게 되었다. 그래서 급히 사람을 시켜 안문을 열게 하고 짐도 대신 들어주도록 하면서 해진에게 시험을 칠 수 있도록 배려했다. 결과는 어린 해진의 장원급제였다.

이와 비슷한 이야기는 해진의 시대 이전에도 있었다. 동진(東晉) 시대에 대신으로 활약하였던 왕문도(王文度)와 범영기(范榮期)라는 두 사람에 얽힌 이야기인데, 그 내용이 매우 닮았다.

나이는 범영기가 왕문도에 비하여 많았으나 직급은 왕문도가 범영기에 비해 높았다. 어느 날 이 두 사람이 황제의 부름을 받고 궁궐로 들어가게 되었다. 궁궐 대문에 다다른 두 사람은 서로 먼저 들어가라며 사양을 하였다. 한참 실랑이를 한 끝에 그래도 나이가 많은 범영기가 먼저 들어가게 되었다.

두 사람은 평소에 허물없이 지내며 짓궂은 농담도 곧잘 주고받았다. 그날도 그들은 그 특별한 상황을 그냥 흘려버리지 않았다. 뒤따라가던 왕문도가 "키로 까불고 까부르면 쭉정이가 앞으로 가지." 하고 먼저 농을 걸었던 것이다. 이에 쉽게 질리 없는 범영기도 반격을 가했다. "물로 쓸고 쓸어내면 돌맹이가 뒤에 남지."라고 했던 것이다. 재주를 담은 해학을 즐기는 두 사람이 동시에 웃음을 터뜨리는 모습이 상상되는 장면이다.

5) 남다른 발상으로 마음의 병을 고치고

옛날 어느 제후가 병이 들었다. 그런 중에 잠을 자다가 강물이 말라 있는 꿈을 꾸었다. 그 제후는 꿈에서 깨어나자 기분이 좋지 않아 얼굴에 근심의 빛이 역력했다. 강에 물이 없으면 용이 살 곳을 잃게 되듯이 용으로 상징되는 제후 자신에게 곧 불행이 닥칠 것이라는 불길한 조짐의 뜻으로 꿈을 해석했던 것이다. 마침 그 때 재상이 문안을 드리러 오자 제후는 그 꿈의 의미가 자신이 생각하는 바로 그런 것이 아니겠느냐고 불안해하며 물어보았다. 그러자 그 재상은 "'河(하)'에 물(水:수)이 없으면 바로 '可(가)'자가 되지 않습니까? 폐하의 병이 금세 낫게 된다는 뜻이옵니다."라고 해석하였다. '물하(河)'자에서 물을 나타내는 'ㅟ'를 빼면 '可(가)'자가 된다는 말이다. 그 말을 들은 제후는 기분이 매우 좋아졌다. 그래서인지 오래지 않아 병도 말끔히 낫게 되었다고 한다. '可(가)'자에는 '병이 낫다'라는 뜻도 들어 있다.

심약하고 집착이 강한 사람은 자신의 마음속에서 병을 키워나간다. 그런 이치를 잘 아는 지혜로운 재상은 제후가 병을 키우는 것과는 정반대의 관점으로 해석하여 제후를 안심시키고 병세를 호전시켰다. 똑같은 사태이지만 그 속에서 긍정적 의미를 읽어낼 수 있는 것, 이것은 관점의 차이라고 할 수도 있지만, 본질적으로 발상의 방법이 다른 것이라고 해야 할 것이다.

6) 영감탱이의 또 다른 뜻

청(淸)나라 건륭(乾隆)황제 시대에 『사고전서(四庫全書)』의 편찬을 총괄한 기윤(紀昀)은 몸이 비대하여 여름에는 더위를 심하게 탔다고 한다. 그래서 그는 여름이면 웃통을 벗고 편집작업을 하기도 했다. 하루는 기윤이 웃통을 드러내고 작업을 하고 있는데 갑자기 대문에서 "황제폐하 납시오!"라는 고함이 들려왔다. 미처 의관을 갖출 시간이 없다는 판단을 한 기윤은 잠시 고민하다가 책상 밑으로 들어가 숨었다. 기윤은 숨막히는 더위 속에 불편한 자세로 웅크리고 있는 고통을 참아가며 한시 바삐 황제가 나가기를 기다렸다. 한참 후 방 안의 기척을 살펴보니 쥐 죽은 듯 고요한지라 기윤은 '황제가 이미 방을 나갔구나'라고 생각했다. 그래서 그는 책상 밖으로 고개를 내밀고 나오면서 무심결에 "노두자(老頭子: 영감탱이)는 갔겠지?" 하고 혼잣말을 하였다. 그러나 그때 편찬사업에 관심이 많았던 건륭(乾隆)황제는 기윤의 책상 위에 있는 원고를 검토하고 있었다. 신하들이 숨죽여 황제를 모시고 있는 것을 기윤은 다들 가버린 것으로 착각했던 것이다.

건륭황제는 갑자기 터져 나온 기윤의 목소리에 깜짝 놀랐다. 낭패하여 어쩔 줄을 모르는 기윤을 보고는 우습기도 하고 화가 나기도 하였다. 건륭은 우선 기윤에게 옷을 갖추어 입게 하고 자신을 영감탱이로 부른 이유를 따져 물었다. 이때 수행한 신하들은 농담 좋아하는 기윤이 농담 때문에 대역죄를 지어 죽게 되었다고 생각하며 손에 땀을 쥐고 있었다. 그러나 기윤은 오히려 태연자약하게, "만수무강한 것을 '老(로)'라고 하고, 만백성의 우두머리를 '頭(두)'라고 하며, 하늘을 아버지로 땅을 어머니로 삼은 자를 '子(자)'라고 하나이다. 그래서 황제폐하를 '老頭子(노두자)'라고 했나이다."라고 해명하였다. 황제도 그 말이 그럴싸하다고 생각하여 한 번 봐주기로 하였다.

7) 꿈보다 해몽

위(魏) · 촉(蜀) · 오(吳)의 삼국을 통일하고 진(晉)나라를 세운 무제(武帝) 사마염(司馬炎)이 황제에 등극하고서 자신이 세운 제국의 운세를 알아보기 위하여 몸소 산가지를 뽑아 들었다. 그때 그가 얻은 수는 '一'이었다. 그런데 그

수는 그 왕조가 몇 대나 지속될 것인지를 미리 알려준다고 믿어지고 있었으므로 사마염은 기분이 매우 언짢았다. 그 내용을 잘 알고 있는 대신들도 대경실색하여 바라만 보고 있을 뿐, 아무도 그 일에 관해 어떤 말을 할 엄두를 내지 못하였다. 그때 시중(侍中)이라는 벼슬에 있던 배해(裵楷)라는 이가 나서며 말하였다.

"신이 듣기로는 '하늘은 一을 얻어서 맑고, 땅은 一을 얻어서 편안하며, 제왕은 一을 얻어서 천하를 안정되게 한다'고 했나이다."

그 말을 들은 무제는 금세 얼굴에 드리웠던 어두운 그림자를 걷어내고 기꺼운 미소를 지었다. 사색이 되어 어쩔 줄을 몰라하던 여러 신하들 역시 안도의 한숨을 내쉬며 배해의 재치 있는 말솜씨에 탄복하였다. 『세설신어(世說新語)』에 말을 재치 있게 잘한 사례로 실려 있는 이야기이다.

배해는 『노자(老子)』 제39장에 나오는 말을 재치 있게 끌어다 불길한 조짐에 어쩔 줄 모르고 있는 황제와 여러 신하들을 구해 주었다. 우리는 여기서 배해의 뛰어난 기지와 풍부한 학식, 그리고 기민한 위기 대처 능력을 잘 알 수 있다. 특정 상황을 자기에게 유리하게 해석하려고 하는 중국적인 합리화 수법도 엿볼 수 있는 사례라고 할 것이다.

8) 두보(杜甫) 시의 또 다른 뜻

기윤(紀昀)이 지방의 과거를 관장하는 관리가 되어 답안지를 검토하다가 어떤 생원이 쓴 말도 안 되는 형편없는 답안을 하나 발견하였다. 너무나 한

심하여 어떻게 평가를 할까 하고 잠시 고민하던 기윤은 문득 머릿속에 떠오른 다음과 같은 두 구를 써 주었다.

兩個黃鸝鳴翠柳,(양개황리명취류)
      ୧୪ 꾀꼬리 두 마리는 푸른 버드나무에서 울고,

一行白鷺上靑天.(일행백로상청천)
      ୧୪ 한 줄로 늘어선 백로는 푸른 하늘로 날아가네.

이 두 구는 두보(杜甫)의 유명한 절구(絶句) 중의 앞 두 구이다. 이 두 구는 '兩(양)'이라는 숫자와 '一'이라는 숫자, '個(개)'라는 양사(量詞)와 '行(행)'이라는 양사, '黃鸝(황리)'라는 명사와 '白鷺(백로)'라는 명사, 그리고 그 속에 있는 '黃(황)'이라는 색깔과 '白(백)'이라는 색깔, '鳴(명)'이라는 동사와 '上(상)'이라는 동사, '翠(취)'라는 색깔과 '靑(청)'이라는 색깔, '柳(류)'라는 명사와 '天(천)'이라는 명사가 정교하게 대를 이루고 있는 명구다. 인용되지 않은 나머지 두 구는 '窓含西嶺千秋雪(창함서령천추설), 門泊東吳萬里船(문박동오만리선)'인데, 그 뜻은 대략 '창은 서쪽 산마루의 천년 된 눈을 머금고, 문에는 만리 길 동오로 가는 배가 정박해 있네'로 새길 수 있다. 이 두 구 역시 앞 두 구에 못지 않은데, '창'과 '문'이라는 집의 일부를 나타내는 명사, '머금다'라는 동사와 '정박하다'는 동사, 동과 서라는 방향을 나타내는 명사, 약간의 성격의 차이는 있지만 그래도 모두 땅을 나타내는 말인 고개와 오나라, 천과 만이라는 수사, 각각 양사로 쓰인 '秋(추)'와 '里(리)', '눈'과 '배'라는 명사 등이 모두 정교한 대를 이루고 있다. 그래서 이 시는 인구에 회자하는 명시가 되었다.

그런데 그 두 구의 내력을 아는지 모르는지 그 생원은 무슨 호된 지적을 받을 것이라고 지레 짐작하고 있다가 지우고 고치라는 표시가 전혀 없는 답안지에 시만 두 구 써 있는 것을 보고 자신의 답안을 호평한 것으로 생각하였다. 그는 뜻밖의 결과에 기뻐 어쩔 줄 몰라 하다가 급기야 다른 사람들에게 두루 자랑을 하기에 이르렀다. 그때 마침 그 꼴을 본 현령이 어처구니가 없어서 그 생원에게 호통을 쳤다.

"이 멍청아! '꾀꼬리 두 마리가 푸른 버드나무에서 운다'는 말은 '무슨 소린지 모르겠다'라는 뜻이고, '한 줄로 늘어선 백로가 푸른 하늘로 날아간다'는 말은 '내용이 주제에서 형편없이 벗어났다'라는 뜻이야!"

그제서야 그 생원은 그 두 구가 본래의 뜻과는 전혀 다르게 쓰였다는 것을 알게 되었다. 그 문맥에서는 '꾀꼬리가 운다'는 것에서 '사람이 알아들을 수 없는 소리'를 유추해내고, '백로가 푸른 하늘로 날아오른다'에서는 '멀어진다'라는 뜻을, 또 '멀어진다'라는 뜻에서 '주제에서 멀어진다', '주제에서 벗어난다'라는 뜻을 유추해내어야 말도 안 되는 글에 걸맞은 평가가 되는 것이다.

5. 해학으로 웃어넘기는 신체의 결함

1) '일규불통(一竅不通)'

그림을 잘 그리고 글씨를 잘 쓰는 현대 중국의 어느 예술가가 콧병을 심하게 앓았다. 한 쪽의 코가 막히는 병이었다. 그는 숨쉬기가 불편하여 백방으로 의사를 찾고 약을 구하여 치료를 시도했으나 백약이 무효였다. 마침내 그는 병을 고치는 것을 단념하고 자신의 그런 코를 운명으로 받아들이기로 마음먹었다. 그는 그런 마음을 담아 자신이 그린 그림이나 글씨에 낙관을 찍을 도장을 새로 새겼다. 새긴 글은 '일규불통(一竅不通)' 넉 자였다.

'일규불통(一竅不通)'이라는 말은 우리나라 사람들에게는 다소 생소하게 보이겠지만 중국인들은 일상적으로 흔히 쓰는 말이다. 그 뜻은 멍청하여 '아무 것도 모른다'는 뜻이다. '竅(규)'는 본래 '구멍'이라는 뜻인데 인체와 관련된 것에도 자주 쓰인다. '일곱 개의 구멍'이라는 뜻의 '칠규(七竅)'는 머리에 있는 일곱 개의 구멍 즉 눈 둘, 귓구멍 둘, 콧구멍 둘, 그리고 입 하나를 총칭하는 말로서 사람의 머리를 가리키는 말이다. 거기서 연유하여 '칠규생연(七竅生煙)'이라고 하면 '일곱 구멍에서 연기가 난다'는 뜻으로 '사람이 무척 화가 났다'는 뜻을 담은 성어가 된다.

사람의 머리에 있는 일곱 개의 구멍은 모두가 외부의 자극을 감지하고 사물을 인지하는 감각기관이다. 그러므로 그 어느 한 구멍이 막히게 되면 세계의 인식이 부진해지고, 그 결과 어리석어지기 마련이다. 게다가 중국인들은 생각을 주관한다고 생각하여 '마음'과 같은 것으로 여겨지기도 하는 심장 즉 '心(심)'에도 그 사유작용과 긴밀한 관련이 있는 구멍이 있다고 생각하였다. 그래서 '심규(心竅)' 또는 역시 '구멍'이라는 뜻이 있는 '眼(안)'자를 덧붙인 '심안(心眼)'이라는 말로 '마음', '생각', '슬기', '사고력' 등을 나타내는 말로 쓴다. 그리고 '심규불통(心竅不通)' 또는 '심안불통(心眼不通)'이라는 말로 '어리석다', '우둔하다'라는 뜻을 나타낸다. '일규불통(一竅不通)'이라는 말이 '(멍청하여) 아무것도 모른다'라는 뜻으로 쓰이는 것은 아마 이런 일들과 관련이 있지 않은가 한다.

그러나 그 예술가는 '일규불통(一竅不通)'을 성어로 사용하지 않았다. '구멍 규(竅)'자의 원래 의미를 살려 '한 구멍이 통하지 않는다'는 뜻으로 사용한 것이다. 즉 '코의 한쪽 구멍이 막힌 사람'이라는 자신의 신체적 특성을 표현한 것이었다. '竅(규)'자를 본래의 의미로 사용하여 '일규불통(一竅不通)'이라는 성어를 변용함으로써 자신의 신체적 결함을 솔직하게 드러내고, 아울러 그 말의 성어적 의미를 상기시키게 함으로써 겸손함도 드러내 보이고 있다. 성어의 유희적 변용에 그 예술가의 달관한 인생관이 잘 드러나고 있다.

2) 일목요연(一目瞭然)

'일목요연(一目瞭然)'은 우리말에서도 흔히 쓰이는 성어다. 이 말에 대해서 사전에서는 '한 번 보고 곧 환하게 알 수 있음'이라고 그 뜻을 풀이하고 있다. 어떤 대상이 잘 정리되어 있어서 파악하기가 쉽다는 뜻이다. 그러므로 여기서의 '일목(一目)'은 '한쪽 눈'이 아니라 '한 번 보고서'라는 뜻임을 알 수 있다. 우리가 '한 눈에 알아본다'라고 할 때에도 어떤 대상을 '한쪽 눈은 감고 한 눈으로만 보아서 안다'라는 뜻이 아니라 '한 번 보고서 알아본다'라는 뜻인 것과 마찬가지인 것이다.

그런데 어떤 사람은 이 '일목요연(一目瞭然)'이라는 말을 특이하게 사용하여 사람들의 웃음을 자아내기도 한다. 중국의 어느 화가는 한쪽 눈의 시력이 너무 나빠서 거의 한쪽 눈의 시력만으로 사물을 보고 그림을 그렸다고 한다. 그러나 그는 자신의 그런 처지를 크게 개의치 않고 담담하게 받아들였다. 그래서 자신의 그림의 낙관에 쓸 도장을 파면서 '일목요연(一目瞭然)'이라는 글자를 새겼다. 한 눈으로 사물을 보는 자신의 신체적 결함을 숨김없이 드러낸 것인데, 그래도 남들에게 뒤지지 않고 볼 것 다 본다는 자신감을 담고 있다. '일목요연(一目瞭然)'의 '일목(一目)'이 문자 그대로의 '한 눈'으로 새겨짐으로써 '외눈이' 또는 '애꾸'라는 뜻으로 변용된 것이다. 정신적으로 뛰어난 사람에게는 신체적 장애쯤은 문제가 되지 않는가 보다.

옛날 중동 전쟁 때 이스라엘의 전쟁영웅으로 추앙받던 모세 다얀이라는 국방상이 있었다. 그는 전투에서 한 눈을 잃고 검은 안대를 한 외눈으로 활동하였다. 당시 그를 싫어하는 아랍 측에서는 그의 신체적 장애를 두고 조롱한 적이 있었다. 그러나 그는 조금도 안색을 바꾸지 않고 '당신들은 일목요연(一目瞭然)'이라는 말도 모르느냐'고 응수했다는 이야기가 나돌기도 했다. 이스라엘이나 아랍 쪽에도 '일목요연(一目瞭然)'과 같은 표현의 성어가 있는지 궁금할 뿐이다.

6. 글자 뜻의 암시(暗示)

1) 매화꽃을 뿌리는 개

다음은 개의 특징을 읊은 시다. '개'라는 제목을 걸어두면 일종의 영물시(詠物詩: 어떤 사물을 읊은 시)가 될 것이고, 제목을 가리고 있으면 '개'라는 답을 요구하는 수수께끼 시가 될 것이다.

> 走起路來落梅花,(주기로래락매화)
> ○8 길을 가면 매화가 떨어지고,

從早到晚守着家.(종조도만수착가)
ᐱ 아침부터 저녁까지 집을 지키네.

看見生人就想咬.(간견생인취상교)
ᐱ 낯선 사람을 보면 물려고 하고,

見了主人搖尾巴.(견료주인요미파)
ᐱ 주인을 보면 꼬리를 흔들지.

7언의 네 구로 된 시라서 칠언절구처럼 보일지 모르지만, 칠언절구가 아
니고 백화의 글자 수를 7자로 맞춘 시에 불과하다. 물론 평측도 맞지 않다.
그래서인지 우리 발음으로 읽으면 다른 한시를 읽을 때와는 달리 혀가 꼬이
는 느낌이 있다.

그저 평범하게 개의 특성을 묘사하고 있지만 개의 발자국을 매화꽃에 비
유한 것은 그 표현이 기발하다고 할 만하다. 수수께끼라고 하더라도 쉽게
맞힐 수 있는 수준이라 생각된다.

2) 탁발하는 도사

송나라 시대의 뛰어난 시인(詩人)이며 사인(詞人)이었던 진관(秦觀: 자는 少
游)이 소동파의 여동생 소소매(蘇小妹)와 결혼식을 올리고 나서 신방에 들려
고 할 때였다. 그때 소소매의 하녀는 진관의 발길을 막으며 소소매의 분부
를 전달했다. 소소매가 낸 세 가지 문제를 다 맞히면 오늘 신방에 들어오는
것을 허용하고, 두 문제만 맞히면 내일 다시 시험을 보아서 합방 여부를 결

정할 것이며, 셋 중에서 하나만 맞히면 별로 뒷방에서 3개월 동안 독서한 다음에 받아주겠다는 것이었다. 그때 소소매가 출제한 첫 번째 문제가 다음 과 같은 시를 읽고 그 뜻을 시로 적어 보내라는 것이었다.

> 銅鐵投洪冶,(동철투홍야)　螻蟻上粉牆.(루의상분장)
> 陰陽無二義,(음양무이의)　天地我中央.(천지아중앙)

‘銅鐵(동철)’은 ‘구리’와 ‘쇠’이고, ‘投(투)’는 ‘던지다’이며, ‘洪冶(홍야)’는 ‘큰 용광로’를 말한다. 그러므로 ‘銅鐵投洪冶(동철투홍야)’는 ‘구리와 쇠를 큰 용광로에 던지고’라는 뜻이 된다.

그 다음 ‘螻蟻(루의)’는 ‘땅강아지와 개미’로 보아야 되겠으나 문맥으로 보아 ‘개미’라고 보는 것이 더 나을 듯하다. ‘上(상)’은 ‘(기어)올라가다’라는 뜻이며 ‘粉牆(분장)’은 ‘예쁘게 단장한 담’이라고 보면 되겠다. 그러므로 ‘螻蟻上粉牆(루의상분장)’은 ‘개미가 고운 담에 올라가네’라는 뜻이 된다. 그리고 陰陽無二義(음양무이의)에는 그다지 어려운 문구가 없으니 그대로 ‘음과 양은 다른 뜻이 없고’로 새기면 되겠고, ‘天地我中央(천지아중앙)’ 역시 ‘하늘과 땅 사이 내가 가운데일세’라고 새기면 되겠다.

보통 사람들이 보면 밑도 끝도 없는 말이 되겠지만, 진관은 총명할 뿐만 아니라 자신의 특정한 행동과 관련이 있기 때문에 금세 그 글의 의미를 깨 달았다. 먼저 ‘구리와 쇠를 큰 용광로에 던지고’라고 한 ‘銅鐵投洪冶(동철투홍 야)’에서는 ‘녹는다’는 뜻의 ‘化(화)’자를 생각해내었다. 큰 용광로에 구리와 쇠를 넣으면 모두 녹아버리기 때문이다. 그리고 ‘개미가 고운 담에 올라가 네’라고 한 ‘螻蟻上粉牆(루의상분장)’에서는 ‘기어오르다’라는 뜻을 가진 ‘緣

'연'자를 생각해내었다. '나무에서 물고기를 찾는다'라는 뜻의 '연목구어(緣木求魚)'의 '緣(연)'자가 바로 그 뜻이다.

'음과 양은 다른 뜻이 없고'라는 뜻으로 새겨지는 셋째 구 '陰陽無二義(음양무이의)'에서는 '道(도)'자를 생각해내었는데, 음양을 포괄하는 것이 '道(도)'이기 때문이다. '하늘과 땅 사이 내가 가운데일세'라는 뜻의 마지막 구 '天地我中央(천지아중앙)'에서는 '사람 인(人)'자를 생각해내었다. 삼재(三才) 즉 천지인(天地人) 중에서 하늘과 땅 사이에 있는 것은 바로 사람(人)이기 때문이다.

그런 즉 소소매의 시는 각 구가 한 자의 한자의 뜻을 묘사하고 있었던 것인데, 그 글자를 조합하면 '化緣道人(화연도인)'이 된다. '化緣(화연)'이라는 말은 우리말에서는 잘 쓰이지 않지만, 중국어에서는 '탁발하다'라는 뜻으로 사용된다. 그래서 그 시구가 궁극적으로 나타내고자 하였던 것은 '탁발하는 도인'이라는 뜻이다. 그것은 진관이 시를 지어 보내서 소소매의 관심을 얻은 다음 소소매의 생김새가 궁금하여 탁발하는 도사의 행색을 하고서 소소매에게 접근한 적이 있었는데, 소소매가 그 사실을 알고 있다고 폭로한 것이다.

이에 대하여 진관은 다음과 같은 시를 지어 보내서 그 문제를 풀었음을 알려주었다고 한다.

化工何意把春催,(화공하의파춘최)
  ☍ 조화는 무슨 생각으로 봄을 재촉하는지,

緣到名園花自開.(연도명원화자개)
  ☍ 좋은 정원에 따라와 보니 꽃이 절로 피었네.

道是東風原有主,(도시동풍원유주)
    ∞ 봄바람은 본래 주인이 있다고 하며,

人人不敢上花臺.(인인불감상화대)
    ∞ 사람마다 고운 누대에 오르지 못하네.

이 시에서 중요한 것은 매 구의 첫 글자들이다. 각 구의 첫 글자들을 모으면 '化緣道人(화연도인)'이 되는데, 바로 진관이 소소매의 시를 읽고 알아냈던 그 뜻이다. 진관의 이 시처럼 중요한 내용을 각 구의 첫머리에 분산시켜 배치하여 쉽게 알아보지 못하게 한 시를 장두시(藏頭詩)라고 하는데, 이것도 한자놀이의 한 가지다.

3) 시적으로 암시된 시인들의 이름

송(宋)나라 시대에 신법당(新法黨)의 영수로 활약을 하였던 왕안석(王安石)은 다음과 같은 유희적 시를 쓴 적이 있다고 한다.

佳人佯醉索人扶,(가인양취색인부)
露出胸前霜雪膚.(노출흉전상설부)
走入帳中尋不見,(주입장중심불견)
任他風雨滿江湖.(임타풍우만강호)

이 시의 뜻을 우리말로 새기자면 대략 다음과 같이 될 것이다.

미인은 취한 척하며 남에게 부축해 달라하며,
가슴 앞 눈서리 같은 살결을 드러내더니,
휘장 안으로 걸어 들어가니 찾을 수 없고,
멋대로 부는 비바람만 강호에 가득하네.

이 번역이 큰 문제가 없다면 이 시는 비바람이 치는 날에 뽀얀 피부를 가진 미인이 사랑하는 님에게 교태를 부리는 장면을 묘사한 한 편의 에로틱한 시 즉 염시(艷詩)라고 할 수 있을 것이다. 그런데도 서두에서 이 시를 소개하면서 유희적 시라고 하였으니 어불성설이 아닌가?

그러나 이 시는 분명 유희시이다. 이 시가 유희시가 되는 단서는 매 구의 뜻이 특정인의 이름을 연상시키는 어떤 동작이나 사물의 상태를 나타내는 말과 발음이 유사하다는 점에 있다.

첫 구 '佳人佯醉索人扶(가인양취색인부)', 즉 '미인은 취한 척하며 남에게 부축해달라 하며'라는 말에는 자신을 부축해달라고 하면서 일부러 쓰러지는 동작이 들어 있다. '일부러'는 '거짓'이요, '가짜'다. 한자로는 '거짓 가(假)'자가 된다. 그리고 '부축하다'라는 말의 전제가 되는 '쓰러지다'라는 말은 한자로 '倒(도)'자로 표현된다. 그런즉 이 구에 담긴 일부러 쓰러지는 행위는 '假倒(가도)'로 정리된다. '가도'라는 발음은 당(唐)나라 시대의 유명한 시인 '가도(賈島)'와 같다. 이 구의 이면에는 가도(賈島)라는 당나라 시대의 시인의 이름을 숨겨 놓고 있었던 것이다.

둘째 구 '가슴 앞 눈서리 같은 살결을 드러내더니'에는 '(미인의) 속살이 희다'는 뜻이 강조되어 있다. '속' 또는 '안'은 한자로 '裏(리)'로 표현된다. 그리고 '희다'는 그대로 '흰 백(白)'이다. 이렇고 하고 보면 이 구의 뜻은 '속이 희다', 즉 '裏白(이백)'으로 정리가 되는데, '裏白(이백)'은 당나라 시대의 대시인 이태백 즉 '이백(李白)'과 발음이 같다. 이 두 번째 구가 속으로 암시하였던 것은 이백(李白)이라는 시인이었던 셈이다.

셋째 구 '휘장 안으로 걸어 들어가니 찾을 수 없고'의 주된 내용은 '장막 안에 숨는다'이다. 그런데 이 분위기에 어울릴 만한 고급스런 장막은 주로 비단으로 만들었다. 비단은 '羅(라)'이다. 그리고 숨는 것은 '숨을 은(隱)'자로 표현된다. 그래서 이 세 번째 구 역시 당나라 시대의 시인인 나은(羅隱)을 암시하고 있었던 것을 알 수 있다.

넷째 구 '멋대로 부는 비바람만 강호에 가득하네'에는 강과 바다에 휘몰아치는 비바람으로 말미암아 파도가 뒤집히는 분위기를 연상하게 한다. 파도가 뒤집히는 것은 '뒤집을 번(翻)'과 '물결 랑(浪)'을 합쳐 '번랑(翻浪)'으로 표현될 수 있을 듯하다. 그런데 이 '번랑(翻浪)'은 송초에 유명했던 인물로 시도 잘 썼던 '반랑(潘闐)'과 발음이 유사하다. 어쩌면 송나라 시대에는 이 둘의 발음이 같았을 지도 모를 일이다. 어쨌든 반랑이라는 이 사람을 염두에 둔 표현이었을 것으로 추측한다.

이렇게 두고 보면 표면적으로는 피부가 흰 미인의 교태를 묘사한 시이지만, 안으로는 네 명의 시인의 이름을 새겨 넣은 일종의 문자 수수께끼였다는 사실을 알 수 있다. 그래서 겉으로 멀쩡해 보이는 이 시를 유희시라고 한 것이다. 유희시이긴 하지만 너무나 능청스러운 데에 작자의 빼어난 솜씨가 드러난다.

이 유희시에도 쌍관어가 활용되어 있으므로 한자의 소리와 관련된 문자유희에 속하지만, 발음의 유사성에 앞서 특정 사상(事象)을 시적으로 표현한 점이 더 부각된다고 생각되어 한자의 뜻과 관련이 있는 문자유희의 범주에 넣어 소개하였다.

7. 기발한 대구

1) 거친 털이 난 들짐승 같은 석선생

청(淸)나라 때에 석(石)씨 성을 가진 선비가 있었다. 그는 자신의 학식과 재능에 자부심을 가지고 있던 터라 포송령(蒲松齡)이라는 재능이 뛰어난 사람이 있다는 말을 듣고는 그를 시험해보고 싶었다. 포송령은 비록 여러 차례 과거에 낙방하여 변변한 벼슬도 하지 못하고 어렵게 살긴 했지만 뛰어난 문학적 재능을 가지고 있었던 사람이다. 특히 그의 단편 문언 소설집인 『요재지이(聊齋志異)』는 그 아름다운 문장으로 널리 호평을 받았다. 그래서 포송령은 지금도 어지간한 문학사에는 그의 이름을 올리고 있는 대단한 인물이다. 그럼에도 그 석선비는 그 스스로 명구라고 자부하는 시구를 하나 지어서 들고 포송령을 찾아갔다.

그가 지은 시구는 '細羽家禽磚後死(세우가금전후사)'였다. '집에서 기르는 가는 깃을 가진 새가 벽돌 뒤에서 죽었네'라는 뜻이다. 석선비는 그가 고심해서 지어낸 이 시구를 내어놓으며 가르침을 청한다고 하였다. 포송령은 그 구를 받아들고 살펴보더니 "위 구만 있고 아래 구는 없는 것을 보니 대구를 지어보란 말이요?" 하고 물었다. 석선비가 그렇다고 하자 포송령은 "한 글자씩 짝을 지어볼 터이니, 내가 한 자씩 부르면 당신이 한 자씩 받아쓰시오"라고 하였다. 그리고는 "가늘다(細)의 짝은 굵다(粗), 깃(羽)의 짝은 털(毛), 집(家)의 짝은 들(野), 벽돌(磚)의 짝은 돌(石), 뒤(後)의 짝은 앞(先), 죽다(死)의 짝은 나다(生)"라고 읊었다. 한 글자 한 글자 정확하게 대가 되는 어휘들을 찾아 앞 구와 짝을 이루게 한 것이다. 그런데 그 글자들을 다 받아써 놓고 처음부터 끝까지를 다시 한 번 읽어보니 "粗毛野獸石先生(조모야수석선생)"이 되어 있었다. '거친 털이 난 들짐승 같은 석선생'이라는 뜻이 되어 버린 것이다. 자기 분수도 모르고 천하의 포송령에게 도전장을 내밀었던 석선비는 자기가 낸 문제가 도리어 자기를 묶는 올가미가 되어 있는 것을 보고는 부끄러워 머리를 감싸고 포송령의 집을 뛰쳐나갔다고 한다.

일설에는 이 이야기가 청(淸)나라 때의 기윤(紀昀)이 소년 시절에 그의 석(石)씨 성을 가진 서당 훈장과의 사이에서 있었던 일이라고 하기도 한다. 즉 어려서부터 장난기가 남달랐던 기윤이 하라는 공부는 충실히 하지 않고 어디서 어린 새를 한 마리 구해서 장난질을 하고 있는 것을 본 서당 훈장은 그 새를 빼앗아 벽돌 뒤에 숨겨 두어 새가 죽게 만들었다. 그 일이 있은 다음 훈장은 그 일을 염두에 두고 '細羽家禽磚後死(세우가금전후사)'라는 구절을 만들어 여기에 적절한 대구를 하라고 하였더니, 기윤이 '粗毛野獸石先生(조모야수석선생)'라는 대구를 만들었다. 자신을 노골적으로 조롱하는 내용이 지나치다고 판단한 훈장이 사과하고 어구를 고치라고 하였다. 그러나 기윤은 훈장의 요구에 지지 않고 이보다 나은 구를 어떻게 얻을 수 있겠느냐고 항변하자, 과연 그 말도 맞는지라 훈장은 이렇게도 못하고 저렇게도 못하여 얼굴만 벌겋게 되었다는 이야기다.

2) 셋이면서도 넷

당나라가 변방 절도사들의 발호로 나라가 기운 것을 잘 알고 있던 송(宋)나라 황실은 무신들의 권력을 약화시키고 문신들을 중용하는 숭문억무(崇文抑武)정책을 썼다. 그 결과 송나라는 한 때 인문학이 융성한 르네상스적 분위기를 연출하기도 하였으나, 무신에 대한 홀대로 인한 국방력의 약화를 피할 수가 없었다. 그 결과 끊임없이 강인한 북방민족의 도전과 침입을 받게 되는데, 개중에는 인문학적인 방식으로 송나라에 도전장을 내민 이야기도 몇 가지 전해 온다.

당시 요(遼)나라에서는 사신을 통해 다섯 자의 한 구를 보내며 그것에 맞는 대구를 해보라고 한 적이 있다고 한다. 그 사신은 아울러 사뭇 고압적인 태도로 적절한 대구를 하면 여전히 송나라를 상국으로 섬기겠지만 만약 그렇지 못하면 송나라가 요나라를 상국으로 섬기라며 협박을 하기도 하였다고 한다. 그 사신이 꺼낸 쪽지에는 다음과 같은 글이 적혀 있었다.

三光日月星 (삼광일월성)

'三光(삼광)'은 빛을 내는 세 가지 천체로서 해와 달과 별을 아우르는 말이다. 그러므로 새삼스러울 것이 없는 평범한 어구다. 그러나 이 구에 대구를 하는 것은 매우 힘든 일이다. 왜냐하면 정교한 대가 되려면 먼저 제시된 구 즉 출구(出句)와 같은 위치에 같은 품사와 같은 성격의 글자를 배치하여 어법적으로 또 의미상으로 서로 짝을 이루게 하여야 하는데, 출구에 제시된 '三(삼)'이라는 숫자에 따라 나열된 세 가지 사물에 맞게 구를 만들기가 힘들기 때문이다. 좀더 자세히 설명하자면 출구의 첫머리에 있는 '三(삼)'이라는 숫자에 맞추려면 대구에도 '三(삼)'이 아닌 다른 숫자를 써야 되는데, 만약 그 숫자를 '二(이)'로 하면 그 다음에 나열되는 것이 두 가지 밖에 안 되어 출구의 글자 수보다 적게 되고, '四(사)'자를 쓴다고 하더라도 그 다음에 나열될 사물의 이름이 네 가지가 되어 출구보다 글자 수가 많아져서 대구가 될 수 없는 난처한 경우다.

바로 이 점이 이 문제의 관건인데, 그 관건의 난이도에 기가 꺾인 문무 백관들은 아무도 대답할 엄두를 내지 못하고 서로 얼굴만 쳐다보며 답답해 하였다. 이에 요나라 사신이 회심의 미소를 지으며 득의양양하게 요나라의 승리를 주장하려고 하였다. 그 때 한 신하가 앞으로 기어나오며 "폐하, 신이 한 번 해보겠습니다."라고 소리쳤다. 모두들 그 사람을 쳐다보니 불세출의 천재로 천하에 이름을 떨치고 있는 소동파였다. 다른 사람이 아닌 소동파의 말인지라 황제는 그제야 답답한 가슴을 쓸어내리며 가뭄에 단비를 만난 양 기쁜 기색을 보였다.

소동파는 과연 황제의 기대를 저버리지 않았다. 그의 입에서 나온 말은 다름 아닌 '四詩風雅頌(사시풍아송)'이라는 다섯 자였다. 그 대구를 출구와 비교해보면 '三(삼)'이라는 숫자에 '四(사)'라는 숫자로 짝을 맞추었고, '光(광)'이라는 명사에 '詩(시)'라는 명사로 응했으며, 日(일)·月(월)·星(성) 세 가지 사물에는 風(풍)·雅(아)·頌(송)이라는 세 종류의 詩가 대응되게 하였다. 어느 모로 보나 정교한 대구임에 틀림없다.

문제는 '四詩(사시)'라고 하였는데, '風(풍)·雅(아)·頌(송)'의 세 종류의 시만 나열되어 있는 것은 이치에 맞지 않는 것이 아닌가 하는 의심이 드는 것이다. 그러나 그 옛날 한(漢)나라 시대의 학자들이 『시경(詩經)』의 시를 내용의 성격에 따라 분류하면서 순순한 민가를 風(풍)이라 하였고, 조정의 조회나 연회에 쓰이던 음악의 가사를 雅(아)라 하였으며, 종묘의 제례에 쓰이던 음악의 가사를 頌(송)으로 구분하였다. 그리고 雅(아)를 다시 그 성격에 따라 다시 小雅(소아)와 大雅(대아)로 나누고, 風(풍)·小雅(소아)·大雅(대아)·頌(송)을 합하여 '四詩(사시)'라고 하였기 때문에, 사시는 風(풍)·雅(아)·頌(송) 셋으로 다시 정리될 수 있는 것이다. 바로 이 점을 활용하였기 때문에 세 가지 사안을 나열하면서도 '四(사)'라는 숫자를 쓰는 것이 이치에 어긋나지 않았던 것이다. 알고 보면 그렇게 심오한 내용은 아니지만 그 발상이 어려운 것이다. 그래서 이 이야기도 소동파의 머리가 좋았다는 사실을 확인시켜주는 사례로 전해져 온다.

8. 중국식 패러디

1) 이태백의 시로 패러디한 개구쟁이 학생들

이태백의 시 중에 많은 사람들의 애호를 받는 작품으로 「靜夜思(정야사)」 라고 하는 작품이 있다.

> 牀前明月光,(상전명월광)
>   ㅇ 평상 앞의 밝은 달빛,
>
> 疑是地上霜.(의시지상상)
>   ㅇ 땅위의 서리인가 했었네.
>
> 擧頭望明月,(거두망명월)
>   ㅇ 고개 들어 밝은 달을 쳐다보다,
>
> 低頭思故鄕.(저두사고향)
>   ㅇ 고개 숙여 고향 생각하노라.

쉬운 시어로써 만인이 공감할 만한 정서를 표출한 명시의 하나로서 우리나라 사람들에게도 상당히 친숙한 작품이다. 그런데 이 작품도 장난기 많은 학생들의 손에 들어가면 짓궂게 패러디된다. 필자가 20여 년 전에 대만에서 학생들에게 들은 것으로서 앞의 두 구가 어떻게 되었던 지는 기억에 남아 있지 않지만, 뒤의 두 구 만은 지금도 잊혀지지 않고 있다.

> 擧頭看黑板,(거두간흑판)
> ∽ 고개 들어 흑판을 쳐다보다,
>
> 低頭思便當.(저두사편당)
> ∽ 고개 숙여 도시락 생각하노라.

'便當(편당)'은 우리도 일제 강점의 영향으로 한 때 무심결에 '벤또'라고 했던 것으로 도시락을 가리키는 일본말이다. 대만도 오랜 기간 일본의 지배를 받았기 때문에 대만 사람들의 말에 일본말의 흔적이 더러 남아있는데, 그것이 대만 학생들의 문자유희에 동원된 것이다.

돌이켜 생각해보면 고등학교 시절에는 얼마나 먹성이 좋았던지 밥을 먹고 돌아서면 금세 배가 고팠다. 그러니 4교시 후의 점심시간을 기다리는 것은 가히 고역이라고 할 만하였다. 수업 시간 동안 고개를 들어 건성으로 흑판을 쳐다보지만 고개를 숙이면 금세 도시락 생각이 나던 것은 바로 나의 학창시절의 모습이기도 하다. 나라는 달라도 학생들의 애환은 유사하다고나 할까. 시선 이태백의 시를 패러디한 학생들의 짓궂은 장난이 밉게 보이지 않는다.

2) 곽말약(郭沫若)의 박피시(剝皮詩)

박피시(剝皮詩)란 널리 알려져 있는 옛날 사람의 시에다 자구를 부분적으로 바꾸어 시에 새로운 내용과 분위기를 부여하는 것을 말한다. 요즘 유행하는 말로 패러디에 해당한다고 하겠다. 그러므로 박피시는 유희적으로 지어지는 시의 일종이다. 그래서 박피시 중에는 기상천외하고 포복절도케 하는 작품들이 더러 있다. 중국 근대의 걸출한 학자 중의 한 사람이었던 곽말약(郭沫若)도 조식(曹植)의 「칠보시(七步詩)」를 이용하여 박피시를 한 수 만들었다고 한다.

불세출의 천재로서 나중에 사령운(謝靈運)으로부터 재고팔두(才高八斗)라는 찬사를 받았던 조식은 그보다 다소 능력이 떨어지는 형 조비(曹丕)에게 항상 위협적인 존재였다. 그래서 원한을 품고 있던 형 조비는 아버지 조조(曹操)로부터 위왕(魏王)의 자리를 물려받은 다음 동생 조식을 제거하고자 하였다. 조비는 조식에게 "너는 재주가 매우 뛰어나다고 하던데 그것이 정말인지 확인하고 싶다. 일곱 걸음 걷는 동안에 시를 한 수 지으면 재능을 인정해서 보아주겠지만, 만약 그렇지 못하면 사람들을 속인 죄로 사형에 처하겠다."고 하였다. 조식이 이에 일곱 걸음을 채 걷기도 전에 지어내어 자신을 시기하여 죽이려 한 형 조비를 놀라게 하고 목숨을 구했다는 시가 바로 「칠보시(七步詩)」다.

「칠보시(七步詩)」라고 전해지는 것 중에는 내용은 대동소이하나 시어가 다소 다르거나 글자 수가 차이가 나는 것이 몇 가지 있는데, 다음은 일반적으로 널리 알려져 있는 것 중의 하나다.

煮豆燃豆萁,(자두연두기)
   ✆ 콩 삶기 위해 콩깍지를 태우니,

豆在釜中泣.(두재부중읍)
   ✆ 콩은 가마솥 안에서 우네.

本是同根生,(본시동근생)
   ✆ 본래 같은 뿌리에서 났는데,

相煎何太急.(상전하태급)
   ✆ 어찌 저렇게 못살게 굴까?

  생사의 기로에 서 있는 위기의 상황에서도 희대의 천재 조식은 그 명성에 걸맞게 그 짧은 시간에 이런 멋진 시를 써냈다. 그는 형인 조비가 자신을 죽이려고 하는 골육상쟁의 상황을 콩을 삶기 위해 콩깍지를 태우는 상황에 비유하여 풍자하였다. 그 시를 들은 조비는 양심의 가책을 느껴 안색이 변하였다고 전해진다.
  곽말약은 바로 이 시를 이용하여 박피시를 지었다. 곽말약은 이 유명한 시를 글자 몇 자 바꾸어 뜻이 정반대가 되는 시로 만들었던 것이다.

煮豆燃豆萁,(자두연두기)
   ✆ 콩 삶기 위해 콩깍지 태우니,

豆熟其亦灰.(두숙기역회)
   ✆ 콩 익으니 콩깍지 또한 재가 되네.

不爲同根生,(불위동근생)
   ✆ 같은 뿌리에서 나지 않았다면,

緣何甘自毀(연하감자훼)
　cs 어떻게 기꺼이 자신을 태울까?

　콩을 삶는 것을 어떤 큰 일을 성취하는 것으로 설정하고, 그 큰 일의 성공
을 위해 콩깍지가 자신을 태우는 희생을 감수한다는 뜻이다. 「칠보시」의 경우
와는 정반대로 콩을 삶기 위해 콩깍지를 태우는 일을 형제의 일을 돕기 위한
헌신에다 비유한 것이다. 어떤 목적 의식에 근거한 근엄한 내용을 유희적 성
격의 시에다 담고자 했던 것이 곽말약이 지은 박피시의 특징이라 할 것이다.

3) 추도사로 바뀐 왕희지(王羲之)의 「난정집서(蘭亭集序)」

　청(淸)나라 최고의 재주꾼 기윤(紀昀)에게는 정실부인과 함께 첩도 있었다.
정실부인은 명문가의 규수 출신으로 재주가 뛰어난 사람이었고, 첩은 재색은
겸비했으나 출신은 그만 못한 사람이었다. 그런데 기윤 개인의 취향 때문인
지 아니면 봉건 시대의 윤리규범 때문인지는 모르나, 기윤은 정실부인을 존
중하기는 하였지만 그다지 친밀감을 느끼지는 않았던 것 같다. 정실부인보다
는 첩을 더 살갑게 느꼈다는 사실은 첩이 먼저 세상을 떴을 때에 애절한 추
도의 글을 지었지만 정실부인이 세상을 떠났을 때에는 그런 글을 짓지 않았
던 것에서도 알 수 있다.
　그러나 건륭(乾隆)황제는 기윤 부인의 부음에 궁정의 사람을 보내 조문하
여 황제의 기윤에 대한 총애를 보여주었다. 그 때문에 기윤은 부인의 장례
가 끝나자마자 황궁에 들어가서 황제에게 감사의 뜻을 표하였다. 건륭황제

는 이 자리에서 "경은 당대 최고의 문장가이고 또 부부의 정이 돈독했으니 분명 훌륭한 문장을 지어 부인을 추도했을 것이야. 그 글을 짐에게 들려주겠는가?"라고 하였다. 이에 기윤은 "신도 늙었습니다. 쇠약해져서 온갖 병이 생기니 문학도 형편없이 되어 이미 훌륭한 작가의 반열에 들지 못하게 되었습니다. 그러나 수십 년을 함께 산 아내의 죽음에 어찌 마음이 아프지 않겠습니까? 그래서 옛사람의 유명한 문장을 조금 베껴서 아내를 추도하는 글로 삼을까 하나이다."라고 대답하고서는 '서성(書聖)' 즉 '글씨의 성인'으로 이름이 높은 왕희지(王羲之)의 작품으로서 천하의 명문으로 알려져 있는 「난정집서(蘭亭集序)」의 한 부분을 외우기 시작하였다.

부인과 함께 한 세상을 살아가면서 어떤 때는 가슴 속 일을 한 방에서 이야기했었고, 어떤 때에는 대자연에 감정을 기탁하여 육신을 잊고 초월적 정신세계를 추구했었지요. 비록 온갖 일이 있었고, 조용할 때도 소란스러울 때도 있었지만, 우리의 처지를 기뻐하고 잠시나마 기분이 좋아질 때면 흔연히 스스로에 만족하여 우리가 늙어 가는 줄도 몰랐었지요. 추구하던 일에 싫증이 날 때면 기분도 사정이 바뀜에 따라 달라져서 감개무량해지기도 했지요. 앞서 즐거워하던 것은 잠깐 사이에 이미 낡은 흔적이 되어 버리는데, 그런데도 그런 일들로 감회가 생기지 않겠습니까? 하물며 인간의 수명이 길고 짧음은 하늘의 조화에 따르고, 마침내는 그것도 끝나는 때가 있음에랴! 옛날 사람도 "살고 죽는 것은 역시 큰일이다."라고 했는데, 어찌 가슴이 아프지 않겠습니까!

이 글은 본래 그 앞에

"영화(永和) 9년 계축(癸丑)년 늦봄의 첫머리에 회계군(會稽郡) 산음현(山陰縣)에 있는 난정(蘭亭)에 모여 액막이를 한다. 여러 현명한 분들이 모두 오셨고, 노소를 불문하고 함께 모였다. 이곳에는 높은 산과 높은 산맥이 있으며, 무성한 수풀과 길게 자란 대나무도 있다. 또 맑은 개울이 소용돌이치면서 주위에 물빛을 반사한다. 그곳을 술잔을 띄우는 굽이진 물로 삼아 차례대로 늘어앉았다. 비록 현악기나 관악기 같은 성대한 음악은 없다 해도 술 한 잔에 시 한 수 읊으면 이 그윽한 회포를 시원하게 풀어내기에 충분하리라.

　이 날 날씨는 쾌청했고 부드러운 바람이 시원하게 불어왔다. 위로는 우주의 위대함을 보고, 아래로는 온갖 사물들이 번성하고 있는 것을 살펴본다. 온갖 것을 구경하고 회포를 펴면 보고 듣는 즐거움을 마음껏 누릴 수 있어서 정말 즐겁다."

라고 한 부분이 있고, 그 뒤에는

　"매번 옛날 사람들이 감회를 일으키는 것을 살펴보면 모두가 한결같다. (옛 사람의)문장을 볼 때마다 탄식하고 안타까워하지 않은 적이 없으니, 그건 나로서도 모를 일이다. 진정 알 수 있는 것은 죽음과 삶을 한 가지로 치는 것이 헛된 일이며, 장수와 요절을 같게 보는 것 역시 헛된 수작이라는 것이다. 후세 사람들이 오늘날 사람들을 보는 것은 오늘날 사람들이 옛 사람들을 보는 것과 같을 것이니, 정말 슬픈 일이로다! 그래서 그때 모인 사람들을 열거하고 그들이 쓴 작품들을 기록한다. 비록 세상이 다르고 사정이 다르다고 하더라도 감흥을 일으키는 것은 매양 한 가지다. 후세의 독자들도 이 문장을 읽고서 감동하는 바가 있을 것이다."

라는 내용으로 마무리 되어 있었다. 그리고 기윤이 추도사로 이용한 부분도 본래의 문맥상

"대저 사람이 함께 한 세상을 살아가면서 어떤 때는 자신의 가슴 속 일을 친구와 한 방에서 이야기하고, 어떤 때는 대자연에 자신의 감정을 기탁하여 육신을 잊고 초월적 정신세계를 추구한다. 비록 행위의 성격이 만 가지로 다르고, 조용하고 들뜨고도 다르지만, 자신의 처지를 기뻐하고 잠시나마 기분이 좋아질 때면 흔연히 자신에게 만족하여 내가 늙어 가는 줄도 모른다. 추구하던 일에 싫증이 날 때면 기분도 사정이 바뀜에 따라 달라지고, 감개무량한 기분이 생긴다. 접때 즐거워하던 것은 잠깐 사이에 이미 낡은 흔적이 되어 버리는데, 그런데도 그 일로 감회가 생기지 않겠는가? 하물며 인간의 수명이 길고 짧음은 하늘의 조화에 따르고, 마침내는 그것도 끝나는 때가 있음에랴! 옛날 사람이 '살고 죽는 것은 역시 큰 일이다.'라고 하였듯이 어찌 가슴이 아프지 않겠는가!"

라는 뜻이 되어야 하는 글이었으나, 글자 한 자의 발음을 달리 함으로써 이런 뜻으로 변해버렸다.

이 글의 첫머리 '대저 사람이' 부분의 원문 '夫人(부인)'의 '夫(부)'자는 '대저'라는 뜻의 발어사지만, 기윤이 그 뒤의 글자 人(인)과 결합시켜 '夫人(부인)'이라는 한 단어로 변모시켰기 때문이다. 발어사로 쓰이는 '夫(부)'자는 본래 거성(去聲)으로 읽어야 하나 기윤이 그것을 고의로 평성(平聲)으로 읽음으로써 그렇게 된 것이다.

이에 건륭황제는 "왕희지의 「난정집서」가 경에 의해서 '夫(부)'자가 평성으로 읽힘으로써 금세 제문(祭文)이 되고 말았군. 왕희지가 이 글을 지을 때 이런 일이 있으리라고 생각이나 했겠는가?" 하면서 크게 웃었다고 한다.

기윤의 기민한 두뇌 회전에 감탄을 금할 수 없지만, 한편으로는 묘한 느낌을 지울 수 없다. 곧 첩의 경우와 비교해보면 기윤은 정실부인의 장례를 정중하게 치르기는 했으나 큰 애통함을 느낀 것은 아니라는 것이다. 기윤의 처첩에 대한 사랑은 정 따로 관계 따로였던가 보다.

특정한 문맥 속에서 하나의 글자가 한 가지 발음과 하나의 뜻을 가지는 한자의 특성은 문자 배열의 자유로움을 두드러지게 하였다. 전통적으로 오른쪽에서 왼쪽으로, 위에서 아래로 쓰던 문자 배열 방식이 서구 문화의 영향을 받아 중국대륙에서는 별 다른 어려움 없이 왼쪽에서 오른쪽으로 쓰는 방식으로 전환할 수 있었던 것도 그 때문이다. 그 뿐만 아니라 한 글자가 개별적인 뜻을 가지고 있기 때문에 같은 수의 글자로써 서로 짝을 이루는 대구를 만들기도 편리하며, 오언시나 칠언시처럼 한 작품 전체를 같은 수의 글자를 가진 구로써 엮어내는 것도 어렵지 않다. 천연덕스럽게 띄어읽기를 다르게 하여 뜻이 크게 달라지게 만드는 것도 한자가 가지고 있는 그러한 특성을 이용한 것이다.

중국인들은 한자의 이러한 특성도 놓치지 않고 문자유희에 이용하였다. 문자배열을 조작하여 다른 뜻의 문장을 만들기도 하고, 가로 읽기와 세로 읽기를 바꿈으로써 정반대의 말을 만들기도 한다. 때로는 왼쪽에서 읽어도 오른쪽에서 읽어도 같은 뜻이 되는 문장을 만들어 즐기기도 한다. 그 뿐만이 아니라 기성의 문장에 한두 글자를 덧붙이거나 감소시킴으로써 전혀 다른 뜻의 문장을 만들어 낼 수도 있다.

전통적으로 중국은 문학의 나라, 특히 시의 나라라고 불리기에 손색이 없는 만큼, 한자의 이러한 특성을 살린 문자유희는 흔히 시의 형태로 나타난다. 같은 글자를 많이 넣어 쓴 시가 있는가 하면 같은 계열의 한자를 교묘하게 배열하여 만든 시도 있고, 모든 구의 동일한 위치에 특정의 글자를 배치하는 방법을 사용하는 경우도 있다.

1. 글자배열 조작

한자는 한 글자가 하나의 뜻을 가지고 있을 뿐만 아니라, 고정된 품사도 없다. 그 때문에 특정한 의미를 나타내는 문장이 성립된 후에 그 중의 한두 글자의 위치를 서로 바꾸면 전혀 다른 의미의 문장을 구성할 수 있다. 재미있는 것을 두 가지 소개하기로 한다.

1) '소변금지'가 '매사조심'으로

뛰어난 서예가가 한 사람 있었다. 그는 자신의 글씨를 매우 소중히 여겼기 때문에 함부로 남에게 글을 써주지 않았다. 그런데 어느 날 낯선 젊은이가 찾아와서 글을 몇 자 써 달라고 부탁하였다. 평소 남에게 쉽게 글을 써주지 않았던 그 서예가는 당연히 글을 써줄 의사가 없었다. 그러나 그 청년은 너무나도 끈질긴 사람이었다. 서예가가 이런 핑계 저런 핑계를 다 대어 거절하였으나 막무가내였다. 젊은이의 끈질김을 이기지 못한 서예가는 붓을 들어 '不可隨處小便(불가수처소변)'이라는 여섯 글자를 되는 대로 써 주었다. '不可隨處小便(불가수처소변)'은 '아무 곳에서나 소변보면 안 된다'는 뜻이다. 골목의 담벼락에 흔히 보이는 '소변금지'와 별반 다를 것이 없는 것이니, 그 서예가가 얼마나 짜증이 났던지 짐작할 수 있다.

그런데 며칠 후에 예의 그 젊은이가 글씨를 표구해서는 좋은 글을 써주어서 고맙다는 인사를 하러 왔다. 서예가는 희한한 일이다 싶어 표구한 글을 들여다보니 자신이 쓴 글씨임에는 틀림이 없었다. 그런데 글의 내용이 전혀 달랐다. '작은 일이라고 대충대충 해서는 안 된다'라는 뜻의 '小處不可隨便(소처불가수편)'으로 바뀌어 있었다. 젊은이가 표구를 하면서 글자를 오려 순서를 바꾸어서 전혀 다른 뜻의 글귀를 만들어내었던 것이다. 젊은이의 기지가 '소변금지'와 같은 장난기 어린 문구를 '매사조심'에 가까운 경구로 탈바꿈시킨 것이다.

2) 맹호연의 시구에서 두 자의 순서를 바꾸니

당(唐)나라 시대에 맹호연(孟浩然)이라는 유명한 시인이 있었다. 그와 사이가 좋았던 사람 중에는 당나라 시대 자연시파의 최고봉으로서 시불(詩佛)이라는 칭송을 듣는 대시인 왕유(王維)가 있었다.

어느 날 맹호연이 높은 벼슬을 하고 있는 왕유(王維)의 근무처에 놀러갔다. 그때 마침 현종(玄宗)황제가 왔다는 전갈이 오자 당황한 왕유는 맹호연을 방의 한쪽 구석에 숨겨두었다. 그러나 금세 그것은 황제를 속이는 일이라는 생각이 든 왕유는 그 일을 사실대로 황제에게 아뢰었고, 황제는 맹호연이라는 시인의 이름을 들어본 적이 있어서 만나보고 싶으니 나오게 하라고 하였다. 황제가 나타난 맹호연을 보고 요즈음 지은 시가 있으면 한 수 읊어보라고 하였더니, 그때 맹호연은 「세모귀남산(歲暮歸南山)」이라는 시를 읊었다. 그런데 그 시에는 다음과 같은 구절이 있었다.

> 不才明主棄.(불재명주기)
> ㆍ 재주가 없으니 현명한 군주께서 버리시고,
>
> 多病故人疏.(다병고인소)
> ㆍ 병이 많으니 친구들도 소원해지네.

자신의 불우한 처지를 말하면서 자신을 겸손하게 표현한 구절이다. 벼슬 없이 어렵게 살아가는 가난한 시인의 궁티가 잘 나타나 있기도 하다. 그런데 현종은 이 두 구를 보더니 "짐은 너를 버린 적이 없는데 어떻게 이런 말을 할 수 있는가?"라며 트집을 잡았다. 황제가 친히 시를 한 번 읊어보라고 하는 말에 좋은 시를 읊기만 하면 벼락출세의 기회를 잡을 수도 있는 것인데, 현종은 맹호연의 어디가 마음에 들지 않았던지 그렇게 대했다. 그 때문에 맹호연은 정말 그가 지은 그 시의 내용처럼 황제의 버림을 받게 되었고, 그에 따라 평생을 불우한 시인으로 살게 되었다.

그런데 훗날 어떤 사람이 맹호연의 한이 서린 이 두 구에 약간의 손질을 가해 돌팔이 의사를 욕하는 데에 사용하였다. 의술이 형편없어서 툭하면

의료사고를 일으키는 돌팔이 의사에게 불만을 품은 어떤 사람이 돌팔이 의사의 집 대문에다 이런 내용의 대련을 붙여 두었던 것이다.

> 不明財主棄,(불명재주기)
> ❀ 재주가 없으니 돈 가진 사람들이 버리고,
>
> 多故病人疏.(다병고인소)
> ❀ 사고가 많으니 환자들도 소원해지네.

위 구는 맹호연의 원래 시의 '才(재)'자리에 '明(명)'자가 있고, '明(명)'자 자리에는 '財(재)'자가 왔으며, 나머지는 같다. 그런데 '才(재)'자와 '財(재)'자는 발음이 같으므로, 발음으로 보면 '才(재)'자와 '明(명)'자가 자리를 바꾼 꼴이다. 아래 구는 분명히 '病(병)'자와 '故(고)'자의 자리를 맞바꾸었다. 그러므로 불우한 시인의 신세한탄이 각 구의 연속된 두 글자의 자리가 뒤바뀜으로써 돌팔이 의사를 비꼬는 내용으로 바뀌었다고 할 수 있다.

2. 말꼬리 잇기

우리나라에서도 말꼬리 잇기는 흔히 즐기는 오락이다. 누가 먼저 어떤 단어를 말하면, 그 다음 사람은 그 단어의 끝음절을 머리로 하여 새 단어를 말한다. 그런 식으로 계속 이어가다 생각이 막혀 더 이상 잇지 못하는 이가 놀이에서 지는 것이다. 중국에서는 이런 말꼬리 잇기를 수사 기법의 일종으로 취급하며, 그것을 정진(頂眞) 또는 정침(頂針)이라고 한다.

1) 천심각(天心閣)의 대련

> 天心閣, 閣落鴿, 鴿飛閣未飛;(천심각, 각락합, 합비각미비)
> ㉓ 천심각의 누각에 비둘기가 내려앉았다가 비둘기가 날아가도 누각
> 은 날아가지 않았고,
>
> 水中洲, 洲停舟, 舟行洲不行.(수중주, 주정주, 주행주불행)
> ㉓ 물 가운데의 모래톱 그 모래톱에 배가 닿았다가 배가 가도 모래
> 톱은 가지 않네.

중국 장사(長沙)에 있는 천심각(天心閣)이라는 누각에 걸려 있는 대련이란
다. 천심각에 비둘기가 날아들고, 내다보이는 모래톱에는 배가 멈췄다가 다
시 떠나기도 하는 풍경을 묘사한 것으로서 누각에 운치를 더해주는 대련이
라고 하겠다. 이 대련의 특징은 보다시피 두 구 모두 말꼬리 잇기로 되어
있다. 어찌 보면 장난처럼 보이지만, 더 좋은 대련을 만들기 위해 공을 들인
것이라고 할 수도 있을 것이다.

이 대련에는 말꼬리 잇기 이외에도 특이한 장치가 하나 더 들어 있다.
곧 '모래톱 주(洲)'자와 '배 주(舟)'자의 발음은 우리말에서도 그렇듯이 같다.
그리고 '누각 각(閣)'자와 '비둘기 합(鴿)'자도 중국어에서는 성조만 약간 다르
지 발음은 같다. 그러므로 이 대련에는 같은 발음의 한자를 중복시킴으로써
또 다른 느낌을 만들어내는 면도 있다. 한자의 발음을 이용한 문자놀이로도
볼 수 있는 것이다.

2) 무석(無錫)의 석산(錫山)에는 주석(朱錫)이 없네

　중국 강소성(江蘇省)의 무석(無錫)에는 석산(錫山)이라는 곳이 있다. 전해지는 말로는 그 곳에는 원래 주석이 많이 나서 석산(錫山)이라고 했는데, 채굴의 결과 나중에는 주석이 없어지게 되었다고 한다. 그래서 그 지역의 이름을 '주석이 없다'는 뜻의 무석(無錫)이라고 했다는 이야기가 전해지기도 한다. 현재 중국지도에는 서로 가까운 곳에 무석(無錫)과 석산(錫山)이라는 이름을 가진 곳이 동시에 존재하는 것으로 되어 있다.

　명(明)나라 시대에 그 무석에서 이발소를 차리고 있던 사람이 무석과 석산에 대한 생각을 하다가 다음과 같은 기발한 구를 생각하게 되었다.

　　　無錫錫山山無錫(무석석산산무석)

　앞에서 운을 뗀 것처럼 '무석의 석산이라는 산에는 주석이 없다'라는 말이다. 그러나 이 구절은 무석(無錫)과 석산(錫山)이라는 지명에 대한 단순한 사실을 진술하는 것에 그치지 않는다. '無錫(무석)'의 뒤에는 '無錫(무석)'의 뒤 글자를 머리로 한 '錫山(석산)'이 오고, 그 뒤에는 다시 그 '錫山(석산)'의 뒤 글자를 받아 '산에는 주석이 없다'라는 뜻의 '山無錫(산무석)'이라는 말을 이었다. 말꼬리 잇기의 형태로 되어 있는 것이다.

　그 이발사는 이 기발한 구에 짝을 지워서 대련으로 만들고 싶었으나 아무리 해도 좋은 생각이 떠오르지 않았다. 그래서 그 구절을 이발소에 걸어 두고 이발하러 오는 사람들의 도움을 받기로 하였다. 그러나 몇 년이 지나도 합당한 대구를 얻지 못했다.

그러던 어느 날 뛰어난 화가이면서 문학에도 조예가 깊어서 당시 강남 지역 제일의 재주꾼으로 통하던 당백호(唐伯虎)라는 사람이 무석에 있는 친구를 찾아왔다가 그 이발소에 들렀다. 이발사는 당백호를 알아보고는 좋은 기회라 생각하며 부탁하였다. 당백호는 역시 달랐다. 그는 잠시 생각하더니 다음과 같은 구를 읊었다.

> 平湖湖水水平湖(평호호수수평호)

'平湖(평호)라는 호수는 물이 평평한 호수'라는 말이다. '平湖(평호)', '湖水(호수)', '水平湖(수평호)' 간에는 말꼬리 잇기가 성립되고 있다.

3) 수차는 물을 푸고 물은 수차를 따라 흐르고

이것도 앞 이야기에 나왔던 당백호와 관련된 이야기다.

어느 날 당백호가 한 친구와 함께 들길을 가다가 농부가 수차를 돌려 논에다 물을 대는 광경을 보았다. 둘이 흥미진진하게 구경을 하던 중에 당백호의 친구가 재미있는 구가 생각났다고 했다.

> 水車車水, 水隨車, 車停水止.(수차차수, 수수차, 차정수지)

문맥상 '水車車水(수차차수)' 중의 두 번째 '車(차)'자는 동사로 쓰였다. 문맥에 따라 '물을 푸다'라는 뜻으로 보면 될 것이다. 그래서 위 구절의 뜻은 대략 "수차로 물을 푸니 물은 수차를 따라 흐르고, 수차가 멈추니 물도 그친다."가 될 것이다. 역시 말꼬리 잇기의 방식을 취한 구절이다.

친구가 읊은 이 구에 아무런 반응이 없을 당백호는 아니었다. 당백호가 잠시 생각에 잠겨 있는데, 문득 친구의 손에 부채가 들려 있는 것이 눈에 들어왔다. 이에 영감이 떠올라 다음과 같은 구절을 읊었다.

風扇扇風, 風出扇, 扇動風生.(풍선선풍, 풍출선, 선동풍생)

'風扇(풍선)'은 수동식 선풍기로 곡식을 까부를 때 쓰는 것이다. 수차처럼 농기구의 하나다. 그래서 '風扇扇風(풍선선풍)'의 앞에 있는 '扇(선)'자는 '선풍기'라는 명사로 쓰였지만, 뒤의 '扇(선)'자는 '바람을 일으키다'라는 동사로 쓰였다. 그러므로 이 구절은 "선풍기로 바람을 일으키니 바람은 선풍기에서 나오고, 선풍기가 움직이면 바람이 생긴다."라는 뜻이 된다. 친구가 문제로 내었던 앞의 구와 똑같은 구조의 대구가 된 것이다. 게다가 '머무를 정(停)'자의 자리에는 그와 뜻이 반대가 되는 '움직일 동(動)'자를, '그칠 지(止)'자 자리에는 그와 뜻이 대조가 되는 '날 생(生)'자를 배치시킴으로써 대비효과를 높이고 있다.

3. 바로 읽기와 거꾸로 읽기

'소주만병만주소'는 거꾸로 읽어도 같은 말이 된다. 중국인들도 이와 같이 글을 읽는 순서를 반대로 하여도 같은 문장이 되는 것을 만들어 즐기곤

한다. 중국에서는 이런 식의 문자운용을 수사의 하나로 분류하고 그것을 회문(回文)이라고 한다. 전체가 회문의 형식으로 된 시에 대한 것은 나중에 '특이한 형태로 된 시'에서 소개하기로 하고 여기서는 보통 길이의 대련 정도 되는 것만 소개하기로 한다.

1) 바로 읽어도 거꾸로 읽어도 같은 말이 되는 구

上海自來水來自海上(상해자래수래자해상)

중국말로 '自來水(자래수)'는 '수돗물'이다. '來自海上(래자해상)'에서의 '自(자)'자는 '~로 부터'라는 뜻으로 쓰였다. 그러므로 이 구는 '상해의 수돗물은 바다에서 온다'라는 말인데, 거꾸로 읽어도 같은 문구가 된다.

2) 바로 읽어도 거꾸로 읽어도 같은 말이 되는 대련(1)

我愛隣居隣愛我,(아애인거인애아)
魚傍水活水傍魚.(어방수활수방어)

비슷한 뜻을 담고 있는 두 구는 각기 거꾸로 읽어도 같은 어구가 된다. 앞의 경우와 마찬가지로 글자의 수가 홀수인 이 구들은 가운데 글자를 중심으로 같은 글자를 대칭이 되게 배열하였기 때문이다.

위 구의 '이웃 린(隣)'자가 들어 있는 '隣居(인거)'는 중국어에서 '이웃'이라는 뜻이다. 그리고 아래 구에 있는 '傍(방)'자는 '기대다', '의지하다'라는 뜻이다. 그러므로 이 두 구는 다음과 같은 뜻이 된다.

나는 이웃을 사랑하고 이웃은 나를 사랑하며,
고기는 물에 기대어 살고 물은 고기를 의지하네.

3) 바로 읽어도 거꾸로 읽어도 같은 말이 되는 대련(2)

霧鎖山頭山鎖霧,(무쇄산두산쇄무)
ᘓ 안개는 산을 감싸고 산은 안개를 감싸며,

天連水尾水連天.(천련수미수련천)
ᘓ 하늘은 물 끝에 이어졌고 물은 하늘에 이어졌네.

자욱한 안개(霧)는 산을 감싸고(鎖) 있지만, 한편으로 보면 산이 안개를 가두고(鎖) 있는 듯하다. 그리고 저 멀리 하늘과 물이 맞닿은 곳은 어느 곳이 하늘이며 어느 곳이 물인지를 알 수 없다. 그처럼 이렇게도 보이고 저렇게도 보이는 몽롱한 분위기를 바로 읽어도 되고 거꾸로 읽어도 되는 문자의 배열로 담아내고 있다. 그런 의미에서 단순한 문자유희를 넘은 수사의 한 방식으로 이해해야 될 것이다.

4) 바로 읽어도 거꾸로 읽어도 같은 말이 되는 대련(3)

> **客上天然居, 居然天上客**;(객상천연거, 거연천상객)
> ㆍ 손님이 천연거(天然居)에 오르니 정말 하늘의 손님이 되고,
>
> **人過大佛寺, 寺佛大過人**(인과대불사, 사불대과인)
> ㆍ 사람이 대불사(大佛寺)에 들러니 절의 부처가 사람보다 훨씬 크다.

청(淸)나라 시대에 북경에 있었던 '천연거(天然居)'라는 술집에 붙어 있던 대련이라고 한다. '上(상)'은 동사로서 '~에 가다'라는 뜻도 있다. 크고 화려한 곳으로 가는 경우에는 '올라가다'라고 해석해도 무방할 것이다. 그리고 '居然(거연)'은 중국어에 자주 쓰이는 말로 화자가 예상했던 것 이상의 상황이 전개될 때의 기분을 나타내는 말이다. 대개 '뜻밖에도'라는 뜻으로 번역하지만, 거기에는 강조의 뜻도 들어있다고 생각되어 여기서는 '정말'이라고 번역하였다. 이 구의 가장 큰 특징은 '客上天然居(객상천연거)'와 그것을 거꾸로 배열한 '居然天上客(거연천상객)'으로 한 구를 만들었다는 것이다.

뒤 구의 '過(과)'는 동사로서 '~에 들르다'라는 뜻으로 쓰였다. '大佛寺(대불사)'는 어떤 절 이름으로 보아야 할 것이다. '寺佛大過人(사불대과인)'의 '過(과)'는 '~을 능가하다'라는 뜻으로 보았다. 앞의 구의 경우와 마찬가지로 뒤의 '寺佛大過人(사불대과인)'이 그 앞의 '人過大佛寺(인과대불사)'를 거꾸로 배열한 것이라는 것은 쉽게 알 수 있다.

술집 같은 데에 대련을 내거는 것은 일반 건축물에 대련을 붙이는 것과 같이 건물을 장식하는 것이 목적이다. 중국에서는 이렇게 문학 또는 문학적인 표현이 생활과 밀착해 있다. 그 중에서도 사람들이 많이 오기를 바라는

술집 같은 데에서 내거는 대련에는 손님의 눈길을 끌어 영업에 도움이 되게 하려는 의도까지도 들어 있다. 그렇기 때문에 이렇게 특이한 표현의 대련을 내걸어 놓으면 널리 소문이 나서 영업이 성황을 이룰 수도 있다. 이쯤 되면 중국에서의 문학은 영업 전략의 일환을 담당한다고 할 수 있다.

그런데 일설에는 '客上天然居, 居然天上客(객상천연거, 거연천상객)'이라는 구를 건륭(乾隆)황제가 만들었다고 한다. 신하들을 대동하고 천연거(天然居)라는 술집에 놀러간 건륭황제가 이 구를 만들고 신하들에게 대구를 해 보라고 하였으나 아무도 응대를 못했다. 그 자리에서 이미 답을 생각해낸 기윤(紀昀)이 한참을 내숭을 떨고 있다가 읊은 구절이 다음과 같은 것이라고 한다.

僧遊雲隱寺, 寺隱雲遊僧(승유운은사, 사은운유승)

"스님은 운은사에 노닐고, 절은 운유승을 숨기네."라는 뜻이다. 아마 '雲隱寺(운은사)'라는 절이 있었던가 보다. '雲遊(운유)'는 '구름처럼 노닐다'라는 뜻이므로, '雲遊僧(운유승)'은 '구름처럼 정처 없이 떠돌아다니는 스님'을 말한다. '僧遊雲隱寺(승유운은사)'와 그것을 거꾸로 읽은 '寺隱雲遊僧(사은운유승)'으로 만든 구의 구조가 건륭황제가 만들었다는 구절 '客上天然居, 居然天上客(객상천연거, 거연천상객)'과 같다.

4. 띄어읽기의 묘미

우리말에서도 한 문장이 띄어읽기가 달라짐으로 해서 전혀 다른 뜻의 문장으로 바뀌는 경우가 있다. '아버지가 방에 들어간다'를 띄어읽기를 달리하여 '아버지 가방에 들어간다'라는 문장으로 만드는 것이 그것이다. 이런 예는 정확한 띄어읽기가 얼마나 중요한 것인가를 가르치는 예로 주로 사용되지만, 그 바뀐 내용이 우습기 때문에 유희적으로 입에 오르기도 한다.

누차 이야기한 '일자 일음 일의'라는 한자는 그 속성상 특정 문장을 이런 식으로 바꾸어 전혀 다른 뜻으로 만드는 것이 매우 쉽다. 개중에는 정반대의 뜻으로 변하는 것도 있어서 그 묘미가 적지 않다.

1) 하늘이 붙들어도 머물지 않아

친구사이인 두 선비가 있었다. 두 사람은 자주 서로의 집에 드나들면서 허물없이 지냈다. 어느 날도 보통 때처럼 두 선비가 한 선비의 집에 모여 술 마시고 시를 지으며 즐거운 시간을 보내고 있었다. 그런데 갑자기 큰 비가 쏟아지더니 날이 어둑어둑해질 때까지 그치질 않았다. 날씨도 그렇고 시간도 늦었으니 주인인 선비는 이제 친구가 집으로 돌아가 주기를 바랐다. 그러나 체면 때문에 그 말을 차마 입 밖으로 내지 못하여 속으로 끙끙 앓다가 종이에 글을 몇 자 써 보여주었다.

下雨天留客天留客不留.(하우천류객천류객불류)

이 쪽지를 보면 친구가 금방 자리를 뜰 줄 알았는데, 그 친구는 그런 낌새를 전혀 보이지 않았다. 오히려 주흥이 막 올라 거나해진 친구는 술독의

바닥을 보려는 태세였다. 밤이 점점 더 깊어가자 초조해진 주인은 끝내 참지 못하고 말문을 열었다.

"이보게, 자네 내가 쓴 글 뜻을 알아보았을 것이 아닌가?"

"그렇고 말고 자네 나더러 남아 술을 마시라고 하지 않았나? 비가 오는 날씨에 차마 집으로 가라고 하지 못해서 말이야."

친구가 이렇게 대꾸하자 주인은 기가 막혔다.

"자네는 어떻게 내 마음을 알았나?"

"아니, 자네 그렇게 쓰질 않았나? 자네가 썼던 걸 한 번 읽어주지. '비 오는 날이니 손님을 붙들어두어야 할 날이지. 손님을 붙들어두어야 하지 않겠나? 붙들어둬!'"

손님으로 온 친구는 더 있고 싶어서 "下雨天留客天留客不留(하우천류객천류객불류)"를 "下雨天, 留客天, 留客不? 留!(하우천, 류객천, 류객불? 류!)"로 읽었던 것이다. '下雨(하우)'는 중국말로 '비가 오다'라는 뜻이고 '天(천)'은 '날'이라는 뜻이다.

친구가 쪽지를 그렇게 읽는 것을 본 주인은 어이가 없다는 듯이 말했다.

"그건 나의 뜻이 아니야. 나는 이렇게 읽으라고 썼던 것이야. '비가 오는 날, 손님을 붙드는 날. 손님을 붙들까? 붙들지 마!'"

주인 선비는 친구가 한시바삐 자기 집을 떠나주기를 바라는 심정에서 "下雨天留客天留客不留(하우천류객천류객불류)"를 "下雨天, 留客天, 留客? 不留!(하우천, 류객천, 류객? 불류!)"로 읽어주기를 바라면서 그 쪽지를 썼던 것이다. 그 때서야 손님은 주인이 자신을 빨리 내쫓으려고 한다는 것을 알게 되었다. 그는 매우 분한 느낌이 들어 친구의 집 문을 나서면서 불쾌한 어투로 말했다.

"비가 오니 하늘이 손님을 붙든다. 하늘이 붙들어도 손님은 머물러 있지 않아!"

손님으로 온 선비는 주인 선비가 썼던 쪽지를 또 다른 방식으로 읽으며 그렇게 분노를 터뜨렸다. "下雨天留客天留客不留(하우천류객천류객불류)"를 "下雨, 天留客, 天留, 客不留(하우, 천류객, 천류, 객불류)"로 끊어 읽었던 것이다.

2) 추녀와 미녀는 띄어읽기 나름

옛날 어느 곳에 아주 못생긴 처녀가 있었다. 피부가 검은데다 곰보까지 있어서 아무도 장가들지 않으려고 하여 서른이 다 되어도 짝을 찾지 못하고 있었다. 그러니 부모의 걱정은 이만저만이 아니었다. 생각다 못한 부모는 딸을 소개하는 글을 돌려 짝을 찾아 주려고 하였다. 부모는 많은 돈을 들여 글 솜씨가 좋은 선비에게 청하여 딸을 소개하는 글을 받았다. 일을 맡은 선비는 그 처녀를 한 번 보고는 다음과 같은 글을 써 주었다.

> "麻子無頭髮黑臉大脚不大好看." (마자무두발흑검대각불대호간)

띄어쓰기를 하지 않은 이 문장에서 '麻子(마자)'는 곰보를 말하고 '臉(검)'은 얼굴, '脚(각)'은 발, '好看(호간)'은 예쁘다는 뜻이다. 그런데 이웃 마을의 어떤 사람이 이 문장을 읽고 매우 흡족해하며 청혼을 하였다.

혼약이 성립되어 처녀의 부모는 딸을 시집보냈다. 그런데 시부모들은 시집온 신부를 보는 순간 놀라서 까무러칠 뻔하였다. 못생겨도 너무 못생겼던 것이다. 검은 피부에 곰보가 있을 뿐만 아니라, 머리카락은 다 어디로 갔는지 몇 가닥만 간신히 머리에 붙어 있고 발은 한 자가 넘을 정도로 컸다. 억울해서 기가 막힌 시부모는 파혼을 하기 위해서 우선 그 글을 쓴 사람을 찾아가 따졌다.

"그 글에는 '곰보가 없고, 머리카락이 검으며, 얼굴은 크나 발은 크지 않아서 예쁘다'라고 쓰지 않았소? 그런데 이렇게 못생겼으니 당신들이 우리를 속인 것이요."

신랑 측에서는 그 글을 '麻子無, 頭髮黑, 臉大, 脚不大, 好看(마자무, 두발흑, 검대, 각불대, 호간)'으로 끊어 읽었던 것이다.

그러나 그 글을 쓴 선비는 자신은 결코 속이지 않았다고 항변하였다. 그 처녀가 못생겼다는 것을 알렸으며, 그 내용은 그 글에 분명히 씌어 있다고 하였다. 그러면서 그 글의 내용은 '곰보, 머리카락은 없으며, 검은 얼굴에 큰 발을 가지고 있어서 그다지 예쁘지 않다'였다고 확인시켰다. 그리고 이 혼사는 결국 당신네들이 원한 것이 아니냐며 책임을 떠 넘겼다.

그 선비는 딸을 시집보내려는 부모의 간절한 소망을 무참히 깨기도 어렵고, 돈벌이를 놓치기도 아까웠다. 그렇지만 그렇다고 거짓말을 할 수도 없는 노릇이었다. 그래서 똑똑한 사람이라면 알아 볼 수 있도록 쓴다고 쓴 것이 그것이었다. 그 선비는 총명한 사람이라면 '麻子, 無頭髮, 黑臉, 大脚, 不大好看(마자, 무두발, 흑검, 대각, 부대호간)'으로 읽을 수 있을 것으로 생각하였던 것이다. '不大好看(부대호간)'은 '그다지 예쁘지 않다'라는 뜻이다.

3) 사위는 남

띄어쓰기를 하지 않은 약정서로 재산을 탐내는 사위의 농간을 막아낸 이야기도 전해진다.

옛날 중국의 어느 곳에 장(張)씨 성을 가진 노인이 있었다. 그는 늘그막에 일비(一非)라는 아들을 낳았으나, 아들이 아직 어렸을 때 노환이 들어버렸다. 그러자 항상 장인의 재산에 눈독을 들이고 있던 욕심 많은 사위가 계략을 꾸몄다. 그 사위는 맛있는 과일과 과자를 듬뿍 사들고 병들어 누워 있는 장인을 찾아가 문병을 하는 척 하면서 온갖 달콤한 말을 다 동원하여 장인을 꾀었다. 처남이 아직 어리므로 만약에 장인이 세상을 떠나면 재산을 자신에게 물려주는 것이 안전하다고 한 것이었다. 물론 어린 처남을 잘 보살필 것이라는 다짐도 빠뜨리지 않았다. 그러자 장인도 '사위에게 물려주면 안심이지' 하고 선뜻 대답을 하였다. 그 말을 들은 사위는 절호의 기회를 놓칠세라 '방금 그 말씀을 글로 남겨주시면 다른 사람들이 곁에서 이러쿵저러쿵 하며 참견하는 것을 막을 수 있을 것'이라고 하며 문서로 만들 것을 재촉하였다. 사위의 성화에 장노인은 할 수 없이 약정서를 쓰기로 하였다.

장노인이 쓴 약정서는 사위의 말을 받아 "張一非是我子家産盡歸我女婿是外人不許干涉(장일비시아자가산진귀아여서시외인불허간섭)"이라고 썼다. 사위는 띄어쓰기를 하지 않은 이 문구를 읽고 좋아서 어쩔 줄 몰랐다. 사위는 이 문구를 '張一非是我子, 家産盡歸我女婿. 是外人不許干涉(장일비시아자, 가산진귀아여서, 시외인불허간섭)'으로 끊어 읽었던 것이다. 이렇게 끊어 읽으면 "장일비는 내 아들이나 재산은 모두 내 사위에게 준다. 이 일을 외부인이 간섭하는 것을 불허한다."라는 뜻이 된다.

그러다 며칠 후 장노인이 세상을 떠나게 되자 마침내 처남과 자형 사이에 유산을 둘러싼 분규가 발생하였다. 서로가 자기 것이라며 우겨서 해결의 기미가 보이지 않자 마침내 관가에 재판을 청구하게 되었다. 그러나 현관(縣官)도 어떻게 판결을 하여야 할지 몰랐다. 현관은 할 수 없이 중재에 나서서 재산을 각기 반씩 나누라고 권고하였다. 그러나 욕심 많은 사위는 그 반에 만족할 수 없었다. 장인이 분명히 자신에게 재산을 넘겨준다고 약정서를 써 주었는데 저 처남이 자신의 재산을 가로채려 한다고 큰 소리로 하소연을 한 것이다.

현관은 약정서가 있으면 내보이라고 했다. 그 사위가 올린 약정서를 펴 들고 한참을 보던 현관은 웃으며 "무슨 근거로 재산이 자네 몫이라고 생각하는가?"라고 하며 사위에게 물었다. 사위는 "제가 분명히 기억하기로 '장일 비는 내 아들이나 재산은 모두 내 사위에게 준다. 이 일을 외부인이 간섭하는 것을 불허한다.'라고 되어 있었습니다. 그러니 재산은 저의 것이 아닙니까?"라고 대답하였다. 그러자 현관은 "말도 안 되는 소리!"라고 하면서 큰 소리로 꾸짖었다. 그리고 "약정서는 자네의 말대로 되어 있지 않아. 자네 잘 들어!" 하고는 그 약정서를 들고 "장일비는 내 아들이므로 재산은 모두 그에게 준다. 내 사위는 외부인이므로 간섭하는 것을 불허한다."라고 큰 소리로 읽었다. 이어서 '나쁜 마음을 품고 어린 처남의 재산을 강탈하려 한다'며 그 사위를 호되게 꾸짖고는 곤장을 50대 치게 하였다. 그 때 가서 잘못했다고 빌어보았자 소용이 없게 된 사위는 살이 터지게 곤장을 맞고서야 집으로 도 망갈 수 있었다고 한다.

지혜가 있었던 현관은 그 약정서를 꼼꼼히 살펴보면서 띄어쓰기를 하지 않은 글에서 탐욕스러운 사위에게 시달리는 장인의 고뇌를 읽어내었다. 현관은 그 약정서를 '張一非是我子, 家産盡歸; 我女婿是外人, 不許干涉(장일비 시아자, 가산진귀; 아여서시외인, 불허간섭)"으로 끊으면서 장노인이 정작 하고 싶어했던 말을 읽어내었던 것이다. 장노인의 기지와 현관의 지혜가 탐욕스러운 사위의 흉계를 막아내었다고 하겠다.

4) 재수 없는 사위

어느 곳에 한 상인이 있었다. 그는 어느 해 일 년 동안 이러저러한 일로 소송을 여러 차례 치르느라고 재산상의 손해를 적지 않게 보았다. 그래서 그 해가 다 갈 무렵, 새해를 맞을 준비를 하면서 두 아들을 불러놓고 말했다. "올해는 손해를 너무 많이 보았어. 재수가 없었지. 내년에는 소송에 말려 손해를 보는 일이 없어야 해." 하고 말하였다. 그러자 큰아들이 "맞습니다. 아버님의 말씀이 옳습니다. 우리 집에 행운이 들도록 천지신명께 비는 것이 좋겠습니다."라고 맞장구를 쳤다. "제 생각에는 그러한 바람을 글로 써서 집안에 붙이는 것이 좋을 것 같습니다."라고 거든 것은 작은 아들이었다. 두 아들의 지지에 고무된 상인은 다음과 같은 글귀를 썼다.

> 今年好晦氣少不得打官司(금년호회기소부득타관사)

본래 띄어쓰기가 되어 있지 않은 어구이지만 이 글을 쓴 이는 '今年好, 晦氣少, 不得打官司.(금년호, 회기소, 부득타관사)'로 띄어읽는 것을 전제로 하여 쓴 것이다.

'晦氣(회기)'는 '재수 없는' 또는 '재수 없는 일'이라고 할 수 있다. '打官司(타관사)'는 중국말로 '소송을 하다'라는 뜻이다. 그리고 가운데 보이는 '得(득)'자는 본래 가능을 나타내는 조동사로 쓰여서 '~을 할 수 있다'라는 뜻을 가지고 있지만 여기서는 그 앞에 부정부사 '不(불)'의 제한을 받아 '~을 해서는 안 된다'라는 뜻으로 쓰였다. 그래서 이 구절의 뜻은 '올해는 좋다. 재수 없는 일은 적으며, 소송에 말려들어서는 안 된다'가 된다.

정녕 가족의 염원을 잘 반영한 구절이다. 두 아들은 아버지의 글 솜씨가 훌륭하다는 칭찬을 아끼지 않았고, 상인 역시 자신이 쓴 글에 흡족해하였다. 일가족은 상인이 쓴 글의 내용처럼 새해에는 좋은 일만 생길 것이라고 확신하며 행복해하였다.

이윽고 섣달 그믐날 밤이 지나고 새해가 밝았다. 가족들은 모두 희망찬 새해를 맞이하느라 들떠 있었다. 그 때 상인의 사위가 처가에 인사를 드린다며 맨 처음 대문에 들어섰다. 가족들은 모두 사위를 반갑게 맞이하면서 예약된 새해의 행운을 확인이라도 하려는 듯 전날 밤에 상인이 써서 붙여놓은 그 재수 좋은 어구를 가리키며 읽어보게 하였다. 그런데 이게 어찌 된 일인가? 뜻밖의 일이 발생한 것이다. 새해 인사를 간 길에 뜻밖의 요구에 영문을 모르고 건성건성 글을 읽던 사위는 그 장인의 어구를 '今年好(금년호), 晦氣少(회기소), 不得打官司.(부득타관사)'로 읽지 않고 '今年好晦氣(금년호회기), 少不得打官司.(소부득타관사)'로 읽어버렸던 것이다.

이렇게 띄어 읽으면 원래 형용사로서 '좋다'라는 뜻이었던 '好(호)'자가 '매우'라는 뜻으로 바뀐다. 그리고 '少不得(소부득)'이라는 말은 '없을 수 없다'라는 뜻이다. 그러므로 사위가 읽은 그 어구는 '올해는 정말 재수 없어. 소송을 안 할 수도 없어'라는 뜻이 된다.

사위의 글 읽는 소리를 들은 상인은 얼굴이 일그러지며 "글렀어, 올해도 재수 없는 한 해가 될 것이 틀림없어."라고 하며 낙담해마지 않았다. 무심한 사위의 데면데면한 띄어읽기가 행운을 바라는 온 처가의 열망에 찬물을 끼얹은 것이었다.

5) 춘련(春聯) 띄어읽기로 악덕 토호 골탕먹이기

명(明)나라 시대에 축지산(祝枝山)이라는 뛰어난 서예가가 있었다. 그는 서예뿐만 아니라 학문도 깊었고 문학적 재능도 매우 뛰어나서 시며 대련을 다 잘 지었다고 한다. 그래서 매년 설이 가까워지면 그가 살고 있던 인근 마을에서 사람들이 몰려와 설에 집 대문에 내걸 춘련을 써 달라고 부탁하였다. 마음씨까지 고왔던 축지산은 찾아온 사람들의 귀천을 가리지 않고 모두 춘련을 써 주었으므로 해마다 매우 바쁜 연말을 보내곤 하였다.

어느 해 세밑에는 힘없는 사람들을 괴롭히기를 일삼는 탐욕스럽고 고약한 심보를 가진 부자가 춘련을 한 폭 써 달라고 부탁하러 왔다. 평소 그 부자의 소행을 고깝게 보고 있던 축지산은 당초 춘련을 써주지 않으려고 하였다. 그러나 평소 사람을 가리지 않고 춘련을 써 주던 그라 거절하기도 어려운 형편이었다. 잠시 고민하던 축지산은 생각을 바꾸어 이 기회에 그 못된 부자를 혼내주기로 하였다. 축지산은 부탁을 흔쾌히 받아주는 시늉을 하면서 다음과 같은 춘련을 썼다.

> 歲歲逢春好不晦氣.(세세봉춘호불회기)
> 年年倒運少有餘財.(연년도운소유여재)

축지산은 이 춘련을 쓴 다음 위 구의 '好(호)'자와 '不(불)'자 사이, 아래 구의 '少(소)'자와 '有(유)'자 사이의 띄어읽기를 부각시키며 부자에게 한 번 읽어주었다.

歲歲逢春好, 不晦氣(세세봉춘호, 불회기)
年年倒運少, 有餘財(연년도운소, 유여재)

'歲歲(세세)'는 '해마다'라는 뜻이고, '逢(봉)'은 '~만나다' 또는 '(어떤 때가) 되다'라는 뜻이다. '春(춘)'은 '봄'이지만 중국인들은 설을 '춘절(春節)'이라고 하고, 춘련 역시 설에 붙이는 글이기 때문에 '설'이라고 새기는 것이 좋겠다. '好(호)'는 '즐겁다'로 해석하는 것이 좋을 듯하다. '晦氣(회기)'는 앞의 이야기에서와 같이 '재수 없음'이다.

'年年(연년)' 역시 '해마다'이고 '倒運(도운)'은 '재수 없음' 또는 '불운'이라고 볼 수 있다. '餘財(여재)'는 직역하면 '남아도는 재물'이니 '많은 재물'이라는 뜻이다. 그러므로 축지산이 읽은 춘련은 다음과 같은 뜻이 된다.

해마다 설을 맞아 즐겁고 재수 없지 않으며,
해마다 불운이 적어 재물이 넘쳐난다.

축지산이 이런 내용이 담긴 춘련을 읽어주는 것을 들은 부자는 매우 만족해하였다. 그 춘련을 집으로 가져가서 대문에 붙여두었던 것은 두말할 나위가 없다.

작전대로 일이 진척되자 축지산은 밤이 되기를 기다렸다가 사람들의 눈을 피하여 그 부잣집 대문으로 가 붙어 있는 춘련의 아래 위 구에 점을 하나씩 찍었다.

歲歲逢春, 好不晦氣(세세봉춘, 호불회기)
年年倒運, 少有餘財(연년도운, 소유여재)

여기서 주의할 것은 위 구 '好不晦氣(호불회기)'의 '好不(호불)'은 특수하게 쓰이는 말로서 '매우'라는 뜻을 나타낸다. 그래서 '好不晦氣(호불회기)'는 앞의 이야기에 나왔던 '好晦氣(호회기)'와 같은 말이 된다. 부정의 뜻을 나타내는 '不(불)'이 있으나 없으나 같은 뜻이라는 말이다. 또 '少(소)'는 '적다'라는 말이지만 이런 경우에는 '없다'에 가까운 의미를 가진다. 결국 그 춘련의 뜻은 이렇게 된다.

> 해마다 설을 맞으면 정말 재수가 없고,
> 해마다 불운하고 남는 재물도 없다.

다음날 아침 그 악덕 부잣집 대문 앞에는 사람들이 모여들었다. 어떤 이는 배꼽을 잡으며 웃고, 어떤 이들은 수군거리며 고소해하는 표정을 지었다. 축지산의 기지에서 나온 점 두 개가 악덕 부자를 응징하여 핍박받는 민초들의 울분을 풀어주었던 것이다.

6) 나도 남편 하나 더 얻을래요

옛날 어떤 사내가 첩을 들이려 하자 그의 아내가 불만을 품었다. 그래서 "남자는 한 아내만 데리고 살아야 하오. 그런데도 첩을 들이겠다는 것은 어디에 근거를 두고 하는 짓이오?" 하고 따져 물었다. 그러자 남편은 "『맹자(孟子)』에 '齊人有一妻一妾(제인유일처일첩)'이라는 말이 있는 것을 모를 리 없지 않소?" 하고 반문하였다. '齊人有一妻一妾(제인유일처일첩)'이란 『맹자(孟子)』에 있는 어떤 우언의 첫머리로서 '제나라 사람에게 아내 하나와 첩이 하나가 있었다'라는 뜻이다. 남편은 경전인 『맹자(孟子)』에 이런 말이 있는 것을 근거로 하여 첩을 들이는 것은 결코 성현의 가르침에 어긋나는 일이 아니라고 강변했던 것이다.

아내도 호락호락 물러나지 않았다. 아내는 "그렇다면 나도 남편을 하나 더 얻을 수 있소"라며 대들었던 것이다. 남편은 아내의 그 말에 놀라 "그게 무슨 말이오?" 하고 물었더니, 아내는 다음과 같이 당당하게 대답하였다.

> "당신은 『대학(大學)』의 서문에 있는 '하남(河南)사람 정(程)씨의 두 남편'이라는 말을 들어보지 못하진 않았겠지요?"

남편이 첩을 들일 수 있는 당위의 근거로 『맹자(孟子)』의 우언(寓言) 중에 설정되어 있는 아내와 첩이 있는 사내의 이야기를 제시하자, 아내는 주희(朱熹)가 쓴 「대학장구서(大學章句序)」의 한 구절을 교묘하게 떼어와서 그 논리에 맞섰던 것이다.

「대학장구서」의 해당부분은 『대학』의 전승과정을 설명하면서 이정(二程)으로 불리는 정호(程顥)와 정이(程頤) 두 형제 학자의 업적을 거론하는 대목이다. 아내는 거기에 있는 '이에 하남 사람 정씨 두 선생님께서 나오셔서……'라는 뜻의 '於是河南程氏兩夫子出(어시하남정씨양부자출)'이라는 구에서 '河南程氏兩夫(하남정씨양부)'라는 부분만 교묘하게 떼어내어 '하남(河南)사람 정(程)씨의 두 남편'이라는 말이 되게 하였던 것이다. '夫子(부자)'에서 '子(자)'자를 제거하고 '夫(부)'자만 남김으로써 '선생님'을 '남편'으로 만든 그 아내의 기지 넘치는 솜씨는 단장취의(斷章取義)의 절정이라고 할 만하다.

7) 사(詞)가 된 시(詩) 「양주사(凉州詞)」

어느 해 여름 건륭(乾隆)황제는 상당한 양의 부채를 새로 장만했는데, 그 부채에는 아무런 글귀도 씌어 있지 않았다. 부채에 멋진 시나 아름다운 그림을 그려 넣는 것이 일반적이지만 워낙 문장에 조예가 깊은 건륭황제에게 바치는 부채인지라 부채를 만드는 사람이 황제의 마음에 들게 만들기 힘들다고 생각하여 감히 글을 써넣을 엄두를 내지 못했기 때문이었다. 가장 마음에 드는 부채에도 글귀가 씌어 있지 않은 것을 애석하게 여긴 건륭황제는 시종하고 있던 기윤(紀昀)에게 부채에다 그가 가장 좋아하는 당나라 시대의 시인 왕지환(王之渙)의 「양주사(凉州詞)」를 써넣게 하였다. 기윤이 써야 할 그 시는 다음과 같다.

> 黃河遠上白雲間,(황하원상백운간)
> ㈃ 황하는 멀리 흰 구름 사이로 올라가고,
>
> 一片孤城萬仞山.(일편고성만인산)
> ㈃ 만 길의 높은 산에는 외로운 성이 한 조각 걸려 있네.
>
> 羌笛何須怨楊柳,(강적하수원양류)
> ㈃ 강족(羌族)의 피리는 왜 굳이 버드나무를 원망하는가?
>
> 春風不度玉門關.(춘풍부도옥문관)
> ㈃ 봄바람은 옥문관을 지나지 못하는데.

그런데 기윤은 깜빡 실수하여 첫 구 '黃河遠上白雲間'(황하원상백운간)의 마지막 글자 '間(간)'을 빼먹었다고 한다. 단구(斷句)를 하지 않았으니 결과적으로 '黃河遠上白雲一片孤城萬仞山羌笛何須怨楊柳春風不度玉門關'이 되었다. 건륭은 글자가 한 자 빠진 것을 금세 알아차렸다. 그리고 그것이 창졸간에 이루어진 실수라는 것도 잘 알고 있었다. 그러나 건륭은 짐짓 정색을 하고 군주를 기만한 행위라고 질책하며 부채를 집어던졌다. 보통 사람의 경우라면 목이 달아날 위험이 있는 상황이었다. 기윤도 부채를 집어들고서야 자신이 엉뚱한 실수를 한 것을 발견하였다. 그러나 눈치가 빠른 기윤은 잠시 생각하다 건륭의 노여움이 진심이 아니라 자신이 어떻게 위기를 벗어나는가를 보기 위해서 시험하는 것이라는 확신을 갖게 되었다. 그래서 기윤은 태연하게 "폐하, 이것은 시(詩)가 아니옵고 사(詞)이옵나이다."라고 아뢰었다. 건륭이 하도 이상하여 "그게 무슨 소린고?" 하고 물었더니 기윤은 능청스럽게 다음과 같이 단구를 하여 읽었다.

黃河遠上,(황하원상)
   ✄ 황하는 멀리 올라가고,

白雲一片,(백운일편)
   ✄ 흰 구름은 한 조각,

孤城萬仞山.(고성만인산)
   ✄ 만 길 높은 산에는 외로운 성.

羌笛何須怨,(강적하수원)
   ✄ 강족(羌族)의 피리는 왜 굳이 원망하는가?,

楊柳春風不度玉門關.(양류춘풍부도옥문관)
   ✄ 버드나무 봄바람은 옥문관을 지나지 못하는데.

이렇게 보니 과연 형태적으로 장단구(長短句)가 되었으며, 그 분위기도 시와는 다른 사의 분위기가 살아난다. 본래의 「양주사」는 표현이 응축적이고 감정이 절제되어 있지만, 장단구로 바뀐 것은 보다 서술적이고 감정의 표현이 여리며 자유롭게 느껴지기 때문이다. 이에 건륭은 큰 웃음을 터뜨리며 기윤의 재주를 칭찬했다고 한다.

8) 사(詞)가 된 시(詩) 「청명(淸明)」

앞의 것은 한 글자가 빠진 시를 사의 형태로 끊어 읽은 것이지만, 글자 수에는 전혀 변화를 주지 않고 띄어읽기만 다르게 하여 시를 사로 바꾼 경우도 있다. 다음은 만당(晩唐) 시대의 시인 두목(杜牧)의 유명한 시 「청명(淸明)」이다.

清明時節雨紛紛,(청명시절우분분)
    ɶ 청명 시절에 비 부슬부슬 내리니,

路上行人欲斷魂.(노상행인욕단혼)
    ɶ 길가는 나그네 다급해져.

借問酒家何處有,(차문주가하처유)
    ɶ 주막이 어디에 있는지 물어보니,

牧童遙指杏花村.(목동요지행화촌)
    ɶ 목동은 멀리 살구꽃 핀 마을을 가리키네.

그런데 이 시를 다음과 같이 끊어 읽으면 영락없는 한 수의 사(詞)가 된다.

清明時節雨,(청명시절우)
   ☞ 청명 시절의 비,

紛紛路上行人,(분분노상행인)
   ☞ 어지러이 길가는 나그네,

欲斷魂.(욕단혼)
   ☞ 다급해져.

借問酒家何處,(차문주가하처)
   ☞ 주막이 어딘지 물어보면,

有牧童,(유목동)
   ☞ 목동이 있어,

遙指杏花村.(요지행화촌)
   ☞ 멀리 살구꽃 핀 마을을 가리키네.

아쉽게도 번역문에 시적 분위기와 사적 분위기의 차이점을 선연하게 드러내는 데에 그다지 성공을 거둔 것 같지는 않다. 그러나 중국문학에 조예가 있어서 시와 사를 어느 정도 읽은 이라면 원문을 통해 단구의 차이에 의한 작품 분위기의 판명한 차이를 파악하는 것이 어렵지 않을 것이다.

9) 화장실의 대련

대련을 일상적으로 짓고 즐기는 중국인들은 온갖 것을 주제로 하여 대련을 짓는다. 많은 것은 아니지만 간혹 점잖은 사람들이라면 입에 올리기조차 꺼려하는 화장실에 관한 것까지 대련으로 표현하기도 한다.

進去三步緊,(진거삼보긴)
    ☙ 들어갈 때에는 세 걸음도 못 걷겠더니,

出門一身鬆.(출문일신송)
    ☙ 나올 때에는 온 몸이 개운하구나.

앞 구의 끝에 있는 '緊(긴)'자는 '긴박하다'라는 뜻으로 쓰였다. 대변이나 소변이 마려워 걸음조차 걷기 힘든 난처한 상황을 이렇게 표현한 것이다. 뒤 구의 마지막 자인 '鬆(송)'은 '느긋하다', '가볍다' 등의 뜻으로 새겨질 수 있는 말이다. 제 때 배설을 하지 못하여 고통을 겪다가 배설 후에 느끼는 상쾌한 기분을 표현한 말이다. 누구나 한 번쯤 겪어 보았음직한 상황이다. 그런 만큼 쑥스러운 이야기임에도 불구하고 웃으며 공감할 수 있다.

그런데 화장실에 관한 대련 중 다음과 같은 것은 어떤가?

有小便宜,(유소편의)
    ☙ 조그마한 편의가 있는가 했더니,

得大解脫.(득대해탈)
    ☙ 큰 해탈을 얻었구나.

중국어 사전에서는 '便宜(편의)'를 '공짜' 또는 '이익' 등을 나타내는 말로 풀이하고 있으나, 마려운 대소변을 배설하는 것을 무슨 이익이나 공짜로 보는 것은 그다지 적합해 보이지 않는다. 그래서 여기서는 우리말의 경우처럼 그냥 '편의'라고 하는 것이 더 나을 듯하다. '解脫(해탈)'이라는 말은 문자 그대로는 '구속에서 벗어남'이고, 널리 알려진 불교의 용어로서는 '정신을 구속하는 번뇌 망상을 벗어나 자유자재의 경지에 드는 것'을 말한다. 그러므로 이 대련은 배설의 쾌감을 최고의 정신적 경지로 미화한 것임을 알 수 있다. 어쩌면 배설의 쾌감에서 오는 정신적인 여유가 더러운 진흙에서 고아한 연꽃이 피어나는 느낌과 크게 다르지 않을지도 모른다.

그런데 이 대련의 묘미는 여기서 끝나지 않는다. 끊어 읽기를 달리 하면 전혀 다른 의미가 생기기 때문이다.

> 有小便, 宜;(유소편, 의)
> 得大解, 脫.(득대해, 탈)

이쯤 되면 그 뜻을 금세 알아차리는 사람이 적지 않을 것이다. '小便(소변)'은 우리말과 같이 '소변'이다. 그리고 '大解(대해)'는 우리말에서는 쓰이지 않지만 중국어에서는 '대변'과 같은 말이다. 그래서 이 문장의 뜻은 다음과 같이 된다.

> 소변이라면 괜찮지만,
> 대변이라면 (옷을) 벗으세요

주로 남성을 겨냥한 말 같지만 너무나 지당한 말이 아닌가? 겉보기에는 점잖은 표현이지만, 그 속에는 박장대소를 금치 못할 우스운 내용이 들어 있었던 것이다.

5. 글자의 증가

　기존의 문장에 글자를 한두 자 덧붙이면 문장의 뜻은 당연히 바뀐다. 그렇게 바뀐 문장이 본래의 것과는 정반대의 뜻이 된다든지, 특정 상황에 부합되는 엉뚱한 의미가 된다든지 할 때에는 읽는 사람에게 뜻밖의 재미를 주는 경우가 있다. 그리고 권세 있는 자들의 가식적인 글들을 그런 식으로 고쳐 그들의 허위를 폭로할 수도 있다. 그로 말미암아 그들에게 핍박받았던 사람들의 울분을 풀어줄 수도 있으니, 글자 한 자의 힘이 얼마나 큰가를 알 수 있을 것이다.

1) 제갈근(諸葛瑾)의 나귀

　『삼국지(三國志)』의 주인공 제갈량(諸葛亮)은 촉한(蜀漢)의 유비(劉備)를 섬겼지만, 그의 형인 제갈근(諸葛瑾)은 오(吳)나라 손권(孫權)을 섬겼다. 제갈근의 재능은 중국인들 사이에 지혜의 화신으로 추앙되는 동생 제갈량에 비교할 바가 아니지만, 그에게는 그 유명한 동생과 함께 제갈각(諸葛恪)이라는 매우 총명한 아들이 있어서 간혹 사람들의 입에 오르내린다. 제갈근의 얼굴은 나귀처럼 길었다고 하는데, 이 특이한 외모가 종종 사람들의 이야깃거리가 되곤 하였다.

　한 번은 손권이 여러 부하들을 불러 모아 연회를 베풀었는데, 제갈근은 이 자리에 어린 아들 각을 데리고 참석하였다. 얼마 후에 손권이 뭔가를 지시하자 아랫사람이 나귀를 한 마리 끌고 들어왔다. 그런데 그 나귀의 얼굴에는 '제갈자유(諸葛子瑜)'라는 팻말이 붙어 있었다. 자유(子瑜)는 제갈근의 자다. 제갈근의 얼굴이 긴 것을 나귀에 빗대어 희롱한 것이었다.

그것을 본 제갈각이 손권 앞에 꿇어앉으며 거기다 글자 두 자만 덧붙이게 해 달라고 간청하였다. 손권은 제갈각에게 붓을 주면서 그렇게 하라고 하였다. 이에 제갈각은 그 글자들 아래에 '之驢(지려)'라는 두 글자를 덧붙였다. 방금까지 제갈근이었던 나귀가 금세 '제갈근의 나귀'로 바뀐 것이었다. 어린 제갈각의 기지에 좌중의 사람들은 모두 놀라며 환호하였다. 제갈각의 총명함을 기특하게 생각한 손권은 그 나귀를 제갈각에게 상으로 주었다고 한다. 제갈각은 글자 두 자를 덧붙이는 문자운용의 묘로써 난국을 타개하고 상까지 타는 개가를 올렸던 것이다.

2) 양계초(梁啓超)의 재치

청(淸)나라 말에 기울어 가는 중국의 국운을 만회하고자 혁신을 주장하던 유신파(維新派)는 그들의 주장을 널리 알리고 정치적 세력을 확대하고자 유신파의 우두머리격인 강유위(康有爲)의 생일 잔치를 성대하게 거행하였다. 생일 잔치에는 생일을 맞은 강유위의 만수무강을 축원하는 수련(壽聯)이 답지하였는데, 개중에는 그 기회를 이용하여 유신파와 강유위를 음해하고자 하는 보수파의 작품도 들어 있었다. 그 작품은 다음과 같았다.

國家將亡必有,(국가장망필유)
老而不死是爲.(노이불사시위)

이 문장의 뜻은 "국가가 망하려고 할 때 반드시 있으며, 늙어도 죽지 않는 그것이라."라는 뜻으로 새겨질 수 있지만, 완전한 문장이 되기에는 부족한 구석이 있다.

이 문장은 '사서(四書)'에 각기 별도로 존재하는 두 구를 한데 모은 것이다. '國家將亡必有(국가장망필유)'는 『중용(中庸)』 제24장에 나오는 구절로 '國家將亡必有(국가장망필유)' 아래에 '妖孼(요얼)'이라는 두 글자가 더 들어 있다. '國家將亡, 必有妖孼(국가장망, 필유요얼)'이라는 말은 '나라가 망하려고 할 때에는 반드시 요괴가 나타난다'라는 뜻이다. 한편 '老而不死是爲(노이불사시위)'는 『논어(論語)·헌문(憲問)』편에 나오는 구절로 역시 본래 '老而不死, 是爲賊(노이불사시위적)'이라는 구절에서 '賊(적)'자만 뺀 것이다. '늙어서도 죽지 않는 것은 도둑이다'라는 말이다.

원래의 구절에서 가장 심한 표현인 '요괴'라는 뜻의 '妖孼(요얼)'과 도둑이라는 뜻의 '賊(적)'이라는 말을 생략한 것이다. 그러나 사서(四書)라는 유명한 문헌에서 나온 구절을 취했기 때문에 생략되었으나 실제로 말하고자 하는 내용은 어지간한 식자라면 쉽게 알 수 있다. 강유위를 '나라가 망하려고 할 때 나타나는 요괴'이자 '늙은 도둑놈'이라고 비난하고 있으니 이만저만 악의에 찬 표현이 아니다. 게다가 더욱 고약한 것은 '國家將亡必有(국가장망필유), 老而不死是爲(노이불사시위).'의 각 구의 끝 자는 '有(유)'자와 '爲(위)'자로서 강유위의 이름자를 노골적으로 내걸고 있다는 점이다.

이런 악의적인 수련(壽聯)을 보고 강유위의 진영에서는 매우 분개하였다. 어떤 이는 당장 태워버리자고 했고, 어떤 이는 이 글을 크게 걸어둠으로써 가당찮은 보수파의 추행을 천하에 폭로하자고도 하였다. 그런 소란 중에 강유위의 수제자격인 양계초(梁啓超)는 아무 말도 하지 않고 붓을 집어들었다. 그리고는 그 수련의 밑 부분에 각각 '忠烈(충렬)'이라는 말과 '人瑞(인서)'라는 말을 덧붙였다. '충렬'은 흔히 쓰는 말로 '충성스럽고 매우 절개가 있다'는 뜻이고 '人瑞(인서)'는 중국에서 주로 쓰는 말로 '백세를 넘긴다든가 하여 매우 오래 산 사람'을 가리키는 말이다.

그리하여 강유위에 대한 심한 욕으로 되어 있던 그 수련의 내용은 금세 '國家將亡, 必有忠烈(국가장망, 필유충렬); 老而不死, 是爲人瑞(노이불사, 시위인서).'로 바뀌었다. 그 내용은 이미 설명한 바와 같이 "국가가 망하려고 할 때에는 반드시 충성스러운 이가 나타나며, 늙어도 죽지 않는 이를 인서라고 하네."가 된다.

일세를 풍미한 인물인 양계초의 비범함이 돋보이는 문자유희다. 양계초와 관련된 이 일화를 통해서 현명한 사람은 부조리한 일을 당하여도 화를 내기 전에 문제 해결의 방법을 먼저 찾는다는 사실을 깨닫게 한다. 그러나 훌륭한 스승 밑에 걸출한 제자가 나온다는 생각보다는 훌륭한 제자가 있어야 스승이 빛난다는 생각이 먼저 드는 것은 무능한 교육자의 주제넘은 욕심이리라.

3) 신분에 따라 말의 수도 다르고

송(宋)나라 때의 문호 소동파(蘇東坡)가 어느 날 찻집에 들렀다. 소동파가 허름한 평상복 차림으로 혼자서 들어오는 것을 본 주인은 퉁명스럽게 "앉으시오!"라고 했다. 그리고는 점원에게 "차!"라고 소리쳤다. 소동파가 자리에 막 앉으려는데 소동파의 몸종이 찻집으로 찾아와서 "나으리, 제가 사방으로 찾아다녔더니 결국 여기에 계셨군요!"라고 하였다. '나으리'라는 말에 주인은 소동파가 관리가 아니면 적어도 부자일 것이라는 생각을 하고 소동파 앞으로 다가가서 만면에 웃음을 띠우며 "앉으십시오."라고 하였다. 그리고는 점원에게 "차 드려!" 하고 고함을 쳤다. 바로 그 때 소동파의 친구가 찻집으로 들어오더니 소동파를 보고 반가워하며 "소대학사!"라고 소리쳤다. 주인은 '소대학사'라는 말에 정신이 번쩍 들었다. 자기 앞에 있는 사람이 천하에 이름을 떨치고 있는 소동파였던 것이다. 주인은 연신 허리를 굽히고 비굴한 웃음을 띠우며 "윗자리로 드십시오!"라고 하였다. 점원에게는 "좋은 차로 올려!"라고 분부했다. 그리고는 금세 어딘가에서 문방사보를 꺼내오더니 "대학사께서 저희 찻집에 찾아오신 것은 소인에게는 더 없는 영광입니다. 오신 김에 기념으로 대련을 한 폭 써 주시면 감사하겠습니다."라고 하였다. 약삭빠른 주인은 어느새 상술이 발동하여 소동파의 대련 한 폭을 받아 가게에 걸어놓고 손님을 끌어보자는 욕심을 낸 것이었다. 소동파는 그 주인을 잠시 물끄러미 쳐다보다가 붓을 받아들고서 다음과 같은 대련을 써 주었다.

> 坐, 請坐, 請上坐;(좌, 청좌, 청상좌)
> ☞ 앉으시오, 앉으십시오, 윗자리에 드십시오;
>
> 茶, 上茶, 上好茶.(차, 상차, 상호차)
> ☞ 차, 차 드려, 좋은 차 올려.

방금 그 주인이 소동파와 하인에게 했던 말들을 순서대로 쓴 것이다. 사람을 차별대우하는 정도가 지나쳐서 같은 사람인데도 그의 신분이 밝혀짐에 따라 말과 태도가 달라지는 것을 비꼰 것이었다. 대련을 받아 든 주인은 그것이 자신을 조롱하는 것인 줄 알고서 부끄러워 얼굴을 붉히며 몸둘 바를 몰랐다고 한다.

여느 사람 같았으면 주인의 불손한 태도에 처음부터 '내가 누군 줄 아느냐?'고 호통을 쳤을 법하지만, 소동파는 역시 큰 인물이었던지라 소인배의 짓거리에 괘념하지 않았다. 찻집 주인이 자신의 잘못을 모르고 끝까지 욕심에 눈이 어두워 허튼 수작을 하는 것을 보면서 연민을 느낀 소동파는 완곡하게 그러나 매우 해학적으로 그 잘못을 지적해주었던 것이다. 소동파의 여유와 기지와 해학에서 달관한 대인의 풍모가 묻어난다고 할 것이다.

4) 한 글자 덧붙여 자칭 영웅을 만고의 역적으로

몽고족의 원(元)나라는 남송(南宋)과 연합하여 금(金)나라를 멸망시킨 다음, 약속을 어기고 남송을 공격하자 남송과 원나라 사이에 전쟁이 일어났다. 원나라와 남송의 마지막 전투는 지금의 광동성 애산(崖山)에서 벌어졌다. 이 전투에서 장세걸(張世傑)이 이끄는 남송의 군대는 분투한 보람도 없이 크게 패하였고, 육수부(陸秀夫)가 어린 황제 조병(趙昺)을 업고 바다에 뛰어들어 함께 목숨을 끊음으로써 송나라는 마침내 완전히 멸망하게 되었다.

이 애산 전투에 참전하여 송나라를 멸망시킨 장수는 장홍범(張洪範)이라는 작자였다. 그는 원래 송나라의 장수였는데, 일신의 영달을 위해 원나라에 붙어 창을 거꾸로 잡고 송나라를 멸망시켰던 것이다. 이 후안무치한 기회주의자 장홍범은 애산 전투에서 승리를 거두어 자신의 손으로 송나라를 멸망시키자 매우 의기양양해졌다. 그가 세운 불멸의 전공을 후세에 길이 남기고 싶은 욕구마저 발동하였다. 그래서 마지막 전투가 있었던 애산의 절벽에 '장홍범이 여기서 송나라를 멸망시켰다'라는 뜻의 '張洪範滅宋於此(장홍범멸송어차)'라는 일곱 글자를 새겨 두었다.

송나라 멸망의 책임은 일차적으로 무능하고 부패한 황실에 있다고는 하나, 이민족의 통치를 달갑게 생각할 한족도 별로 없었다. 그러므로 '장홍범이 여기서 송나라를 멸망시켰다'라는 글귀를 보는 한족 지식인은 울분과 비애를 참기 어려웠다. 더욱이 몽고족이 아닌 송나라 장수였던 사람이 송나라를 멸망시킨 데에 대해서는 분노가 치밀었다.

어느 뜻있는 사람이 그 글귀를 읽고서는 분노를 이기지 못하여 그 글의 앞에다 '宋(송)'자를 한 자 더 새겨 넣었다. '張洪範滅宋於此(장홍범멸송어차)'가 '宋張洪範滅宋於此(송장홍범멸송어차)'로 된 것이다. 그 뜻은 '송나라의 장홍범이 여기서 송나라를 멸망시켰다'가 된다. '송나라 사람이 송나라를 멸망시켰다'고 하는 것은 곧 '매국노가 나라를 팔아먹었다'라는 의미와도 같다. 후안무치한 사람이 자신의 불순한 공을 자랑한 글귀에 글자 한 자가 덧붙으면서 자칭 영웅에서 천고의 역적으로 전락하게 된 것이다. 글자 한 자의 기발한 운용이 매국노를 단죄하는 쾌거를 이루었다고 할 것이다.

5) 두 글자 더하여 변절자가 된 자칭 충신

명(明)나라 말에 대신을 지냈던 홍승주(洪承疇)라는 사람은 스스로 충신으로 자처하면서 자신의 집무실 중앙에 다음과 같은 대련을 걸어놓았다.

君恩深似海,(군은심사해)
 S 군주의 은혜는 깊기가 바다와 같고,

臣節重如山.(신절중여산)
 S 신하의 절개는 무겁기가 산과 같다.

절대 군주시대의 군신관계를 여실히 보여주는 대련이다. 오늘날의 개념으로 변환하여 군주를 국가로 치환해서 읽으면 애국자의 자기다짐으로 볼 수 있을 것이다. 그러나 홍승주는 청(淸)나라 군대에 포로가 되어 무릎을 꿇음으로써 지조를 잃고 말았다. 그러자 어떤 사람이 그의 대련에 두 글자를 덧붙였다.

> **君恩深似海矣,**(군은심사해의)
> ㄲ 군주의 은혜는 깊기가 바다와 같으나,
>
> **臣節重如山乎?**(신절중여산호)
> ㄲ 신하의 절개는 무겁기가 산과 같은가?

앞 구에는 구체적인 뜻은 없고 동작 또는 상태의 완료나 주관적 판단을 나타내는 허사 '矣(의)'자를 덧붙였고, 뒤의 구에는 감탄이나 의문을 나타내는 허사 '乎(호)'자를 덧붙였다. 결과적으로 그 대련은 '군주의 은혜가 바다만큼 깊다는 것은 맞는 말이다. 그러나 당신의 신하로서의 절개는 산처럼 무거운가?'라는 뜻을 가지게 되었다.

뒤 구의 의문조사 '乎(호)'자 한 자가 첨가됨으로써 충신으로 자부하던 홍승주의 행위에 의문을 제기하게 된 것이다. 그러나 홍승주는 청나라에 무릎을 꿇었기 때문에 그에 대한 답은 부정이라는 것이 이미 설정되어 있다. 앞의 장홍범의 경우도 그렇거니와 제대로 쓰인 글자 한 자의 힘은 가공할 만한 것이다. 풍자와 비판의 기능이 돋보이는 한자놀이의 좋은 예라고 하겠다.

6) 게으름뱅이를 각성시킨 두 글자

옛날 어느 곳에 양반 집 자제가 한 사람 있었다. 그는 오냐오냐하면서 키운 응석받이로 자라났기 때문에 어른이 되어서도 게으르고 방탕한 버릇은 여전하였다. 그는 집안 생계는 생각하지 않고 오로지 먹고 마시고 즐기는 것만 탐하였다. '앉아서 까먹으면 산도 말아먹는다'는 중국 속담도 무색하지 않아, 그는 금세 부모가 물려준 유산을 다 까먹고 빈털터리가 되고 말았다.

그가 그 지경이 된 것은 마침 한 해가 저물어 가는 때였다. 설달 그믐날 거리에는 온통 설을 맞는 들뜬 기분을 담은 폭죽소리가 요란하였다. 복스러운 새해를 맞으려는 소망을 담은 춘련(春聯)을 내다 붙이는 집집마다에도 기쁨과 활기가 넘쳐흘렀다. 그런 분위기 속에서 더욱 비참해진 그 사람은 자신을 합리화하는 춘련이나 하나 써 붙여서 위안을 삼고자 하였다. 우리나라에서는 춘분에 써 붙이는 입춘방을 춘련이라고도 하지만, 중국에서는 설을 춘절(春節)이라고도 하기 때문에 설에 써 붙이는 대련을 춘련이라고 한다.

파산한 양반 자제가 써 붙인 춘련은 '行節儉事(행절검사), 過淡泊年(과담박년)'이라는 글귀였다. 그 뜻은 '생활은 검소하게 하며, 설은 간소하게 쇤다'라는 정도로 새길 수 있다. 그런데 타지에 가서 글을 가르치다가 설을 쇠러 고향으로 돌아온 어떤 훈장이 그 집 앞을 지나다 그 글귀를 보았다. 그는 영락한 그 게으름뱅이의 예전 소행을 잘 알기 때문에 그 글귀를 보고서 지금 사정이 어떠한지를 능히 짐작할 수 있었다. 게으름뱅이의 처지가 딱하다는 생각이 든 훈장은 그 춘련 두 구의 머리에 각각 '早(조)'자와 '免(면)'자를 한 자씩 덧붙여 '早行節儉事(조행절검사), 免過淡泊年(면과담박년)'으로 만들었다. '일찍이 생활을 검소하게 했더라면, 설을 간소하게 쇠지 않을 수 있었으리'라는 뜻으로 바꾼 것이다. 그 훈장은 그 게으름뱅이의 옛날 소행은 한심

하지만 그래도 아직 젊으니 지금이라도 정신을 차리면 제대로 살 수 있으리라는 희망을 담아 그를 깨우치려고 했던 것이다.

설날 아침 그렇게 바뀐 춘련을 본 게으름뱅이는 순간적으로 크나큰 부끄러움에 휩싸였다. 이어서 놈팡이의 생활을 접고 열심히 일하며 살아보리라는 다짐이 뒤따랐다. 훈장이 고쳐 놓은 춘련을 보고 충격을 받아 크게 깨달은 그 젊은이는 그로부터 정말 새 사람이 되었다. 부지런한 사람으로 다시 태어난 그 젊은이의 형편도 점점 나아졌다고 한다. 글자 두 자의 절묘한 운용이 사람을 바꾸어 놓은 것이다.

7) 두 글자 차이로 길흉이 바뀌고

청(淸)나라 시대에 소수(蕭燧)라는 사람이 있었다. 그는 특히 춘련(春聯)을 잘 지었는데, 그가 살던 지역 일대에서는 그와 비견할 만한 사람이 없었다. 해마다 섣달 그믐날에 소수가 춘련을 써서 대문에다 내다 붙이면 그것을 기다렸다가 그대로 베껴 써서 자신의 대문에다 붙이는 사람이 적지 않았다.

어느 해 설날에 소수가 거리를 돌아다니다가 많은 집에서 자신이 지은 춘련을 그대로 베껴 써 붙여놓은 것을 보았다. 모르는 사람들이 보면 누가 그 춘련을 지었는지도 모를 지경이었다. 이에 상당히 화가 난 소수는 한 가지 꾀를 내어 다음 설날이 오기를 기다렸다. 그 해 섣달 그믐날 소수는 다음과 같은 춘련을 써서 내다 붙였다.

福無雙至,(복무쌍지)
 ❀ 복은 두 가지가 겹쳐 오지 않고,

禍不單行.(화불단행)
 ❀ 재앙은 한 가지만 오지 않네.

'좋은 일은 겹치지 않고 나쁜 일은 여러 가지가 한꺼번에 닥친다'라는 뜻이니 재수 없기 짝이 없는 내용이다.

그 해 섣달 그믐날에도 많은 사람들이 소수의 춘련을 베껴 가려고 소수의 대문 앞에서 춘련이 나붙기를 기다리고 있었다. 그러나 이 해에는 소수가 좀처럼 쉽게 춘련을 내다 붙이지 않았다. 자정 무렵이 되어서야 겨우 소수가 춘련을 내다 붙이는 것이 보였다. 춘련을 베끼려고 기다리던 사람들이 다가가서 보니 웬걸 천하에 재수 없는 내용을 담은 춘련이 붙어 있었다. 영문을 몰라 어리둥절해 있던 사람들은 한참 만에 정신을 차려 실망스러운 발길을 돌렸다.

사람들이 다 가버린 것을 본 소수는 그제야 붓을 들고 나와서 각 구에 글자 석 자씩을 덧붙였다.

福無雙至今年至,(복무쌍지금년지)
 ❀ 복은 두 가지가 겹쳐 오지 않는다지만 올해 올 것이고,

禍不單行昨日行.(화불단행작일행)
 ❀ 재앙은 한 가지만 오지 않는다지만 어제 지나갔네.

이렇게 하여 그 재수 없던 대련은 '나쁜 일은 모두 과거로 흘러 가버리

고 좋은 일만 생기게 된다'는 좋은 뜻으로 변했다. 한 해의 행운을 기원하는 설날에 내붙일 만한 길한 내용의 춘련이 된 것이다.

그 다음날 소수의 춘련을 베끼려다 실패한 사람들이 소수의 집 앞을 지나가다가 내용이 그렇게 바뀌어 있는 것을 보고는 어젯밤 소수의 소행이 일부러 자신들을 희롱한 것이라는 사실을 깨닫게 되었다. 그래서 그 이후로는 소수의 춘련을 베끼려고 하는 사람들이 없었다고 한다.

문자를 자유자재로 운용한 소수의 재기가 돋보이고, 남의 창의에 무임승차하려고 하는 얄미운 사람들을 희롱한 것이 통쾌해 보인다. 그러나 한편으로 쓸쓸한 여운이 남는 것은 소수의 행위가 너무 야박했기 때문이 아닐까?

8) 폭로된 탐관오리의 진면목

명(明)나라 시대에 어느 탐관오리가 자신이 집무하는 관청 대문의 두 기둥에 다음과 같은 대련을 써 붙여 놓았다.

愛才如子,(애재여자)
執法如山.(집법여산)

'재주 재(才)'는 '재주 있는 사람'이라는 뜻으로도 쓰인다. '執法(집법)'은 '(관리가) 법을 집행하다'라는 뜻이다. 그래서 위의 대련은 "재주 있는 사람을 자식처럼 사랑하고, 법은 산처럼 (흔들림 없이 공정하게)집행한다."라는 뜻이 된다.

탐관오리의 사람됨을 잘 아는 사람들이 탐관오리가 이런 내용의 대련을 써 붙여 놓은 것을 보면 심사가 좋을 리 없다. 개중에 재주 있는 선비가 그 대련의 각 구에 두 구씩을 덧붙여 다음과 같이 만들었다.

> 愛才如子, 金子銀子, 皆吾子也;(애재여자, 금자은자, 개오자야)
> 執法如山, 錢山靠山, 其爲山乎.(집법여산, 전산고산, 기위산호)

'金子(금자)'는 금이고, '銀子(은자)'는 은으로 모두 현금과 다름없는 귀금속이다. '皆(개)'는 '모두'라는 뜻이고 '吾子(오자)'는 '내 아들'이라는 말이다. '也(야)'는 문장 끝에 쓰여서 객관적 판단을 나타낸다.

중국말에서 흔히 쓰이는 '靠山(고산)'이라는 말은 '믿는 곳'이라는 뜻인데, 우리 속어로 한다면 '빽'이 된다. 그런 맥락에서 보면 '돈의 산'으로 해석될 것 같은 '錢山(전산)'은 기실 '경제적인 힘'이라는 뜻이 된다. 맨 뒤에 쓰인 '乎(호)'자는 감탄을 나타내는 말로 보는 것이 좋겠다. 그래서 그 선비가 고친 대련의 뜻은 다음과 같다.

> 재주를 자식처럼 사랑하는데, 금과 은은 모두 내 자식이고;
> 법은 산처럼 집행하는데, 돈과 빽 그것이 바로 산이다.

탐관오리의 탐욕과 허위의식을 적나라하게 폭로하였다. 여기서도 글 몇 자가 매우 큰 힘을 발휘할 수 있다는 것을 알 수 있다. 어쩌면 글자 그 자체의 힘이라기보다는 그것을 운용하는 사람의 지혜의 힘이라고 해야 옳을지 모르겠다.

어느 시대를 막론하고 재능이 있는 사람들이 힘있는 자리를 차지하게 마련인데, 그런데도 탐관오리의 발호가 끊이지 않는 것을 보면 사람됨은 본질적으로 그 사람의 지적 능력이나 교육 수준과는 필연적인 관계가 없는가 보다. '愛才如子(애재여자)'의 '才(재)'자의 발음이 '재물 재(財)'의 발음과 같은 것이 더 많은 여운을 남기게 한다.

6. 글자의 감소

원래의 문장에서 글자를 몇 자 빼어내면 전혀 다른 뜻의 문장이 될 수도 있다. 더하고 빼고의 차이는 있지만 그 원리는 문자를 더하는 경우와 크게 다르지 않은 것이다. 다만 문맥상 당연히 들어가야 할 말이 있는 자리에 고의로 그 글자를 쓰지 않음으로써 색다른 의미를 만들어 내는 경우는 성격이 좀 다르다.

1) 소주(蘇州) 사자림(獅子林) 진취정(眞趣亭)의 유래

중국의 소주(蘇州)는 경치가 좋기로 유명하다. 자연풍광이 수려할 뿐만 아니라 아름다운 인공 건조물도 많아 늘 관광객들로 붐비는 곳이다. 특히 소주원림(蘇州園林)이라 하여 인공적으로 아름답게 가꾼 소주의 정원들은 중국의 정원문화를 대표하는 것으로 세계적인 명성을 누리고 있다. 그 유명한 정원 중에 사자림(獅子林)이라는 곳이 있는데, 인공적으로 꾸민 산들의 기묘한 자태와 아름다운 형상은 보는 이의 감탄을 자아낸다.

∵ 진취(眞趣)

건륭(乾隆)황제도 이 사자림에 놀러와서 그 아름다운 조경에 매료되었다고 한다. 건륭황제는 정원을 둘러보고 그 아름다움에 취해 있다가, 문득 주체하지 못할 감동이 솟구치는 것을 느꼈다. 그는 즉시 수행원에게 종이와 붓을 가져오라고 분부했다. 그리고는 그의 그 감동을 '眞有趣(진유취)'라는 석 자에 담았다. '정말 풍취가 있다'

라는 뜻이다. 그 정원의 풍경에서 느낀 고상한 심미적 쾌감을 그렇게 표현했을 것이다.

그때 건륭황제를 수행하고 있던 사람은 그 해 과거에서 장원급제를 한 사람이었다. 그가 황제가 쓴 글을 보니 글씨는 상당히 훌륭해 보이지만 그 글의 내용은 아무리 생각해도 너무 촌스럽다는 생각이 들었다. 자칫하면 '정말 재미있다'는 아이들 말투로 읽힐 위험성도 있는 문구였기 때문이다. 이 생각 저 생각 끝에 중간에 '有(유)'자만 없으면 제법 그럴듯할 것이라는 생각이 들었다. 그렇게 되면 '정말'이라는 부사적 의미로 읽히던 '眞(진)'자가 도가나 도교에서 숭상하는 '근원적 진리'라는 뉘앙스를 풍기게 되어 다소간의 신비함을 간직한 고상한 글자로 승화될 수 있기 때문이었다. '진취(眞趣)'는 '참된 풍취', 또는 '근원적 진리의 세계가 구현하는 고아한 분위기'라는 뜻으로 이해될 수 있을 것이다.

그러나 상대는 절대권력자인 황제다. 황제가 쓴 글을 두고 이러쿵저러쿵 비판하는 것은 목숨을 거는 위험한 행동이다. 그러나 그렇게 내버려두면 신하들이 그 글씨를 그대로 현판에 새겨 어딘가에 걸어둘 것이고, 황제는 두고두고 사람들의 입방아에 오르내릴 것이 뻔하였다. 황제가 실수를 범하여 남의 조롱거리가 되게 내버려두는 것도 충성스러운 신하의 도리가 아닌 것이다. 이름이 황희(黃熙)라고 전해지는 그 장원은 고민 끝에 묘한 꾀를 내어 황제에게 아뢰었다.

"황제께서 쓰신 글씨는 고상하고 예스러운 분위기에다 힘이 흘러넘칩니다. 아마 안진경(顔眞卿)이나 류공권(柳公權)같은 당(唐)나라 때의 명필들도 이 수준에는 미치지 못할 것입니다. 제가 보건대 가운데의 '有(유)'자가 특히 잘된 것 같습니다. 폐하께 간청하옵건대 저 '有(유)'자를 저에게 내려주시면 제가 밤낮으로 읽고 또 읽어 그 속에 담긴 깊은 뜻을 깨달을 수 있을까 하옵니다."

황희의 뚱딴지같은 말에 건륭황제는 일시 어안이 벙벙했으나 금세 그 말의 속뜻을 알아차렸다. 비범한 두뇌를 자부하던 건륭황제는 빙그레 웃으며 가운데의 '有(유)'자를 잘라 황희에게 주고 나머지 '眞趣(진취)'만 남기게 했다. 사자림을 관리하던 관리는 즉시 '진취' 두 자를 편액에 새겼고 그 편액을 걸어둘 정자를 지었다. 이것이 사자림에 있는 진취정(眞趣亭)의 유래라고 한다.

2) '醋(초)'자가 빠진 이유

중국어에는 각양각색의 성어와 전고가 있다. 그 중에는 인간사에 흔히 있는 '질투'를 나타내는 말도 있는데, 중국인들은 '질투하다'라는 뜻을 '초를 먹는다'라는 뜻의 '吃醋(흘초)'로 표현한다. 성어라기보다는 속어에 가까운 이 말은 다음과 같은 유래가 있다고 한다.

옛날 당(唐)나라 태종(太宗)은 국가에 큰 공을 세운 유능한 재상 방현령(房玄齡)에게 상을 내리려고 하였다. 태종은 방현령을 양공(梁公)에 봉하고 덤으로 아름다운 여인 몇 명을 하사하여 첩으로 삼으라고 하였다. 방현령은 그의 부인의 성품으로 보아 첩들이 집에 들어오는 것을 용납하지 않을 것이라는 것을 잘 아는 터라 완곡하게 사양하였다.

방현령의 태도를 의아하게 생각한 태종이 그 이유를 알고 나서는 황후를 시켜 방현령의 부인을 설득하게 하였다. 그러나 방현령의 부인은 어떤 말을 해도 받아들이지 않았다. 이에 태종은 방현령의 부인을 궁중으로 불러들였다. 그리고 질투하여 끝까지 황제의 명을 거역한다면 사약을 내리겠다고 엄포를 놓았다. 그러나 방현령의 부인은 황제의 명령을 끝까지 받아들이지 않았다. 그녀는 사약을 받아들더니 조금도 두려워하는 기색을 보이지 않고 단숨에 들이켰다. 그런데 사약을 마신 방현령의 부인은 죽지 않았다. 알고 보니 방현령의 부인이 마신 것은 바로 식초였다. 이러한 연유로 여인이 질투하는 것을 '초를 먹는다'라고 하였다고 한다.

방현령의 부인의 이야기가 사실이든 아니든 중국어에서 식초는 질투를 나타내는 말로 자주 쓰인다. 질투하는 것을 '초를 마신다'라고 하는 것 이외에도 질투심이 많은 사람을 '초를 담는 병'이라는 뜻의 '醋瓶子(초병자)'로 표현한다. 또 '초병을 깬다'거나 '초의 바다에 파도가 인다'는 표현으로써 '질투로 말미암아 소란을 피우는 것'을 나타내기도 한다.

이 질투의 상징인 초와 관계되는 문자놀이가 한 가지 전해지고 있다.

옛날 어느 부인이 남편이 첩을 들이자 매우 못마땅해 하며 다음과 같은 시를 한 수 썼다.

> 恭喜郎君又有她,(공희낭군우유타)
> ㄱㅈ 당신 그녀가 또 생긴 걸 축하하오,
>
> 儂當洗手不當家,(농당세수불당가)
> ㄱㅈ 나는 이제 손 씻고 집안일 보지 않아야겠소
>
> 開門諸事都交付,(개문제사도교부)
> ㄱㅈ 일상의 모든 일을 몽땅 넘겨주리다,
>
> 柴米油鹽醬與茶.(시미유염장여차)
> ㄱㅈ 땔감이며 쌀이며 기름이며 소금이며 장과 차 따위를 .

중국인들은 땔감과 쌀과 기름과 소금과 간장과 식초와 차의 일곱 가지를 묶어 '일곱 가지 생활필수품'으로 생각하고, 이를 '개문칠건사(開門七件事)'라고 한다. 일곱 가지 생활필수품을 거론할 때는 통상 이 순서에 따른다. 위의 시에서 "일상의 모든 일을 몽땅 넘겨주리다. 땔감이며 쌀이며 기름이며 소금이며 장과 차 따위를"이라고 했던 것은 바로 그런 관념에 근거하여 '모든 집안 일을 새로 오는 첩에게 넘겨주고, 나는 집안의 모든 일에 상관하지 않겠다'라는 뜻을 표현한 것이다. 그것은 위 두 구에서 부인이 말한 '새로 여자가 집안에 들어오니 나는 손 씻고 물러앉겠다'라고 한 선언의 구체적인 표현이기도 하다. 곧 겉으로는 '좋아하는 여자 새로 맞이하는 것 축하하고, 나로서도 집안일 돌보지 않아도 되었으니 편해서 좋다'라는 뜻이다.

그러나 이런 표현은 극도의 불만의 표시일 수도 있다. 매우 기분 나쁜 일을 당했을 때 '이제 아무것도 안 해!'라고 퉁명스럽게 쏘아붙이는 것과 다를 바 없는 것이기 때문이다. 그러나 이 시에는 그보다 더한 반감이 들어 있다. 그 이유는 '개문칠건사'라면 분명 '일곱 가지 생활필수품'을 가리키는 것이어야 하는데, 여기에는 식초의 '醋(초)'자가 빠져 있기 때문이다. 칠언절구의 형식이기 때문에 일곱 가지 생활필수품을 모두 나열하는 것이 문제가 없는데도 여섯 가지 필수품만 나열하고 '醋(초)'자가 들어갈 자리에 접속사 '與(여)'가 들어 있다. '醋(초)'자를 고의적으로 빠뜨린 것이다.

'초'는 왜 빠졌을까? 말할 것도 없이 그 부인이 다 마셔버렸기 때문이다. 아니, '내가 초를 다 마셨다'는 뜻을 일곱 가지 생활필수품 중에서 초를 누락시키는 것으로 표현한 것이다. '초를 다 마셔버렸다'는 말은 내가 새로운 첩이 들어오는 것에 대하여 '극도로 질투한다'는 뜻을 표현한 것이다.

비록 극도로 질투한다고 말하고 있지만, 그 질투심을 이런 식으로 표현할 정도면 재치는 물론이고 감정 절제에도 능한 현숙한 부인임에 틀림없다. 그런 부인을 두고 무엇이 부족하여 또 첩을 들이려고 했는지 그 남편의 심사가 알기 어렵기만 하다. 하기야 어려워서 '욕망의 골짜기는 메우기 힘들다'는 '慾壑難塡(욕학난전)'이라는 말이 생겨났을까.

3) 정작 하고 싶은 말은 생략된 말 속에

청(淸)나라 때에 왕사경(王士卿)이라는 사람이 관직에 있으면서 부정부패를 저질러 사형에 처해졌다. 그러자 어떤 사람이 그의 그러한 죽음을 추도하는 내용의 대련을 하나 썼다. 그 대련의 내용은 다음과 같았다.

> 士爲知己,(사위지기)
> ㈇ 선비는 자신을 아는 사람인데,

> **卿本佳人.**(경본가인)
> ∽ 그대는 본래 좋은 사람이었지.

　선명하게 이해되는 대련이 아니다. 그래도 죽은 사람을 추도하는 내용이라고 생각하고 보면, 죽은 이를 추모하면서 '당신은 그래도 좋은 사람이었다'고 추억하는 내용처럼 보인다. 그러나 당사자가 부정부패라는 불명예스러운 죄목으로 처형당한 사람이기에 뭔가 석연치 않은 구석도 있다. 이 대련을 쓴 사람이 말하고자 하는 것은 말해지지 않은 데에 있기 때문이다.

　'士爲知己(사위지기)'라는 말은 『전국책(戰國策)』에 나오는 말로 '선비는 자신을 알아주는 사람을 위하여 죽는다'라는 뜻의 '士爲知己者死(사위지기자사)'에서 '者死(자사)'라는 두 자가 생략된 것이다. 요컨대 '죽었다'라는 말을 숨겨두고 말하지 않은 것이다. 그러나 그렇기 때문에 이 유명한 구절을 기억하는 많은 사람들은 도리어 '士卿(사경)이 죽었다'라는 뜻을 나타내고자 했음을 금방 알아챌 수 있다.

　'卿本佳人(경본가인)'은 『북사(北史)』에 있는 말이라고 한다. 이 말 역시 완성된 말이 아니라 그 다음에 '奈何作賊(내하작적)'이 있다고 한다. '卿本佳人(경본가인), 奈何作賊(내하작적)'은 '그대는 본래 좋은 사람이었는데, 어쩌다가 도적질을 하였는가?'라는 뜻이다. 그런즉 '卿本佳人(경본가인)'이라는 구도 '어쩌다가 도적질을 하였는가?'라는 뜻의 '奈何作賊(내하작적)'을 유도하기 위한 장치임을 알 수 있다.

　결국 '선비는 자신을 아는 사람인데, 그대는 본래 좋은 사람이었지.'라는 뜻의 '士爲知己(사위지기), 卿本佳人(경본가인).'이라는 대련은 '죽었구나, 어쩌다가 도적질을 하였는가?'라는 뜻을 말하지 않는 방식을 통해 에둘러 표현했던 것이었다. 그런데 그럼 누가 죽었단 말인가? 물론 왕사경의 죽음을 두고 했으니 왕사경이 틀림없다고 하겠지만 문장상으로는 확인되지 않는 아쉬움이 있다. 그러나 이 문제도 그 작자는 이미 고려하였다. 곧 '士爲知己(사위지기), 卿本佳人(경본가인).'라는 구절의 첫 두 글자를 합하면 '士卿(사경)'이 되기 때문이다. "사경이 도적질을 하다가 죽었다."가 그 대련의 궁극적인 의미였던 것이다.

4) 굳이 말을 안 해도 알 수 있는 말

옛날에 어느 가난한 선비가 있었다. 그는 글읽기는 좋아했지만 재물을 만지는 재주는 없어서 늘 찢어지도록 가난하게 살았다. 그렇지만 그도 대인관계를 무시할 수는 없는 노릇이었다. 그래서 생일을 맞은 친구에게 술이라도 한 병 들고 가서 축하해주고 싶은 생각이 들었다. 그러나 그에게는 술을 살 돈이 없었다. 생각 끝에 물을 술병에다 담아서 들고 갔다. 그리고는 친구에게 "군자들의 사귐은 담백하기가……"라고 하다가 말꼬리를 흐렸다. 그 선비의 형편을 잘 알고 있는 친구도 선비의 그 말이 무슨 뜻인지 금방 알아차렸다. 친구는 빙그레 웃으며 "술 취한 늙은이의 뜻도 ……에 있지 않지." 라며 정작 해야 할 말은 생략하였다.

우리말은 중국어 또는 한문과는 어순이 달라서 번역문으로서는 그 분위기가 잘 살아나지 않는다. 그러나 한문을 약간 이해할 수 있는 이라면 원문으로 보면 쉽게 알 수 있다.

"군자들의 사귐은 담백하기가……"라는 말은 '군자의 사귐은 담백하기가 물과 같다'라는 말의 '君子之交淡若水(군자지교담약수)'에서 마지막의 '水(수)'자를 생략한 것이다. '君子之交淡若水(군자지교담약수)'라는 말은 『장자(莊子)·산목(山木)』편에 있는 말로 그 다음에 이어지는 '소인의 사귐은 달기가 단술과 같다'라는 뜻의 '小人之交甘若醴(소인지교감약례)'와 짝을 이룬다. 군자는 정신적인 측면에 치중하여 친구를 사귀는 반면 소인배들은 눈앞의 이익과 쾌락을 추구하기 위하여 친구를 사귄다는 뜻이다. 그 선비는 "군자들의 사귐은 담백하기가……"라고 말꼬리를 흐리면서 '이것은 나의 정성을 담은 물이다. 우리들의 사귐은 물질보다 정신이 중요하다고 생각한다'라는 뜻을 담았던 것이다.

'취한 늙은이의 뜻도 ……에 있지 않지.'라고 한 것도 유래가 있는 말이다. 송(宋)나라 시대를 대표하는 문호의 한 사람인 구양수(歐陽修)는 그의 유명한 산문 「醉翁亭記(취옹정기)」에서 '醉翁之意不在酒(취옹지의부재주)', 즉 '취한 늙은이의 뜻은 술에 있지 않다.'라고 한 바 있다. '취한 늙은이'는 '醉翁(취옹)'을 번역한 말인데, 구양수는 자신의 호를 취옹이라고 했으므로 취옹은 곧 구양수 자신을 가리키는 말이다. 구양수는 '술에 취한 늙은이'라는 뜻을 담은 '취옹'으로 자처하면서도 술을 정신을 자유롭게 하거나 고양시키는 수단으로만 생각할 뿐이지, 술을 마시는 것 자체에는 큰 의미를 두지 않는다는 생각을 표명했던 것이다. 그러므로 선비의 말에 대꾸하여 '醉翁之意不在(취옹지의부재)……'라고 말꼬리를 흐린 것 역시 '나도 술에 큰 의미를 두지 않는다. 나의 생일을 축하해주는 친구의 정성을 고맙게 생각한다'라는 뜻을 나타내고자 한 것이었다. 난이도가 그다지 높지 않은 문자유희지만 그 속에 배어 있는 우정만은 진실하다.

5) 말하지 않아도 드러나는 돌팔이 의사

길생(吉生)이라는 이름을 가진 돌팔이 의사가 있었다. 그는 아픈 사람의 병을 고치기는커녕 없는 병도 생기게 할 만큼 의술이 형편없어서 그에게 치료를 받은 사람 중에 적지 않은 사람들이 고통을 겪었다. 그런 중에 어떤 사람이 길생의 오진으로 고통을 받고서 매우 화가 났다. 그는 길생을 골려 줄 작정을 하고 글씨를 잘 쓰는 사람에게 부탁을 하여 대련을 한 수 써서 보내주었다.

> 未必逢凶化,(미필봉흉화)
> 何曾起死回.(하증기사회)

억지로 해석을 하자면 어떤 의미가 나올 것 같기도 하지만, 확실히 뭔가가 빠져 있는 불완전한 문장이라는 것을 알 수 있다. 그도 그럴 것이 '未必逢凶化(미필봉흉화)'의 '逢凶化(봉흉화)'는 '불길한 것을 좋은 것으로 만들다'라는 '逢凶化吉(봉흉화길)'에서 마지막 글자 '吉(길)'이 빠진 상태며, '何曾起死回(하증기사회)'의 '起死回(기사회)' 역시 '죽을 사람을 살려 놓다'라는 뜻의 '起死回生(기사회생)'에서 마지막 글자 '生(생)'을 생략하였기 때문이다. '逢凶化吉(봉흉화길)'이나 '起死回生(기사회생)'은 워낙 흔히 쓰이는 말이라서 어지간한 중국인이라면 '未必逢凶化(미필봉흉화), 何曾起死回(하증기사회).'라는 두 구에 그런 장치가 되어 있다는 것을 쉽게 알아차릴 수 있을 것이다. 그리고 '未必(미필)'은 '반드시 그런 것은 아니다'라는 뜻이며, '何曾(하증)'은 '언제 ……했겠는가?'라는 뜻이다. 그러므로 그 대련의 뜻은 "불길한 일을 좋게 만드는

것도 아니고, 죽을 사람을 언제 살려 놓은 적이 있는가?"가 된다. 돌팔이의
사의 의술을 노골적으로 꼬집은 것이다.

그러면 구체적으로 누가 돌팔이의사라는 말인가? 물론 그 길생이라는 의
사다. 길생의 엉터리 의술에 불만을 품고 이 대련을 쓴 사람은 그 의사의
이름을 분명히 밝히고 있다. 곧 생략된 두 글자 '逢凶化吉(봉흉화길)'의 '吉
(길)'과 '起死回生(기사회생)'의 '生(생)'이라는 두 글자가 바로 그것인 것이다.
'길생은 돌팔이다'라고 하는 것이 그 대련의 요지였던 것이다.

6) 말하기 어려운 고충

중국사람들이 설을 쇨 때에 대문의 두 기둥에 붙이는 춘련(春聯)은 의미
상 짝을 이루는 길한 내용으로 되어 있다. 또 그 두 구의 글귀와 관련이 있
거나 그 내용을 요약한 글귀를 가로로 써서 대문 위에 붙이는데, 이것을
'횡피(橫披)'라고 한다. 일반적으로 대문의 양 기둥에 세로로 붙인 짝을 이루
는 두 구의 글귀와 함께 횡피가 있어야 형식을 제대로 갖춘 대련으로 친다.

어느 가난한 선비가 설을 쇠면서 남들처럼 춘련을 써서 붙였다. 그러나
그는 횡피를 붙이기는 하였으나 아무런 글씨도 쓰지 않은 백지를 붙였다. 또
대문 기둥의 한 쪽에는 '二三四五(이삼사오)'라고 썼고, 또 한 쪽에는 '六七八
九(육칠팔구)'라고 써서 붙였다. 그의 문 앞을 지나가던 사람들은 그것을 보고
'얼마나 가난했으면 글도 제대로 다 쓰지 못했을까?'라며 혀를 차는 사람이
있는가 하면, '명색이 선비면서 춘련 하나 변변히 쓰지 못한다'고 비아냥거
리는 이도 있었다.

그런데 어떤 훈장이 마침 그곳을 지나면서 그 춘련을 한참 들여다보더니

혀를 차며 탄식하였다. 그리고는 "이 선비는 공부는 많이 했지만 때를 만나지 못해 가난에 찌들려 말 못할 고충이 많구먼!"이라며 혼잣말을 하였다. 그러자 주위에서 호기심어린 눈으로 그 춘련을 보고 있던 사람들이 "선생님께서 보시기에 이 춘련이 무슨 뜻인 것 같습니까?" 하고 이구동성으로 물었다. 훈장은 "해독의 열쇠는 백지로 된 횡피에 있지요" 하면서 설명을 시작하였다.

아무 말도 써 있지 않은 횡피는 '없다'라는 뜻을 나타내므로, 기둥에 붙인 두 구에서 '없는 것'을 찾으면 된다고 하였다. 그리고 보니 한 쌍의 대련에는 一에서 十까지의 숫자 중 一과 十만 빠지고 나머지 여덟 개의 숫자는 다 들어 있다. 그런 즉 이 춘련은 '一과 十이 없다'는 것을 나타내고자 한 것이다. 그런데 중국어에서는 '一'자와 '옷 의(衣)'자의 발음이 같으며, '十'과 '밥 식(食)' 역시 발음이 같다. 그러므로 '一과 十이 없다'는 것은 '衣(의)와 食(식)이 없다'는 것을 연상시키는데, 그것은 바로 중국에서 가난한 살림을 표현할 때 흔히 쓰는 '缺衣少食(결의소식)'이라는 말로 연결된다. 그 선비는 집안이 하도 가난하여 '입을 옷과 먹을 밥조차 없다'며 자조하는 내용을 수수께끼처럼 표현하여 춘련을 만들어 붙였던 것이다.

아무 글자도 씌어 있지 않은 횡피가 나타내는 '없다'라는 뜻은 대련 속에서 빠진 글자를 찾으라는 뜻과는 다른 의미로도 읽을 수 있다. 가난하여 자신의 수중에는 '아무 것도 없소'라는 뜻을 나타내는 것으로 볼 수도 있다는 말이다.

7) 생략된 말에 심한 욕이

앞의 '글자의 증가'에서 홍승주(洪承疇)가 쓴 대련에 글자를 두 자 덧붙임으로써 명(明)나라 말엽에 청나라에 투항했던 홍승주의 변절을 비난했던 것을 소개한 적이 있는데, 문자를 생략하는 방식으로 홍승주를 욕한 것도 전해진다.

충신인 척하던 홍승주가 변절하자 어느 협객이 홍승주에게 대련을 한 폭써서 보냈다.

一二三四五六七,(일이삼사오륙칠)
孝悌忠信禮義廉.(효제충신예의염)

이 무슨 황당한 대련인가? 그러나 이 대련은 어떤 뜻을 전달하려고 쓴것이 분명한 만큼 어떤 방식으로든 말이 되는 뜻을 찾아내지 않을 수 없다. 이 대련은 흔히 보는 7언으로 되어 있는 것 같으나, 뒤의 구가 아무래도 완전하지 않은 것 같다. 전통 시대의 중요한 덕목인 '효제(孝悌)', '충신(忠信)', '예의(禮義)'가 열거되어 있는 것을 보면, 마지막은 '염치(廉恥)'가 되어야 되지 않는가? 특히 중국에서는 '禮(예)·義(의)·廉(염)·恥(치)' 넷을 나라를 다스리는 기본적인 덕목으로 보고 '사유(四維)'라 하며 존중하던 것이아닌가? 그렇다면 '恥(치)'자가 빠진 것이 단서가 될 듯하다. 그런데 '효제(孝悌)', '충신(忠信)', '예의(禮義)' 등은 모두 변절자에게는 어울리지 않는 좋은 덕목들이다. 아니 변절자는 그런 덕목들이 결핍되어 있는 자다. 그렇다. 그리고 보니 홍승주는 뻔뻔하여 부끄러움을 모르는 사람이었다. '부끄러움이 없다'는 것은 곧 '없을 무(無)'자와 '부끄러울 치(恥)'자가 결합된 '無恥(무치)'다. 그 협객은 '홍승주가 부끄러움을 모르는 뻔뻔한 자'라는 뜻을 나타내기 위하여 '부끄러울 치(恥)'자 들어갈 자리에 고의로 글자를 누락시켰던 것이다.

　같은 이치로 보면 위의 구는 '여덟 팔(八)'자가 들어갈 자리가 비어 있
는 형국이라는 것을 알 수 있다. '八(팔)'자와 관계되는 욕이라니? 중국에서
흔히 쓰이는 고약한 욕 중에 '왕팔(王八)'이라는 것이 있다. '왕팔(王八)'은
본래 거북 또는 자라를 가리키는 말인데, 거북이나 자라가 어미의 보살핌
없이 마구잡이로 자라난다고 하여 마치 부모의 가르침을 받지 못하고 자
란 것처럼 못돼먹은 사람을 욕하는 말로 쓰인다. 그리고 '잊어버리다'라는
뜻의 '忘(망)'자의 중국어 발음은 '임금 왕(王)'자와 같고 성조만 다르다. 그
렇다면 七(칠)까지 쓰고 팔(八)을 쓰지 않았다는 것을 '八(팔)을 잊었다'는 말
이고, 그것은 바로 '忘八(망팔)'이다. 그리고 '忘八(망팔)'은 곧 '王八(왕팔)'이
다. 게다가 '王八(왕팔)'은 '忘八(망팔)'에서 나왔으며, '忘八(망팔)'은 '孝(효)·悌
(제)·忠(충)·信(신)·禮(예)·義(의)·廉(염)·恥(치)'의 여덟 가지 덕목을 잊은
놈'이라는 뜻에서 나왔다는 설도 있지 않은가? 협객이 보낸 그 대련의 뜻
은 홍승주를 향하여 '부끄럼도 모르는 후레자식'이라고 욕하는 것이었던
것이다.

7. 특이한 형태로 된 시

　특정 문맥에서 한자는 한 글자에 하나의 발음과 하나의 뜻을 가지는 특
성이 있으므로 여러 가지 방식으로 글자를 배열하여 특수한 형태를 만들기
가 쉽다. 한자의 그러한 특성을 살려서 쓴 시들도 매우 다양하다. 개중에는
매우 난해한 것도 적지 않아 독자가 이해할 수 있게끔 설명하기가 쉽지 않

은 것도 많다. 여기서는 필자가 이해할 수 있고, 또 어느 정도 수준이 있는 독자라면 이해할 수 있으리라 생각되는 것들을 몇 가지 소개하기로 한다. 지나치게 심각하게 대하기보다는 즐기는 마음으로 읽어주기 바란다. 한자가 이렇게도 활용될 수 있구나 하는 정도만 이해할 수 있어도 충분할 것이다.

1) 회문시(回文詩)

秋中賞月對高樓,(추중상월대고루)
    ❃ 가을날 달구경하며 높은 누각 바라보니,

月對高樓酒上游.(월대고루주상유)
    ❃ 달이 높은 누각 바라보며 술 위에 노니네.

游上酒樓高對月,(유상주루고대월)
    ❃ 노닐다 술 있는 누각에 올라 높이 달을 바라보자니,

樓高對月賞中秋.(루고대월상중추)
    ❃ 누각은 높아 달 바라보며 한가을을 즐긴다.

보다시피 시 전체가 앞에서부터 읽어도 뒤에서부터 읽어도 같은 시가 된다. 그래서 형태상으로 보면 2구의 루(樓)자와 제3구의 루(樓)자 사이의 가상의 점을 중심으로 같은 글자가 대칭을 이루는 특성을 보이고 있다. 바로 읽어도 거꾸로 읽어도 똑같은 작품이 되는 이런 시를 회문시(回文詩)라고 한다.

이 시는 내용의 전개도 비교적 자연스럽다. 누각 아래에서 달을 감상하던 작품 속의 주인공이 술잔 속에 비친 달 그림자를 바라보다가 마침내 누

각에 올라 달을 바라보고 술잔을 기울이며 가을의 정취를 만끽하는 상황이 시간의 순서에 따라 묘사되고 있다.

2) 첩자시(疊字詩)

진관(秦觀)이 오랫동안 먼 곳을 여행하는 도중에 아내인 소소매(蘇小妹)에게 편지를 보냈다. 그런데 편지를 열어보니 별다른 설명 없이 다음과 같은 몇 글자가 원형으로 씌어 있었다.

소소매는 그때 마침 큰오빠인 소동파(蘇東坡)와 함께 연밥을 따는 광경을 구경하고 있을 때였다. 오빠가 누이동생을 보고 그것이 무슨 뜻인지 알겠느냐고 물어보았더니 소소매는 거침없이 다음과 같이 읽었다고 한다.

靜思伊久阻歸期,(정사이구조귀기)
　　ͽ 그대 조용히 생각해보니 돌아갈 때를 오래 지체했구려,

久阻歸期憶別離.(구조귀기억별리)
　　ͽ 돌아갈 때를 오래 지체하다보니 이별할 때가 생각나오.

憶別離時聞漏轉,(억별리시문루전)
　　ͽ 이별할 때를 기억해보니 물시계 돌아가는 소리 들렸소,

時聞漏轉靜思伊.(시문루전정사이)
　　ͽ 때로 물시계 도는 소리 들리면 조용히 그대 생각한다오.

　　총명한 소소매는 남편의 의도를 금세 알아차리고서 원형으로 배열되어 있는 14자의 각 글자를 모두 두 번씩 읽어서 28자의 7언 절구로 만들어 내었다. 글자를 중복하여 쓴다고 하여 이런 형식의 시를 첩자시(疊字詩)라고 한다.

3) 회문첩자시(回文疊字詩)

　　청(淸)나라 초기에 오강설(吳絳雪)이라는 여류시인이 봄·여름·가을·겨울의 사계절을 노래하는 시를 썼는데, 각 계절을 노래한 시는 한 수가 모두 10자밖에 되지 않았다.

　　봄: 春(춘)
鶯啼岸柳弄春晴夜月明(앵제안류농춘청야월명)

　어느 작품을 막론하고 처음 7자는 순조롭게 의미가 구성된다. 봄을 읊은 것 중 '鶯啼岸柳弄春晴(앵제안류농춘청)'은 '꾀꼬리 우는 강 언덕 버드나무는 맑은 봄날을 희롱하고' 정도로 해석할 수 있다. 그러나 나머지 '夜月明(야월명)'은 '밤 달이 밝다'라는 뜻이 되기는 하나 왠지 뜬금없는 말이 되고 말았다. 어쨌든 이런 식으로 해석을 해서는 되지 않는다는 것만은 분명하다.

　이 시는 우선 첩자시의 성격을 띤다. 그래서 '鶯啼岸柳弄春晴夜月明(앵제안류농춘청야월명)'은 鶯啼岸柳弄春晴(앵제안류농춘청)과 柳弄春晴夜月明(류농춘청야월명)의 두 구로 불어난다. 그리고 '鶯啼岸柳弄春晴夜月明(앵제안류농춘청야월명)'을 다시 거꾸로 읽어 '明月夜晴春弄柳(명월야청춘농류)'와 '晴春弄柳岸啼鶯(청춘농류안제앵)'의 두 구를 얻어 전체적으로 다음과 같은 7언 4구의 시가 완성된다.

鶯啼岸柳弄春晴,(앵제안류농춘청)
　　㉑ 꾀꼬리 우는 강 언덕 버드나무 맑은 봄날을 희롱하고,

柳弄春晴夜月明.(류농춘청야월명)
　　㉑ 버드나무 맑은 봄 희롱하는 밤 달이 밝네.

明月夜晴春弄柳,(명월야청춘농류)
　　㉑ 밝은 달에 밤은 맑고 봄은 버드나무를 희롱하며,

晴春弄柳岸啼鶯.(청춘농류안제앵)
　　㉑ 맑은 봄이 버드나무 희롱할 때 강 언덕엔 꾀꼬리 우네.

　　시어의 구성이 썩 자연스러운 것 같지는 않지만 그런 대로 봄날의 정취를 노래하는 시가 되는 듯하다. 물론 첫 구에도 압운을 하는 7언시의 관행도 잘 따르고 있다.
　　이와 같은 방식으로 나머지 여름, 가을, 그리고 겨울의 시를 만들어 보면 다음과 같이 될 것이다.

여름: 夏(하) : 香蓮碧水動風涼夏日長(향련벽수동풍양하일장)

香蓮碧水動風涼,(향련벽수동풍량)
　　㉑ 향기로운 연꽃 피어 있는 푸른 물은 바람 불어 서늘한데,

水動風涼夏日長.(수동풍량하일장)
　　㉑ 물결 일고 바람 서늘해도 여름날은 길기만 하네.

長日夏涼風動水,(장일하량풍동수)
　　㉑ 낮이 긴 여름이 서늘한 건 바람이 물을 움직인 것,

凉風動水碧蓮香.(량풍동수벽련향)
> ∞ 서늘한 바람 물을 움직이니 푸른 연꽃 향기롭네.

가을: 秋(추) : 秋江楚雁宿沙洲淺水流(추강초안숙사주천수류)

秋江楚雁宿沙洲.(추강초안숙사주)
> ∞ 가을 강의 초나라 기러기 모래톱에서 잠들고,

雁宿沙洲淺水流.(안숙사주천수류)
> ∞ 기러기 모래톱에서 잠이 들면 얕은 물만 흐르네.

流水淺洲沙宿雁.(유수천주사숙안)
> ∞ 흐르는 물 얕은 모래톱엔 기러기가 잠이 들고,

洲沙宿雁楚江秋.(주사숙안초강추)
> ∞ 모래톱에 기러기 잠드는 초강엔 가을이라.

겨울: 冬(동) : 紅爐透炭炙寒風御隆冬(홍로투탄자한풍어륭동)

紅爐透炭炙寒風.(홍로투탄자한풍)
> ∞ 붉은 난로의 이글거리는 숯은 찬바람을 녹이고,

炭炙寒風御隆冬.(탄자한풍어륭동)
> ∞ 숯은 찬바람을 녹여 매서운 겨울을 막는다.

冬隆御風寒炙炭.(동륭어풍한자탄)
> ∞ 매서운 겨울 찬바람을 막기 위해 숯을 태우고,

風寒炙炭透爐紅.(풍한자탄투로홍)
   ᑕ 바람이 추워 숯을 태우니 난로가 붉게 이글거리네.

어느 작품을 막론하고 제1구와 제4구, 제2구와 제3구의 시어가 정반대로 배열되어 있다. 그래서 전체적으로 보면 제1,2구와 제3,4구가 점대칭을 이루는 구조로 되어 있다. 10자로 28자를 내포한 데다 문자배열의 균제미까지 고려한 데에서 단순한 문자유희를 넘는 차원 높은 슬기가 느껴진다. 이런 형식의 시는 첩자시(疊字詩)와 회문시(回文詩)의 특성을 결합하였다 하여 회문첩자시(回文疊字詩)라고 한다.

4) 접자시(接字詩)

이어지는 구의 첫 글자가 그 앞 구 마지막 글자의 반으로 되어 있는 것이다. 이어지는 구의 첫 글자는 그 앞 구의 마지막 글자의 전체가 아니라는 점에서 정진시(頂眞詩)와 구별된다. 다음의 시는 중국의 어느 중등학교 (중)국어교사가 쓴 특이한 시를 그의 제자가 기억하고 있다가 어느 잡지에 소개한 것이라고 한다.

八月中秋白露,(팔월중추백로)
   ᑕ 팔월이라 한가을 흰 이슬 내리면,

路上行人凄凉.(노상행인처량)
   ᑕ 길가는 나그네 처량도 하다.

京橋流水桂花香,(경교유수계화향)
  ൳ 경교의 흐르는 물에 계수나무 꽃 향이 감돌면,

日月千思萬想.(일월천사만상)
  ൳ 날마다 달마다 천 번 만 번 그리워한다.

心中不得安靜,(심중부득안정)
  ൳ 마음이 안정을 얻지 못해도,

青春好讀文章.(청춘호독문장)
  ൳ 청춘이니 글 읽기 좋으리.

早日苦求在學房,(조일고구재학방)
  ൳ 일치감치 학교에서 열심히 지식 구하면,

方顯志高才廣.(방현지고재광)
  ൳ 비로소 뜻이 높고 재주 많다 이름나리라.

 선생이 학생들에게 하는 말이 다 그렇겠거니와 이 시 역시 열심히 공부하라는 당부를 담고 있다. 그런데 이 시의 특이한 점은 첫 구의 마지막 글자 '露(로)'자의 반에 해당하는 아랫부분 '路(로)'자가 둘째 구의 첫 자가 되어 있고, 그 둘째 구의 마지막 글자 '凉(량)'의 반에 해당하는 '京(경)'자 역시 그 다음 구의 첫 자가 되어 있다. 이러한 방식은 끝에서 두 번째 구의 마지막 자 '房(방)'의 반에 해당하는 '方(방)'자가 마지막 구의 첫 자가 되기에 이르기까지 계속되고 있다. 앞 구의 끝 자를 그 다음 구의 첫 자로 쓰는 정진시(頂眞詩)와 유사하지만, 이 경우는 한 글자를 그대로 끌어다 쓰는 것이 아니라 해당 글자의 반만을 끌어다 쓴다는 점이 다르다. 한자의 형태를 이용하여 유희적으로 쓴 이 작품은 그 착상의 기발함이 돋보이기는 하지만 내용의 전

개가 썩 자연스럽지 않은 아쉬움도 있다.

　이 시를 소개한 사람은 이 시의 특징을 "시의 두 번째 구부터 시작하여 각 구는 모두 바로 앞 구의 마지막 글자의 반을 그 다음 구의 첫 자로 삼았다."라고 하였다. 그런데 그는 이 시를 간체자로써 소개하였다.

　각 구의 맨 끝에 있는 글자 중 간체자로 되었을 때에 그 형태가 달라지는 것은 마지막 구의 마지막 글자 '넓을 광(廣)'자다. '廣(광)'자는 간체자로 '广'으로 쓴다. 바로 이 글자를 간체자로 썼기 때문에 드러나지 않지만, 본래 글자의 형태를 보면 글자의 마지막 부분에 여덟 팔(八)처럼 생긴 획이 있다. 그렇다면 이것이 이 시의 첫 구 첫 글자인 '八(팔)'과 밀접한 관련이 있다고 해야 될 것이다. 비록 '廣(광)'자에서 '八'의 부분이 다른 글자들의 경우와는 달리 절반 수준이 되지 못하기는 하지만, 이 시를 쓴 그 선생은 이 시의 마지막 구 마지막 글자의 일부가 첫 구의 첫 글자가 되게 하고자 한 것이 틀림없다.

　중국에서의 간체자 교육이 새 세대를 고전과 단절시키는 문제점을 야기한다고 우려하는 이들이 많다고 하더니, 이제 보니 간체자만 배우는 중국인들은 그들의 선조가 물려준 문자유희조차 이해하지 못하게 될 날이 멀지 않은 것 같다.

5) 시험문제로 사용된 변형 접자시(接字詩)

　재주 있는 여성이 반려자를 구하면서 상대방의 재능을 시험한 일이 심심찮게 전해진다. 제갈량(諸葛亮)의 부인 황석(黃碩)도 그랬다고 하고, 소동파(蘇東坡)의 여동생 소소매(蘇小妹)도 진관(秦觀)을 남편으로 맞으면서 어려운 문제를 세 개씩이나 내어 진땀을 빼게 했다는 이야기가 전해진다. 청(淸)나라를 대표하는 불세출의 재주꾼 기윤(紀昀)도 마월방(馬月芳)이 낸 두 가지 어려운 문제를 해결하고서야 그녀를 아내로 맞을 수 있었다고 한다. 마월방이 기윤에게 낸 문제 중에 두 번째 것이 한자의 배열과 관련이 있어서 소개하고자 한다.

마월방이 해결하기 힘들게 낸다고 낸 대구 문제를 기윤이 손쉽게 해결하자 그녀는 태도를 바꾸어 문제를 하나 더 내겠다고 했다. 그리고는 다음과 같은 글을 써서는 말이 되게 읽어보라고 하였다.

八月中秋會佳期下彈琴誦古詩中不聞鐘鼓便深方知星
斗移少神仙歸古廟中宰相運心機時到得桃源洞與仙人
下盤棋
(팔월중추회가기하탄금송고시중불문종고편심방지성두이소신선귀고묘중재상운심기시
도득도원동여선인하반기)

이렇게 모두 49자로 되어 있었다. 물론 구두점은 찍혀 있지 않았다. 기윤이 읽어보니 시 같기는 한데, 5자씩 끊어도 말이 되지 않고 7자씩 끊어보아도 말이 되지 않았다. 문제를 해결하기 위해서 잠시 골똘히 생각에 잠긴 기윤을 보고서 따라온 기윤의 숙부는 조카가 낭패를 당하지나 않을까 해서 마음을 졸였고, 재능이 충분히 확인된 훌륭한 사윗감을 보고서 이미 만족해 있던 마월방의 아버지는 딸이 괜한 문제를 내어 일을 그르칠지도 모른다는 생각에 속으로 딸을 원망하고 있었다. 그러기를 잠시, 기윤은 마침내 회심의 미소를 지으며 다음과 같이 읽어 내려갔다. 글의 본래 모습 그대로는 5언시도 7언시도 될 수 없다는 데에서 문제 해결의 단서를 찾아내었던 것이다.

八月中秋會佳期,（팔월중추회가기）
 ⑬ 팔월이라 한가을 좋은 때를 만나,

月下彈琴誦古詩.（월하탄금송고시）
 ⑬ 달빛 아래 거문고 타고 옛 시를 읊노라.

寺中不聞鐘鼓便,（사중불문종고편）
 ⑬ 절 안에는 종소리 북소리 들리지 않고,

更深方知星斗移.（경심방지성두이）
 ⑬ 시간 오래 되어서야 북두성 기울어짐을 아노라.

多少神仙歸古廟,（다소신선귀고묘）
 ⑬ 몇 명의 신선이 오래된 사당으로 돌아갔는지,

朝中宰相運心機.（조중재상운심기）
 ⑬ 조정의 재상은 이리저리 마음을 쓰네.

幾時到得桃源洞,（기시도득도원동）
 ⑬ 언제 도원동으로 가서,

同與仙人下盤棋.（동여선인하반기）
 ⑬ 선인들과 바둑 한 판 둘 수 있을지.

첫머리 '八月中秋會佳期（팔월중추회가기）'는 뜻이 분명하게 드러나지만, 그 다음에 이어지는 '下彈琴誦古詩（하탄금송고시）'는 첫머리가 어색하다. 그리고 계속하여 매 여섯 글자마다 어색한 부분이 반복되는 것을 유심히 관찰했던 기윤은 이 글이 7언 율시가 되기 위해서 더 있어야 할 6자가 각 구의 끝 글자에 숨겨져 있다는 사실을 발견하였다. 곧 첫구 '八月中秋會佳期（팔월중추회가기）'에서 마지막 자 '期（기）'자의 반을 취한 '月（월）'자를 얻어 그 다음 구의 첫 자로 삼아 '月下彈琴誦古詩(월하탄금송고시)'라는 구를 만들고, 같은 방식을 반복하여 위와 같은 칠언시를 찾아냈던 것이다. 이렇게 하여 기윤이 문제를 해결하자 잠시 마음을 졸이고 있었던 기윤의 삼촌과 마월방의 아버지는 일제히 환호성을 올리며 기윤의 재능을 칭찬했다고 한다.

6) 정중앙에서 시작하여 돌아가며 읽게 된 접자시

이상세계를 그린 도연명의 「도화원기」의 배경으로써 유명한 관광지가 된 중국 호남성(湖南省) 도원현(桃源縣)의 도화원(桃花源)에 있는 우선교(遇仙橋)라는 다리 옆에는 시비가 하나 있는데, 거기에는 다음과 같은 시가 새겨져 있다고 한다.

機	時	得	到	桃	源	洞,(기시득도도원동)
忘	鐘	鼓	響	停	始	彼,(망종고향정시피)
盡	聞	會	佳	期	覺	仙,(진문회가기각선)
作	唯	女	牛	底	星	人,(작유여우저성인)
而	靜	織	郎	彈	斗	下,(이정직랑탄두하)
機	詩	賦	又	琴	移	象,(기시부우금이상)
觀	道	歸	冠	黃	少	棋,(관도귀관황소기)

첫 구는 '기회가 닿았을 때 도원동에 도달할 수 있었네' 정도로 해석될 수 있어서 이 시가 바로 도화원과 관련된 내용을 담은 것이구나 라는 생각이 들게 한다. 그런데 문제는 그 다음 구부터 발생한다. 아무리 말을 만들어 보려고 하여도 뜻이 통하지 않는다. 억지로 해석을 하면 어떤 의미를 만들

어낼 수 있을 것 같은 것도 있으나, 그것도 전체적인 의미가 순조롭게 되는 것이 아니다. 이 시는 정상적인 방법으로는 읽어낼 수 없는 것이 분명하다. 또 이 시는 7구로 이루어져 있어서 일반적으로 시 한 수의 전체 구 수가 짝수로 되어 있는 것과도 다르다.

이 시는 한 구가 7자로 되어 있으므로 글자의 상하 좌우의 간격을 일정하게 하면 그 형태가 정사각형이 된다. 그러므로 이 작품의 넷째 구의 넷째 글자 '牛(우)'는 전체 작품의 정중앙에 위치한다. 그리고 통상적인 시의 형태가 되려면 7자의 구 하나를 더 만들어 내야 한다. 특정의 글자들을 두 번씩 읽든가 두 자로 쪼개어 읽어야 한다는 말이다. 그렇게 생각하고 보니 앞서 소개한 마월방이 내었던 문제와 어떤 유사성이 있는 것처럼 느껴진다.

아닌게 아니라 '機時得到桃源洞(기시득도도원동)'이라 한 첫 구는 마월방이 내었던 문제의 일곱 번째 구 '幾時到得桃源洞(기시도득도원동)'과 흡사하다. 그리고 첫 구의 끝 자에서 반만 떼어내어 아래로 읽으면 '同彼仙人下象棋(동피선인하상기)'가 되는데, 이것 역시 마월방의 문제 중 마지막 구인 '同與仙人下盤棋(동여선인하반기)'와 별반 차이가 없다. 그렇다면 마월방이 내었던 문제를 응용한 회문시인 것이 분명하다. 그래서 '同與仙人下盤棋(동여선인하반기)'를 역순으로 하여 빙빙 돌아나가면 '牛(우)'자가 정방형으로 배열되어 있는 49자의 중심에 위치하고 있다는 것이 확인된다. 이 '牛(우)'자에서 시작하여 그 아래에 있는 '郎(랑)'자 방향으로 빙빙 돌려서 읽되 일곱 번째 글자는 반을 떼어서 그 다음 구의 첫 자로 삼으면 다음과 같은 시가 얻어진다.

牛郎織女會佳期,(우랑직녀회가기)
  ○8 견우와 직녀가 만나는 좋은 때에,

月底彈琴又賦詩.(월저탄금우부시)
   ଔ 달빛 아래 거문고 타고 또 시를 짓노라.

寺靜唯聞鐘鼓響,(사정유문종고향).
   ଔ 절은 고요하여 종소리 북소리만 들리고,

音停時覺星斗移.(음정시각성두이)
   ଔ 소리 멈출 때 북두성 기울어짐을 깨닫노라.

多少黃冠歸道觀(다소황관귀도관)
   ଔ 몇 명의 도사가 도관으로 돌아가,

見機而作盡忘機.(견기이작진망기)
   ଔ 기미를 보고서 온갖 기미를 다 잊어버릴까.

幾時得到桃源洞,(기시득도도원동)
   ଔ 언제 도원동으로 가서,

同彼仙人下象棋.(동피선인하상기)
   ଔ 저 선인들과 장기를 둘 수 있을지.

이리하여 희한하기 그지없던 그 글이 신선들의 이야기가 서려 있는 도화원의 분위기를 잘 살린 시였음이 드러난다.

이 작품은 이렇게 문자의 형태와 배열방식을 동시에 응용한 복합적인 한자놀이의 소산이다. 마월방의 작품을 이미 알고 있는 사람에게는 그렇게 어려운 것이 아니라고 할 수 있겠지만, 그렇지 않은 사람에게는 매우 난해한 수수께끼임이 틀림없다. 그럼에도 이렇게 특이하고 난해한 작품이 많은 사람들이 오고가는 명승지에 공개되어 있다는 것은 놀라운 일이 아닐 수 없다. 중국인들에게는 이런 정도의 난이도를 가진 작품을 공개적인 장소에 내

걸어도 양해가 되는 것으로 이해될 수 있기 때문이다. 여기서 중국인의 한 자놀이에는 단지 유희적 심리만 있는 것이 아니라 지혜를 사랑하고 자국의 문자를 사랑하는 정신도 함께 있다는 것을 느끼게 된다.

7) 동두시(同頭詩)

유희성이 짙은 시 중에는 각 구의 첫 글자가 모두 같은 것이 있다. 이런 형태의 시를 동두시(同頭詩)라고 하는데, 각 구의 머릿부분에 해당하는 첫 글자 가 모두 같은 시라는 뜻일 것이다. 당(唐)나라 시대의 유명한 승려시인이며 시 론가로도 이름이 높았던 교연(皎然)이라는 스님의 「화형단공등대춘망구구유춘 자지습(和刑端公登臺春望句句有春字之什)」이라는 작품이 바로 그런 성격의 시다.

春日繡衣輕,(춘일수의경)
 ҁ 봄날이라 수놓은 옷은 가볍기만 하고,

春臺別有情.(춘대별유정)
 ҁ 봄의 누대에는 또 다른 정취가 있네.

春煙間草色,(춘연간초색)
 ҁ 봄 아지랑이는 풀빛 사이에 섞여 있고,

春鳥隔花聲.(춘조격화성)
 ҁ 봄 새는 꽃 사이에서 지저귀누나.

春樹亂無次,(춘수란무차)
 ҁ 봄 나무는 어지러이 질서가 없어도,

> 春山遙得名.(춘산요득명)
>   ∞ 봄 산은 아득히 이름을 얻네.
> 春風正飄蕩,(춘풍정표탕)
>   ∞ 봄 바람이 막 감돌 때에는,
> 春甕莫須傾.(춘옹막수경)
>   ∞ 봄 술동이를 기울이지 말게나.

5언 8구의 각 구는 모두 '봄 춘(春)'자로 시작하고 있다. 대체적으로 봄날의 정취를 잘 표현한 작품이라고 할 수 있지만, 각 구의 첫 글자를 모두 '春(춘)'자로 한 것에는 유희적 성격이 없다고 할 수 없다.

8) 장두시(藏頭詩)

필자가 결혼한 지 4년이 되던 때에 학교에서 연구년을 받아 대만에 공부하러 간 적이 있었다. 전화는 종종 했지만, 편지를 받는 데에서 애틋한 감정을 느끼는 여인의 정서를 잘 아는 터라 편지도 한 통 쓰기로 하였다. 그러나 사랑하네 뭐하네 하는 말은 해본 적이 없는 터라 아내가 기대하고 있음직한 말은 어색하고 쑥스러워 쓸 수가 없었다. 그렇다고 그 말들을 하지 않을 수도 없는 일이었다. 생각 끝에 마음속에 담아 두었던 그 말들을 암호 형식으로 표현하기로 하였다. 아내가 듣고 싶어할 만한 말을 한 줄로 해서 자판을 두드려나가되 한 행에 한 글자씩 하여 아래로 쭉 내려갔다. 그 다음에는 각 행의 첫 자를 이용해서 대만 생활의 근황을 담담하게 소개하였다.

몇 주일 후 편지를 받은 아내에게서 전화가 왔다. 편지는 잘 받았다고 했다. 그렇지만 어쩌면 그렇게 밋밋한 편지를 쓸 수 있느냐고 다소 아쉬운 감정을 내비쳤다. 필자는 하는 수 없이 '당신이 제대로 읽지 않았으니 편지를 다시 읽어 보라'고 했다. '이번에 읽을 때는 각 줄의 처음 글자만 읽어 보라'는 말을 덧붙였다.

필자가 우리말로 이런 장난을 한 적이 있는데, 중국인들도 같은 식의 장난을 하는 모양이다. 시에서 핵심이 되는 내용을 각 행의 처음 글자들을 조합하여 표현한 것인데, 이런 형식의 시를 장두시(藏頭詩)라고 한다.

艾子初萌三月天,(애자초맹삼월천)
　og 쑥이 싹을 틔우는 삼월의 날씨,

青青芳草滿人間.(청청방초만인간)
　og 푸르디푸른 고운 풀이 세상에 가득하네.

詩家自有留春筆,(시가자유유춘필)
　og 시인들은 저마다 봄 경치 그려낼 붓을 두고서,

豪氣凝成珠玉篇.(호기응성주옥편)
　og 호방한 기상으로 주옥같은 작품을 써내네.

중국현대문학사에서 위대한 시인의 한 사람으로 추앙되는 애청(艾青)이 80세 생일을 맞았을 때에 유장(劉章)이라는 시인이 애청에게 써준 '애청의 80세 생신을 축하함'이라는 뜻의 「賀艾青八十大壽(하애청팔십대수)」라는 시다.

내용상 좋은 계절에 태어난 위대한 시인을 칭송하는 시로서 손색이 없

다. 거기에 더하여 각 구의 첫 자를 합해서 보면 '애청은 위대한 시인이다'
라는 뜻의 '艾靑詩豪(애청시호)'라는 말이 만들어지니 축하의 의미가 한층 더
깊어진다. 이러한 시가 가능한 것은 우리의 한글처럼 한자 한 글자에 하나
의 발음이 있기 때문이다. 한자는 거기서 더 나아가 한 글자에 하나의 뜻을
담고 있기 때문에 이런 형식의 문자놀이를 즐기기에 우리말보다 훨씬 용이
하다.

9) 집구시(集句詩)

　시가 문화의 중심의 역할을 담당하던 중국의 전통 사회에서는 수많은 사
람들이 시를 지었기 때문에 방대한 양의 작품이 축적되어 있었다. 거기에
더하여 사람의 생활 방식과 감정은 크게 다르지 않으므로 특정 상황에서 우
러나는 정감을 표현한 시는 종종 옛사람의 작품과 유사한 경우가 생기기 마
련이다. 더욱이 독서량이 풍부하고 기억력이 뛰어난 몇몇 작가가 그런 상황
을 당하는 경우에는 그와 비슷한 상황을 노래한 옛사람들의 시구가 자연스
럽게 떠오르게 될 것이다. 그리하여 때로는 자신의 정감과 유사한 표현이
있는 시구들을 모아 새로운 작품을 만들어 자신의 정감을 대변하기도 한다.
소위 집구시(集句詩)라는 것이 그것이다.
　집구시는 여러 작품에서 한 구절씩 뽑아 새로운 작품을 조합하는 것인
데, 각기 다른 작가의 작품에서 한 구씩 따오는 경우도 있고, 한 작가의 여
러 작품에서 한 구절씩 따와서 만드는 경우도 있다. 특히 후자의 경우 문학
사적으로 뛰어난 성취를 이룬 작가의 작품들이 주요한 대상이 되는데, 시성
(詩聖)으로 추앙되는 두보(杜甫)나 전원시(田園詩)의 시조인 도연명(陶淵明) 등이

대표적이다. 송(宋)나라 시대의 애국시인 문천상(文天祥)이 두보의 인품과 문학세계를 흠모하여 두보의 시로 「집두시(集杜詩)」 2백 수를 만든 것은 유명한 일이다.

송(宋)나라 시대의 유명한 정치가이며 문학가일 뿐만 아니라 비상한 기억력으로도 이름이 높았던 왕안석(王安石)은 집구시에 능했다. 그는 수십 구에 이르는 장편의 집구시도 순식간에 지어냈는데, 그 내용 전개가 자연스러워서 마치 자신의 일관된 구상으로 지어진 시 같았다고 한다. 다음은 왕안석이 만든 「증장헌민찬선(贈張軒民贊善)」이라는 제목의 집구시다.

> 潮打空城寂寞回,(조타공성적막회)
>   ∞ 물결은 빈 성을 때리고 쓸쓸히 돌아가는데,
>
> 百年多病獨登臺.(백년다병독등대)
>   ∞ 늙고 쇠약한 몸으로 혼자 누대에 오른다.
>
> 誰人得似張公子,(수인득사장공자)
>   ∞ 누가 장공자 만할 수 있을지,
>
> 有底忙時不肯來.(유저망시불긍래)
>   ∞ 무슨 바쁜 일이 있어 오지 않으려 할까?

왕안석 자신은 청렴하였고 개혁 정신이 투철하였지만 그를 지지했던 무리들은 대개가 간사한 모리배여서 반대파에 사마광(司馬光)이나 소동파(蘇東坡) 같이 올곧은 사람들이 많았던 것과는 대조를 이루었다. 그래서 왕안석이 실각을 하자 득세하던 시절의 지지자들은 모두 등을 돌리고 썰물 같이 빠져나갔다고 한다. 왕안석 일파의 모함으로 죽음 직전까지 몰렸던 소동파가 귀양

에서 돌아오면서 아무도 찾는 이 없이 외롭게 지내던 왕안석을 방문하고 위로했다는 일화는 소동파의 대인다운 도량을 돋보이게 하였다.

위의 작품은 왕안석이 재상을 그만두고 남경(南京)에서 일 없이 지낼 때 지어진 것이라 한다. 그래서인지 찾는 이 없이 외롭게 지내는 쓸쓸한 감회가 작품에 넘쳐흐른다.

첫 구 '潮打空城寂寞回(조타공성적막회)'는 중당(中唐) 시대의 시인 유우석(劉禹錫)의 시 「석두성(石頭城)」의 제2구이고, 제2구 '百年多病獨登臺(백년다병독등대)'는 두보(杜甫)의 시 「등고(登高)」의 제6구인데, 이 두 구로써 늙고 쇠약하고 외로운 왕안석의 당시 상황과 심정을 드러내고 있다.

제3구 '誰人得似張公子(수인득사장공자)'는 중당 시대의 시인 두목(杜牧)의 시 「등지주구봉루기장호(登池州九峯樓寄張祜)」의 제7구에서 가져 왔고, 제4구 '有底忙時不肯來(유저망시불긍래)'는 한유(韓愈)의 시 「동수부장원외적곡강춘유기백이십이사인(同水部張員外籍曲江春遊寄白二十二舍人)」의 제4구다.

이와 같이 왕안석은 남의 시구를 하나씩 따와서 7언 절구를 만들었지만 너무나도 자연스럽게 자신의 정감을 잘 드러내고 있다. 왕안석의 시인으로서의 뛰어난 능력과 함께 방대한 양의 작품을 암송하는 기억력을 돋보이게 하는 집구시라 할 것이다. 문천상이 집두시를 만들면서 '내가 하고 싶은 말들은 두보가 이미 대신 다 말해 놓았더라'라고 했듯이 인간 정서의 대동소이함이 집구시가 가능하게 되는 전제가 됨은 말할 것도 없다. 그러나 자신의 말로 자신의 정감을 노래하는 작품에 비할 때, 집구시는 재능을 뽐내는 유희적 속성이 진하게 묻어남을 부인할 수 없는 노릇이다.

10) 보탑시(寶塔詩)

酒　　　　　　　　　　　　　(주)

酌來飲取　　　　　　　　　(작래음취)

君莫訴時難久　　　　　　　(군막소시난구)

偏樂少年能悟老叟　　　　　(편락소년능오노수)

對月不可無看花必須有　　　(대월불가무간화필수유)

于髡一醉一石劉伶解酲五斗　(우곤일취일석유령해정오두)

臨行强戰三五場酩酊更能相憶否　(임행강전삼오장명정경능상억부)

　　시의 형태가 마치 피라미드처럼 생겼다. 중국인들은 이런 시를 만들어 즐기면서 그 형태가 절의 탑처럼 생겼다고 하여 보탑시(寶塔詩)라고 한다. 한 눈에 보아도 이 시는 진지한 내용의 표현을 목적으로 하는 것이 아니라, 시의 특이한 형태를 즐기려고 하는 유희적인 작품임을 알 수 있다. 한 자로 되어 있는 첫 구는 통상 이런 종류의 시의 제목이거나 주제다. 둘째 구부터는 대개 4자, 6자, 8자 식으로 두 자씩 늘여가는 형식을 취한다. 각 구가 이렇게 짝수로 되어 있고, 내용상으로도 각 구의 절반이 독립된 의미를 가진다. 그래서 사람에 따라서는 아래와 같이 이 시의 각 구를 1자, 2자, 2자, 3자, 3자, 4자, 4자, 5자, 5자……식으로 배열하기도 한다.

酒	(주)
酌來	(작래)
飮取	(음취)
君莫訴	(군막소)
時難久	(시난구)
偏樂少年	(편락소년)
能悟老叟	(능오노수)
對月不可無	(대월불가무)
看花必須有	(간화필수유)
于髡一醉一石	(우곤일취일석)
劉伶解酲五斗	(유령해정오두)
臨行强戰三五場	(임행강전삼오장)
酩酊更能相憶否	(명정경능상억부)

　이 시는 이와 같이 형태에 더 많은 비중이 두어져 있으므로 내용은 그다지 심각하지 않다. 그다지 심각한 의미는 없지만 그 뜻을 우리말로 옮기면 대략 다음과 같이 될 것이다.

술

퍼와서 마신다

그대 오래갈 수 없다고 하소연 마라

주로 젊은이들을 즐겁게 하지만 늙은이도 즐겁게 할 수 있다

달을 바라보고 있을 때에는 없을 수 없고, 꽃을 볼 때에도 반드시 있어야 한다

우곤은 한 번 취하는 데 한 말을 마셨고, 유령은 해장하느라 다섯 말을 마셨다네

떠날 때에 서너 차례 억지로 술을 마셨으니, 곤드레만드레하여 다시 기억이나 할 수 있을지

어째 우리말로 옮겼더니 날렵하던 탑 모양이 펑퍼짐해져버렸다. 마지막 구의 번역도 왠지 자신이 없다. 죽림칠현(竹林七賢)의 한 사람인 유령(劉伶)은 술 좋아하기로 이름이 높았던 사람이다. 于髡(우곤)은 『사기(史記)』「맹자순경열전(孟子荀卿列傳)」에 나오는 그 순우곤(淳于髡)을 말하는 것인지 모르겠다.